国家社科基金项目"中国体育传播法学理论体系研究"(14BTY005)部分研究成果
中国法学会 2017 年度部级法学研究课题"中国体育赛事转播权理论体系研究"(CIS(2017)D149)部分研究成果
江苏省高校哲学社会科学重点项目"江苏省体育文化产业发展及对策研究"(2016ZDIXM027)部分研究成果
江苏省教育厅中青年学术带头人培养对象资助项目

公共与垄断：
奥运传播中的知识产权研究

李金宝 著

东南大学出版社
SOUTHEAST UNIVERSITY PRESS

图书在版编目(CIP)数据

公共与垄断:奥运传播中的知识产权研究/李金宝著.
—南京:东南大学出版社,2017.12
 ISBN 978-7-5641-7593-1

Ⅰ.①公… Ⅱ.①李… Ⅲ.①奥运会—传播—知识产权—研究 Ⅳ.①D913.04

中国版本图书馆 CIP 数据核字(2017)第 325111 号

出版发行:	东南大学出版社
社　　址:	南京市四牌楼 2 号　邮编:210096
出 版 人:	江建中
网　　址:	http://www.seupress.com
电子邮箱:	press@seupress.com
经　　销:	全国各地新华书店
印　　刷:	南京京新印刷有限公司
开　　本:	700 mm×1000 mm　1/16
印　　张:	13.5
字　　数:	280 千字
版　　次:	2017 年 12 月第 1 版
印　　次:	2017 年 12 月第 1 次印刷
书　　号:	ISBN 978-7-5641-7593-1
定　　价:	36.00 元

本社图书若有印装质量问题,请直接与营销部联系。电话(传真):025-83791830

序　言

　　体育,是强健体格的技艺,是力与美的艺术,是传承文化的载体。随着奥林匹克运动的普遍推广和全民健身热潮的到来,体育正在成为全体公民的一种生活方式和精神追求。与此相对应,关于体育的多视角学术研究,也因其独特的魅力而呈现出勃勃生机。

　　体育即传播,源于新闻传播学与体育学的体育新闻传播研究,在我国的发展历史并不长。如果从1924年法国巴黎成立的国际体育记者协会正式提出体育新闻,并将其作为一门独立学科进行研究算起的话,体育新闻传播研究也只有近百年的历史。如果再往前推,以1909年留日归国的体育教育家、上海中国体操学校创始人徐一冰等主编的体育期刊《体育界》算作中国体育新闻传播实践起点的话,我国的体育新闻事业也只有百余年历史。即便如此,体育传播实践一直如山泉清流,源源不断,并渐渐形成蓬勃之势。1935年10月举行的中华民国第6届全国运动会和1936年8月德国柏林举行的第11届夏季奥林匹克运动会,《新闻报》曾分别以对开或四开版面,连续报道相关的消息。在北京电视台(中央电视台前身)创办初期,体育节目就是其重要内容之一,体育新闻和"体育爱好者"专栏是当时最早的体育节目。1959年中央电视台进行了中国电视史上第一次体育实况转播;1963年中央电视台第一次派记者赴印度尼西亚首都雅加达报道"新兴力量运动会",开创了体育赛事海外报道的先河。此后,中央电视台向全国转播了历届全国运动会和在中国举办的国际国内重大体育赛事。1995年1月1日,中央电视台体育频道作为中国第一个自办的体育频道正式播出。2013年8月18日,中央电视台体育赛事频道开播。在体育新闻传播实践和体育新闻研究不断发展的航道中,无论是横向的不同地域与文化之间的传播与交流,还是纵向上的历史文化的传承与发展,作为人类文化的重要组成部分,体育都表现出鲜明的文化传播的特征。

　　奥运亦传播,发端于欧洲的现代奥林匹克运动,历经百余年的发展,已经成为影响巨大的全球性文化传播现象。在由媒介塑造的奥运奇观中,奥运已经成为各国通过体育软实力展示国家形象符号的重要载体。对奥林匹克的研究可以是多维度的,从传播学角度看,奥林匹克就包含着媒介奇观的文化传播、协同理论的组织传播、体育营销的商业传播、资本扩张的品牌传播、品牌塑造的形象传播、技术引领的创新传播等丰富内容。奥运会把体育实践和文化理想紧密结合在一起,已经超越体育本身,"更高、更快、更强"的奥林匹克精神已经成为人类自我超越的颂歌。或许皮埃尔·德·顾拜旦先生在1894年提出复兴现代奥林匹克运动时,并没有意识到原本只是希望对青年进行教育的奥林匹克运动,如今已经演变为一个国家展示形象的重要窗口。在奥林匹克运动发展的百余年历史中也遭遇过各种危机,政治力量干预导致组织内部相互抵制、财力不足导致赛事筹备难以为继、兴奋剂事件屡禁不止导致体育精神遭受侵蚀、组织内部各种腐败现象导致信任危机……但国际奥委会在处理各种危机的过程中,不断自我完善与发展。奥林匹克运动通过自身知识产权保护而找到财政独立的契机,从而获得解决各种危机问题、摆脱各种干预力量的能力和手段。奥运会从一个资金匮乏、濒临破产的业余赛事转变为世界上最伟大的体育奇观,奥运知识产权保护是实现这种转变的关键所在。无论是奥林匹克跨国传播阶段还是跨文化传播阶段,抑或是现在的全球传播阶段,奥林匹克运动在文化误读的消弭、事件话语平台的搭建、表达性事件的确立上都起到了重要的作用。不管是体育学还是传播学,奥林匹克都已经成为重要的研究内容。奥林匹克运动在情感、人性和经济上的价值都不可忽视,而这其中奥林匹克确立的普世性价值和原则是人性光辉的典范。

  知识产权也是传播,作为在传播中产生的一种权利,知识产权的权利内容非常丰富和复杂,大多数国家都以"权利束"的形式规定知识产权内容,为此不少学者提出可以将知识产权转化为一种传播权。若从1474年威尼斯城邦共和国颁布世界上第一部专利法算起,知识产权法律制度发展至今已有500多年的历史。著作权制度从印刷版权到电子版权再到如今的网络版权的发展轨迹,说明著作权制度的演变其实就是一部传播技术发展史。科学技术的发展导致新型作品以及新型传播方式层出不穷,对知识产权研究不断提出新的要求。在中国知识产权研究热潮中,体育知识产权研究还处在刚刚起步的阶段。2008年北京奥运会的成功举办大大促进了奥林匹克知识产权的研究,2014年国家提出大力推动体育产业发展,这又引发了体育赛事版权等新型知识产权的利用热潮,这都对体育知识产权的综合研究提出了新的要求。新的体育传播实践的发展、新的体育产业内容的不断涌现,使得涉及的体育知识产权类型更为复杂,衍生的新型知识产权内容更为多样,这将有利于体育传播法学研究领域的拓展。20世纪80年代中期,学界和业界开始呼吁设立体育法学并对体育法学尝试移植式研究,在随后的体育实践法律问题的探讨中,体育知识产权法律问题随之出现。2000年以来,随着国际视野的拓展和法学界人士的介入,体育法学学科理论得到更多关注,体育传播法学的研究发展迅速。2010年以来,随着体育法学方法论、体育软法、Lex Sportiva等研究的深入,法解释学发展到法社会学层面,涉及知识产权的体育传播法学内容越来越成为体育法学一大新的研究领域,体育传播法学研究逐步深化。

  体育知识产权以及奥林匹克运动中的知识产权是一个学科跨度较大的研究领域,对其研究除了要有一定的新闻传播学知识外,还需要体育学、法学、社会学、管理学和经济学方面的知识。对于一个新闻传播学青年学者来说,李金宝老师从传播学和法学的角度对其深入研究,让我看到了一个新的研究视角带来的新研究景象:奥林匹克运动的公共性与垄断性带来的奥运知识产权的矛盾与冲突;在传播过程中出现的奥运电视转播权、运动形象权的理论需要新的突破;奥林匹克组织在权利使用与转让过程中需要新的理论阐释……所有这些,都令人欣喜,也引人思考探究。非常高兴地看到本书作者从这方面作出的创新性尝试和富有创新意味的观点。换个角度说,李金宝老师这些独特见解和创新观点的提出,与他长期的思考积累密不可分。在读博期间,关于体育传播、关于体育知识产权,大而言之,关于体育传播法学研究等,我们有很多交流探讨,他在讨论交流过程中呈现出来的睿智、敏锐和远见,让我对他在这个领域中作出卓有成效的学术贡献充满信心。

顾理平

中国新闻史学会新闻法规与媒介伦理学会会长
南京师范大学新闻与传播学院教授、博士生导师

目　　录

序言 ··· 1

绪论 ··· 1

第一章　奥运传播知识产权中国化研究 ····························· 4
　第一节　奥林匹克知识产权中国化研究的意义 ····················· 5
　　一、中国体育产业发展需要体育知识产权保护 ··················· 6
　　二、奥运知识产权对中国奥运传播实践产生重要影响 ············· 7
　　三、中国体育知识产权纠纷案例日益增加 ······················· 8
　第二节　奥林匹克传播知识产权研究的逻辑起点与思路 ············ 10
　　一、理论逻辑：知识产权公共性与垄断性 ······················ 10
　　二、研究重点：奥运电视转播权与运动员形象权 ················ 12
　　三、结构安排：冲突与平衡的逻辑进程 ························ 12
　第三节　奥运传播中的知识产权研究议题与类别 ·················· 13
　　一、奥运传播中的知识产权研究核心议题 ······················ 14
　　二、奥运传播中的知识产权研究 ······························ 22

第二章　奥运知识产权传播过程中的公共性 ······················ 35
　第一节　奥运知识产权传播过程中的公共性表现 ·················· 36
　　一、产权模式：公益性特征 ·································· 37
　　二、传播主体：公益性国际组织 ······························ 44
　　三、传播内容：大众文化产品 ································ 49
　　四、传播手段：公共性技术 ·································· 53
　第二节　奥运知识产权传播过程中的准公共性产品 ················ 57

一、作为公共资源的奥运电视转播权 ·················· 57
         二、作为人格商化的运动员形象权 ·················· 60
      第三节 奥运知识产权传播过程中的公共性成因 ············ 66
         一、知识产品的公共性 ························ 66
         二、奥运公共文化的传播属性 ···················· 68
         三、民间公益组织自治特点 ······················ 71
         四、不以营利为目标的市场经营原则 ················ 74

第三章 奥运知识产权传播过程中的垄断性 ················ 78
   第一节 奥运知识产权传播过程中的垄断性表现 ·············· 79
         一、奥运传播的自然垄断 ······················ 80
         二、传播权力的强制性 ························ 82
         三、外部性的垄断运行 ························ 83
   第二节 奥运知识产权传播过程中的垄断性内容 ·············· 85
         一、高度垄断的电视转播权 ······················ 85
         二、组织传播垄断下的运动员形象权 ················ 94
   第三节 奥运知识产权传播过程中的垄断性逻辑 ·············· 99
         一、知识产权专有垄断性 ······················ 100
         二、传播资源稀缺导致垄断 ······················ 103
         三、知识产权信息传播的合法性垄断 ················ 106
         四、奥运知识产权的传播技术垄断化 ················ 108

第四章 奥运知识产权传播过程中的公共性与垄断性冲突 ········ 113
   第一节 奥运知识产权公共性与垄断性冲突表现 ·············· 115
         一、私权属性与公共利益冲突 ···················· 115
         二、组织非营利特征与市场化转向 ·················· 117
         三、电视转播权的权利共享与转移 ·················· 121
         四、运动员形象商业化与社会效益 ·················· 125
   第二节 电视转播权公共性与垄断性冲突原因 ················ 128
         一、公共赛事的新闻与娱乐产品属性之争 ············ 128
         二、电视转播的公益传播与垄断交易 ················ 131
   第三节 运动员形象权公共性与垄断性冲突原因 ·············· 135
         一、形象权私人所有与收益的奥运组织所属 ············ 135

二、运动员形象财产权与隐私人格权 …………………………………… 137
　第四节　奥运知识产权传播过程中的公共性与垄断性冲突逻辑 ………… 139
　　一、公共产品供给的"志愿失灵" ……………………………………… 140
　　二、知识产权的公共性转型 ……………………………………………… 143
　　三、知识产权"绝对保护"与"公共地悲剧" ………………………… 145

第五章　奥运知识产权传播过程中的公共性与垄断性平衡 …………… 148
　第一节　奥运知识产权传播过程中的公共性与垄断性平衡原则 ………… 150
　　一、"个人利益"与"公共利益"的平衡 ……………………………… 150
　　二、知识产权专有与信息资源共享的平衡 ……………………………… 152
　　三、"知识产权限制"与"知识产权过度"的平衡 …………………… 155
　　四、知识产权垄断及反垄断豁免的平衡 ………………………………… 158
　第二节　奥运传播过程中的电视转播权平衡 ………………………………… 159
　　一、"加强保护"与"合理使用" ……………………………………… 160
　　二、电视转播权垄断与反垄断豁免 ……………………………………… 163
　　三、新媒体转播权的地域平衡与反垄断审查 …………………………… 165
　第三节　奥运传播过程中的运动员形象权平衡 …………………………… 169
　　一、形象权与"表达自由" ……………………………………………… 170
　　二、形象权的私权性与"公众兴趣" …………………………………… 174
　　三、"表达性"使用优先与"商业性"使用受限 ……………………… 176
　　四、形象利益受限与衍生价值平衡 ……………………………………… 178

结语 ……………………………………………………………………………… 181

参考文献 ……………………………………………………………………… 186

后记 ……………………………………………………………………………… 204

绪 论

作为人类一大重要的社会文化现象,奥林匹克运动(简称奥运)是历史最为悠久、影响最为深远的体育文化盛典。在当代社会,奥林匹克运动已成为一个独特的体育文化景观,将体育运动多种功能发挥得淋漓尽致,其影响力早已超出体育范畴。奥林匹克运动会(简称奥运会)不仅是世界各国体育运动水平和民族文化展示的舞台,也是一个具有独特研究价值的经济现象。可以说,以奥运会为主要载体的奥运传播已成为一个裹挟着经济利益与政治影响的多面体。知识产权是西方工业革命与技术革新的产物,对西方经济和社会发展影响深远。在知识经济时代,以奥林匹克为代表的体育产业迎来了大发展,以电视转播权与运动员形象权为代表的新型知识产权,在奥林匹克运动的自我革新与发展中具有至关重要的作用。通过资料分析法、文献分析法、逻辑归纳法等研究方法,综合运用传播学、经济学、体育学、社会学、法学等基础理论,从公共性和垄断性两个维度分析奥运知识产权传播的冲突与平衡是本书研究的重点,也是本书试图解决的难点问题。通过对奥运知识产权传播内容的界定,从宏观角度梳理奥运知识产权传播的公共性与垄断性的内涵、冲突与平衡,并从微观的电视转播权、运动员形象权两大新型奥运知识产权入手,探究它们在奥运知识产权传播过程的实质与作用、特征与意义,寻找奥运知识产权传播过程中的公共性与垄断性的平衡机制,从而总结出我国奥运知识产权传播过程中的保护策略,这是本书研究的思路与逻辑,也是本研究的目的与意义所在。

在地缘政治与世界经济缺乏稳定的今天,奥林匹克确实难以实现本真的"纯粹竞技",经济与政治对它不断产生冲击。奥林匹克运动天生带有公共性基因,但在全球经济一体化的国际环境中,作为公益性的民间国际组织,国际奥林匹克委员会(简称国际奥委会)引领着奥林匹克运动在职业化与市场化的道路上不断革新。通过知识产权市场化改革寻找到自我拯救与发展的路径后,奥林匹克运动的公共性与垄断性就一直存在冲突。电视转播权及与此紧密相关的运动员形象权,是奥运知识产权传播过程中的重要内容。为了确保奥林匹克运动健康发展,作为一个只有瑞士国内法主体资格的国际奥委会凭借组织本身的巨大影响,通过国际社会公认的《奥林匹克宪章》和《奥林匹克运动会主办城市合同》确保产权属性复杂、利益主体多元的奥林匹克知识产权得到全面保护。在知识产权的内涵和外延都不断变化的知识经济时代,传播中的奥运电视转播权及运动员形象权的内容也会发生变化。正因如此,尽管电视转播权与运动员形象权的权利性质还存在一定的争议,但本书建设性地提出电视转播权和运动员形象权是一种复合性权利,对传统知识产权难以涵盖的这两种新型的因传播而产生的奥运知识产权,静态与片面地认识它们的属性都不可取,应当在动态和权利转换的视角下解读这两种权利。借鉴美国等发达国家对电视转播权和运动员形象权的权利性质的认定,并根据国内知识产权的发展现状,用发展的眼光提出将电视转播权和运动员形象权纳入知识产权理论体系框架,这对两种权利的保护及我国体育产业发展都具有重要的意义。绝对垄断是国际奥委会对奥运标识保护、电视转播权交易、运动员的形象权管理过程中使用的方法。不过,在国际奥委会公共性宗旨、知识产权私权的公权化转向的语境中,奥运知识产权传播过程中的公共性与垄断性的矛盾就成为必然。如何通过垄断化手段实现公共性目成了国际奥委会管理艺术的表现,也是考量国际奥委会管理手段优劣的重要指标。在公共性目的与市场化手段的平衡艺术中,本书分析传播中的奥运电视转播权、运动员形象权的公共性与垄断性问题,并从知识产权的私权性与奥运传播中的知识产权特有的公共性,从公共利益、受众知情权、公共兴趣等角度深刻阐述奥运知识产权传播过程中的公共性与垄断性冲突的内涵,并提出了奥运知识产权传播过程中的"合理使用""反垄断豁免""表达性使用"等平衡原则。

本书通过知识产权的公共性与垄断性的理论逻辑,对奥运传播中的电视转播权与垄断性进行分析,按照冲突与平衡的逻辑思路展开文章的论述,主要由五部分组成。第一章主要分析奥运传播过程中知识产权研究的目的与意义,对主要研究的思路与逻辑框架、研究的主题和重点内容进行了界定,对主要涉及的知识产权信息论、体育媒介奇观论、公益组织传播论等相关基础理论进行了溯源;对知识产权、奥运传播、奥运知识产权等核心概念进行了界定;结合主要的研究内容,对知识产权公共性与垄断性等重点问题进行了系统化的文献梳理,特别是对奥运知识产权传播过程中的电视转播权、运动员形象权进行了重点归纳。第二章主要分析了奥运知识产权传播过程中的公共性问题,论述了奥运知识产权传播过程中的公共性表现、公共性内容以及传播中奥运知识产权公共性产生的原因。第三章主要针对奥运知识产权传播过程中的垄断性问题,从奥运知识产权传播过程中的垄断性表现、具体内容以及产生的根源等方面进行了阐述。第四章主要论述了奥运知识产权公共性与垄断性的冲突。从奥运知识产权公共性与垄断性之间的冲突表现入手，详细分析奥运电视转播权与运动员形象权的公共性与垄断性冲突的主要表现，分析产生这些冲突的原因。第五章论述了奥运知识产权传播过程中的公共性与垄断性的平衡问题。从奥运知识产权传播过程中的公共性与垄断性平衡原则出发，分析奥运电视转播权、运动员形象权的平衡手段与方法。

　　这本专著是在本人的博士论文《奥运知识产权传播过程中的公共性与垄断性问题研究》的基础上稍作修改完成的。部分内容使用了本人国家社科基金项目"中国体育传播法学理论体系研究"、江苏省高校哲学社会科学重点项目"江苏省体育文化产业发展及对策研究"、中国法学会2017年度部级法学研究课题"中国体育赛事转播权理论体系研究"、南京体育学院重点课题"新媒体环境下我国体育赛事转播权理论体系研究"的最新研究成果。作为实践性较强的基础性研究，本书涉及的学科门类众多，研究内容不仅限于传播学，而且还涉及体育学、经济学、管理学、法学等学科领域。尽管研究内容丰富且实践性较强，但可借鉴的资料并不多。在具体研究中，本研究主要采用文献资料法、比较分析法、专家访谈等研究方法，同时辅之以案例分析法，以奥运知识产权中具有代表性且还有一定争议性的电视转播权、运动员形象权作为主要研究对象，对奥运知识产权传播过程中的基础理论进行较为系统的研究，以期对其发展有一定的帮助。

第一章

奥运传播知识产权中国化研究

北京时间2016年8月6日,第31届夏季奥运会在巴西里约热内卢盛大开幕。尽管受巴西经济、社会治安、筹办进度等因素的影响,本届奥运会开幕前曾遭到国际社会不少质疑,但奥运会以它特有的方式第一次来到南美洲大陆,首次在葡萄牙语城市举办,207个国家和地区的代表团(国际奥委会206个会员及难民代表团)齐聚五环旗下,实现了全世界1.2万名运动员的又一次大团圆。众多国际体坛耀眼巨星如博尔特、菲尔普斯、德约科维奇等都悉数前往里约,在奥运赛场上一展风采,一批体育新星借助奥运平台向世界传播自己形象。对各国奥运赛事电视转播及播出机构来说,在新媒体的巨大冲击下,奥运赛事无疑是它们进行产业拓展的一次良机。为了16天奥运赛事转播,拥有中国内地及澳门地区独家全媒体版权的中央电视台不仅派出了396人组成的前方报道团队以及几十名驻外记者,还投入包括综合频道(CCTV1)、财经频道(CCTV2)、体育频道(CCTV5)、体育赛事频道(CCTV5+)等四大频道对赛事进行了全面转播。除此之外,中央电视台还受国际奥委会邀请,派出一支由263人组成的信号制作团队,负责制作羽毛球和体操(含艺术体操和蹦床)两个大项的电视公用信号制作,向全世界电视转播商提供公共信号。

2014年12月8日,国际奥委会全票通过了讨论时间长达一年半的40条改革建议。在推动创立奥林匹克电视频道时,现任国际奥委会主席托马斯·巴赫先生强调了非奥运会期间开放奥林匹克播出平台的重要性。以不受薪顾问身份参加此次会议的美国全国广播公司(NBC)著名制片人艾伯索尔表示,巴赫的这部分改革创想实现了他20年前的梦想。里约奥运会闭幕式上,国际奥委会正式推出了奥运频道,"近年来媒体版图有了翻天覆地的变化,通过电视将信息送达全球各地观众,特别是年轻人的手段前所未有地先进。"① 巴赫深知在奥林匹克

---

① 国际奥委会全票通过改革方案[N].参考消息,2014-12-10(8).

传播和推广中,其他媒介的作用还一时无法与电视媒体相提并论,这主要有两方面原因:第一,奥运赛事可以通过赛事直播的方法,将局限在赛场内的比赛无限扩大,让全世界受众在电视机前感受到奥运赛事的魅力与激情;第二,电视的介入为奥运传播提供了一个获得巨大广告市场的机会。"国际奥委会得以依靠出售电视转播权、标识使用权及广告赞助等手段获得大量资金,从而解决了长期困扰奥林匹克运动的经济问题。"[1]借助当代高速发展的传媒技术,奥运传播体系已经形成了一个由报刊、广播、电视等传统媒体和互联网及其他新媒体组成的超级系统,建成了一个综合性系统传播平台。毫无疑问,在这个传播系统中电视的作用至关重要。

在北京奥运会前,北京奥林匹克运动会组织委员会(简称北京奥组委)曾对未经授权和批准使用北京奥运会运动员、教练员、官员广告形象的广告行为暂停刊播情况召开新闻发布会,奥组委市场开发部副部长陈锋在现场表示:"国际奥委会是要求在奥运赛时,所有参赛运动员、教练员和官员形象使用应经过国际奥委会批准……这种方式就使得运动员、教练员不授权商业机构使用他们的形象,商业机构就没有权利使用他们的形象。"[2]国际奥委会对奥运赛事电视转播、运动员形象作出了近乎苛刻的规定。近年来,虽然有不少学者开始对奥运传播相关的电视转播权与运动员形象权进行研究,但研究成果还比较零散。对电视转播权的研究大多从转播权发展、转播权内容等角度入手,真正从奥运转播权的权利性质、从知识产权的角度对奥运电视转播权的公开性与垄断性的矛盾冲突及遭遇的法律困境等问题进行的基础理论研究还比较少;对在奥运传播过程中的主体——运动员、教练员等形象权的研究更乏善可陈。在奥运传播诸多规定中,对运动员形象权该如何进行商业开发、奥运期间运动员形象权如何保护等都缺乏相应的理论探讨。随着奥运传播在国际交流、体育产业发展中的作用越来越突出,加强对电视转播权和运动员形象权的基础性理论研究就显得尤为必要。

第一节　奥林匹克知识产权中国化研究的意义

作为跨地域、跨语言的有效传播载体,体育在国家政治文化、经济发展、外交活动等方面发挥着越来越重要的作用。在体育市场国际化的发展中,体育知识产权

---

[1] 郝勤.奥林匹克传播:历程、要素、特征——兼论奥林匹克传播对北京奥运会的启迪[J].体育科学,2007,27(12):7.
[2] 刘晔.北京奥运拒绝"擦边球"广告[N].今日早报,2008-06-04(A23).

保护是体育市场有序竞争的重要保障。奥运传播作为一种全球化的体育文化现象,使得举办奥运会成为一个国家对内集聚民意、拉动经济增长,对外展示形象、扩大外交的有效手段。国际奥委会为了扩大奥林匹克的影响,维护国际奥委会的权益,通过各种手段在奥运传播过程中对奥运知识产权进行开发与利用。奥运知识产权的发展过程其实一定程度上也是奥运知识产权的传播过程。从奥运知识产权发展过程来看,一个明显特点就是其公共性到垄断性的变化与平衡。本书就是通过梳理奥运知识产权的这种发展脉络,透视作为非政府组织、非营利国际性组织的国际奥委会,如何在这种公共性到垄断性的调整与平衡过程中,实现各方的利益均衡,从而凭借其对自身知识产权的保护而获得巨大发展。

一、中国体育产业发展需要体育知识产权保护

体育产业已经成为各国经济发展的重要力量。自20世纪60年代开始,美国体育产业迅速发展。20世纪80年代美国已成为世界上体育产业最为发达的国家,占GDP的2%,并成为美国第十一大产业。[①] 2014年10月20日,国务院作出加快体育产业发展的部署,在公布的方案中明确提出要放宽对体育赛事转播权的限制,除了像奥运会、亚运会、世界杯之外的其他任何国内外体育赛事,各家电视播出机构可直接购买或转让。预计到2025年,中国体育产业的产值规模将达到5万亿元左右,体育产业将成为我国重要行业之一。在国务院下发的有关促进体育产业大发展的通知中,其主要的着力点就是加大体育产业的知识产权开发,借用知识经济的力量,促进中国体育产业大发展。如"要完善体育技术成果转化机制,加强知识产权运用和保护,促进科技成果产业化。要开发科技含量高、拥有自主知识产权的体育产品,提高产品附加值,提升市场竞争力。"[②]同时还强调:"要通过冠名、合作、赞助、广告、特许经营等形式,加强对体育组织、体育场馆、体育赛事和活动名称、标志等无形资产的开发,提升无形资产创造、运用、保护和管理水平。"[③]而在体育无形资产建设与保护方面,指导意见还提出:"要加强体育品牌建设,推动体育企业实施商标战略。实施品牌战略,打造一批具有国际竞争力的知名企业和国际影响力的自主品牌,支持优势企业、优势品牌和优势项目'走出去',提升服务贸易规模和水平,充分挖掘品牌价值。"[④]"促进体育衍生品创意和设计开发,推进相关产业发展。充分利用现有科技资源,健全体育产业领域科研平台体系,加强企业研发

---

① 胡乔.美国体育产业发展的法律调控分析[J].体育文化导刊,2014,2(2):131.
②③④ http://www.gov.cn/zhengce/content/2014-10/20/content_9152.htm.

中心、工程技术研究中心等建设。"①从这些政府公报的描述中也可以看出,奥运知识产权理论研究对促进我国体育产业发展的意义。

"体育产业的收益主要来自体育赛事的转播权收益、各种与体育赛事有关的标志带来的广告收益、体育用品的生产和销售收入等三个方面。其中体育赛事转播权保护依赖于对转播者权利和影视制品制作者权利的保护,体育赛事标志广告收益则依赖于商标权及一些特殊标志条例的保护。"②知识与技术创新,已经是人类经济社会发展的重要动力源泉。根据经合组织(OECD)在《以知识为基础的经济》中的说法,以现代科学技术为核心的知识经济是建立在知识与信息的生产、使用、存储与消费之中的经济。与传统农业经济、工业经济相对应的新型经济形态,给人类带来的影响是全方位的,它与以自然资源为主要依托的农业经济、传统工业为支柱的产业有着巨大差异。从本质上看,知识经济是以人类智力资源占有与配置为主要特征,在科学技术的指导下,以知识生产、分配及消费(使用)为重要因素的新型经济形态。"体育知识经济是建立在体育知识、体育信息的生产、分配和使用之上的经济。实质上,体育知识经济就是以智力资源和体力资源的占有、配置,以体育科技为主的知识的生产、分配和使用为最重要因素的经济。"③从中,可以看出体育知识产权对体育产业发展具有不可替代的作用,对各类体育企业的导向作用也不可低估。在大型体育赛事中,涉及多方面体育知识生产与消费的问题,因此,强化对大型综合赛事如奥运知识传播过程中的产权研究,特别是对具有一定争议的赛事转播权和运动员形象权进行研究,对促进我国体育知识产权研究具有较强的借鉴意义。

二、奥运知识产权对中国奥运传播实践产生重要影响

体育已经成为我国民间文化交流的渠道,通过大型的体育赛事展示国家形象已经成了惯用手段。自从19世纪末皮埃尔·德·顾拜旦和他的同事们复苏现代奥运会后,奥运会逐渐成长为世界上最为重要的文化奇观。"目前,还没有什么活动能够在风貌、类型、规模或组织上与奥运会匹敌。每届奥运会都是一次重要的科技展示与文化交流,为举办城市展示其历史、文化以及市民素质提供了巨大的舞台。"④尽管第一届现代奥运会就向当时的清政府发出了邀请,但当时羸弱的旧中国将奥运视为洪水猛兽,将其挡在国门之外,直到1932年在张学良将军的资助下,中国派出了唯一的一名运动员刘长春参加了当年的洛杉矶奥运会。随着1984年

---

① http://www.gov.cn/zhengce/content/2014-10/20/content_9152.htm.
② 张玉超.中国体育知识产权前沿保护制度研究[M].北京:知识产权出版社,2012:2.
③ 项建民.知识经济时代的体育知识产权保护[J].体育学刊,2002,9(4):26.
④ 任磊.百年奥运建筑[D].上海:同济大学,2006:1.

许海峰第一次登上奥运冠军的领奖台,中国奥运军团在奥运赛场迅速崛起,影响已深入人心。由于奥林匹克运动已成为世界上最为知名的国际性体育盛会,中华人民共和国需要借此平台快速融入世界化的进程中,特别是在1993年北京申奥失利、2001年北京申奥成功及2008年北京奥运会成功举办,与奥运传播相关的话题都成为中国社会的重要议题。有关奥运传播的研究也逐渐成为体育传播领域研究的重要内容。如传播媒介与奥林匹克运动,奥运媒介奇观与媒介事件,奥运转播的媒介转型与技术扩散,奥运传播的国家形象与身份认同,奥运传播中政府、媒介与赞助商,奥运知识产权议题等都成了奥运传播新的研究内容,可以说日益丰富的奥运传播实践为奥运知识产权研究提供了丰富的案例。

2015年7月31日,国际奥委会宣布北京获得2022年冬季奥运会举办权,这又在国内迎来新一轮的奥运传播研究热潮。近年来,随着中国综合国力的提升、体育竞技水平的提高以及政治文化交流的需要,大型体育赛事已成为我国向世界展示社会经济发展的重要窗口。2008年北京奥运会后,一系列大型综合运动会的成功举办,极大地提升了我国的国际形象。有研究表明,伴随着一个国家在国际社会中的崛起,它的体育会出现优先崛起的现象。在欧美及日本等国的国家发展中,体育承担了重要的角色,发挥了不小的作用。在很多情况下,体育的发展与崛起成为国家战略崛起的信号与表征。[1] 在对日本体育研究后,著名体育学者李力研指出,在日本经济腾飞前,体育起到优先发展作用,"一个国家在上升或走向现代化的时期,其竞技运动也作为相应的某种社会心理情绪表露快速上升……"[2]1988年韩国首尔(汉城)奥运会,在政治上促进了韩国的民主改革,在经济上促进了韩国大企业集团成为国际跨国公司,在社会上促进了首都首尔(汉城)的现代化。2008年北京夏季奥运会举办前,国内出现过研究奥运知识产权的热潮,在积极筹办2022年冬季奥运会的当下,加强对奥运知识产权的理论研究,无疑有助于奥林匹克在中国的发展与传播。在中国进一步国际化和实现民族伟大复兴的现代社会中,体育走向世界是一个重要的方面,在全球都加强对知识产权保护的时候,加强奥运传播过程中的知识产权研究无疑具有重要的现实意义。

三、中国体育知识产权纠纷案例日益增加

随着体育产业发展,奥运传播在国内的关注度越来越高,与此相关的司法实践

---

[1] 舒盛芳. 大国体育崛起及其启示——兼谈中国体育"优先崛起"的战略价值[J]. 体育科学,2008,28(1):76.

[2] 李力研. 野蛮的文明[M]. 北京:中国社会出版社,1988:52-53.

活动也会愈加频繁。奥运知识产权是一个相当庞大的系统工程,有不少学者认为北京奥运会是对中国知识产权制度的一次公开检阅。在国内,最早引起社会关注的奥林匹克标志保护问题是著名的"金味公司案"。1998年底,北京市第一中级人民法院判决称在1996年初,金味公司在其生产销售的"金味"麦片产品包装上,使用了奥林匹克五环图案标志,侵犯了中国奥委会的商标专用权,要求赔偿中国奥委会500万人民币并致歉。就在"金味公司案"终审判决后不久,北京获得了第29届夏季奥运会的主办权,也开启了中国奥运知识产权研究的热潮。2015年1月7日,在北京工业大学,林丹携手赞助商尤尼克斯召开合作新闻发布会,在中国羽毛球队已有李宁公司作为装备赞助商的情况下,林丹成为首个与另一家赞助商合作的现役国羽球员。"'在赛场上,因为我是国家队一员,特别是代表中国队出战比赛中,可能我的比赛服应该还是李宁;球拍、球鞋应该是合作伙伴尤尼克斯'……虽然球拍可以用尤尼克斯装备,但拍上的标识到底是李宁,还是尤尼克斯,林丹表示还没确定。"① 与此相似,里约奥运会前宁泽涛则因私自代言广告,差一点失去奥运参赛资格。无论是国内还是国外,知名运动员、教练员做商业广告都比较盛行,不少运动员和教练员都有自己的经纪人与团队。就国内来说,企业通过运动员和教练员所属的运动项目管理中心,去聘请运动员和教练员做"形象代言人",国家体育总局还制定了有关的规定和"标准合同",以明确双方在商业化方面的权利和义务。即便如此,因参加各种形式商业活动的利益分配,不少项目的知名运动员相继与国家队(项目中心)产生纠纷,这也进一步加强了这方面理论研究的紧迫性。

从知识产权的角度出发,我国对形象权的概念界定还比较模糊,现行的运动员形象权的法律保护几乎处于真空,体育主管部门对运动员形象权的认识与保护还有很多需要提升的地方,比较滞后的管理机制还需要改革。在我国运动员形象权保护方面有两个突出的问题:一是对运动员形象权不能进行完整保护。由于我国"形象权"立法缺位,对现在侵犯运动员形象利益的行为只能通过人格权救济方式进行。二是形象权利益归属争议。与西方一些国家不同,在体育人才的培养机制上,我国主要采取举国体制,但并无与此对应的法律法规对运动员形象利益归属进行明确规定,这导致了各利益主体对运动员形象利益的权属关系存在诸多争议。因此,以奥运传播为主要研究对象,对运动员(队)形象权进行研究,从理论上厘清"举国体制"下我国运动员(队)形象权的问题,对国家体育产业发展具有重大意义。知识经济时代,国家法律越来越健全,涉及体育传播的知识产权纠纷也越来越多。因此,加大以奥运传播为代表的体育知识产权理论研究,不但有助于丰富奥运传播理

---

① 新华社.林丹选择赞助新模式[N].浙江日报,2015-01-08(16).

论、构建体育传播的知识产权法律体系,也会推动奥运传播的健康发展和提高体育知识产权法律保护实践水平。在中国体育产业蓬勃发展过程中,继成功举办2008年夏季奥运会后,北京又获得2022年冬季奥运会的举办权,这为奥运知识产权研究提供了广阔社会背景和现实案例。同时,在国内体育知识产权侵权案件屡屡发生的背景下,对奥运传播的知识产权进行系统研究,在理论与实践上都有较为重要的意义。

发端于欧洲的现代奥林匹克运动,虽然历经百余年发展与变革,中途也曾遭遇发展的烦恼,但最终凭借自己的调整,顺应社会的发展成为影响深远的全球性文化传播现象,焕发了勃勃生机。百年奥运史有多种叙事方式,奥林匹克运动是如何跨越了民族、国家、宗教、价值观念、意识形态的藩篱,突破了历史、语言、习俗等差异与障碍,最终被全世界所接受,值得深入研究。来源于18世纪德国的知识产权,作为一种无形财产权和特殊的民事权利,对奥运传播的作用至关重要。这种从市场中来,也只能存在于市场之中的权利,是奥林匹克运动得以存续和发展的基础。因此,本书从传播学的视角,运用知识产权的相关理论,从公共性与垄断性两个维度,借用知识产权相关理论对奥运传播现象进行全面分析,试图厘清知识产权理论框架下奥运(大型体育赛事)传播的一些特点,从而丰富奥运(大型体育赛事)传播中的知识产权的基础理论,为奥运传播在国内健康发展和国内体育产业市场勃兴提供理论依据。在知识经济时代和体育产业大发展的现实背景下,加强对源于体育赛事知识产权经济的各种现象的研究无疑具有重要的理论价值与现实意义。

第二节 奥林匹克传播知识产权研究的逻辑起点与思路

现代奥林匹克运动经过一个多世纪的发展,已成为一种独特的社会文化景观。在研究奥运传播的过程中,可以发现一个看似矛盾的现象:"国际奥委会作为世界上最大的一个非营利性国际体育组织,却获得了最多的经济收益;作为世界上唯一拒绝广告的体育赛事的奥运会,却得到了许多世界顶尖跨国级公司的赞助;奥运会作为一个体育竞技的赛场,但其开闭幕式等仪式却是世界上最盛大的文化艺术庆典。"①在分析这些矛盾现象时,会发现国际奥委会通过不断调整与平衡奥运知识产权传播过程中的公共性与垄断性,使这些矛盾得以解决。

一、理论逻辑:知识产权公共性与垄断性

公共性与垄断性天生就是一对矛盾,知识产权的公共性与垄断性的利益平衡

---

① 王军.奥林匹克视觉形象的历史研究[D].北京:北京体育大学,2004:1.

也是知识产权法研究中的一个重要理论问题。就如冯晓青在《知识产权法利益平衡原理论纲》中提出:"知识产权法可以被看成是在知识产权人的垄断利益与社会公共利益之间的一种利益分配、法律选择和整合,其本身具有利益平衡机制,无论是从法理上还是从财产权理论来看,这种利益分配机制具有充分的正当性。"①尽管现代奥林匹克运动汲取了古代奥林匹克运动的精髓,但在资本主义工业革命背景下发展起来的现代奥林匹克运动,在其一百多年的发展历程中,遭遇过不少成长的烦恼。最初,顾拜旦为现代奥林匹克运动设计的"非政府化、非商业化、非职业化"的三非制度不断被调整与突破。审视现代奥林匹克运动的发展轨迹,一条非常清晰的发展脉络就是国际奥委会在《奥林匹克宪章》框架内,在坚守奥林匹克精神与宗旨的原则下,顺应时代要求发展不断进行自我调整与修正。尽管现代奥林匹克运动已举世瞩目,前途一片光明,世界上最发达的城市都纷纷加入申办奥运会的行列之中,媒体帝国投入数十亿美元的巨资购买奥运会的电视转播权,世界上顶尖的公司都排队要与奥运会结缘,但在20世纪80年代初期,作为全球文明重要标志的奥林匹克运动会由于资金缺乏、政治干涉与失去大众兴趣险些夭折。仔细分析国际奥委会把奥林匹克运动从20世纪70—80年代的泥潭中带领出来的最主要做法,就是垄断性地使用了奥运知识产权。

对于奥林匹克运动和国际奥委会来说,一个是旨在通过体育的教育功能实现全世界的和谐相处,一个是非营利的民间的国际组织,它们都具有强烈的公共性。国际奥委会为什么能够垄断性地使用奥运知识产权,使奥林匹克运动摆脱了发展的掣肘?国际奥委会的公益性在市场化过程中如何坚守?奥林匹克运动中公共性与垄断性如何实现平衡才能保证奥林匹克运动健康发展?因此,贯穿本书的理论主线就是知识产权的公共性与垄断性问题。在《知识产权法的利益平衡原则:法理学考察》中,冯晓青对知识产权的利益平衡的意义进行了论述:"它是知识产权法中协调利益冲突的需要,是实现知识产权法中平等与正义价值的需要,是知识产权法平等正义价值的应有之义,也是实现知识产权中的公共利益目标的需要,是实现知识产权法之公共利益目标的基础和保障。"②本书拟开辟一个全新的研究视角,从知识产权的公共性与垄断性角度去分析传播中奥运知识产权出现的矛盾与冲突。由于知识产权的公共性与垄断性是一对无法调解的矛盾,所以奥运知识产权的发展过程其实就是一个各利益主体不断平衡的过程。因此,从利益平衡的角度出发,

---

① 冯晓青.知识产权法利益平衡原理论纲[J].河南省政法管理干部学院学报,2004,5(86):9.
② 冯晓青.知识产权法的利益平衡原则:法理学考察[J].南都学坛:南阳师范学院人文社会科学学报,2008,28(2):88.

分析在全球经济一体化的趋势下,国际奥委会采取知识产权保护手段来推进奥林匹克运动自身发展的合理性与必然性。

二、研究重点:奥运电视转播权与运动员形象权

在奥运知识产权中,奥运标志权是重要的内容,但随着大众媒体与奥运传播的紧密结合,特别是广播电视在奥运推广中的巨大作用,随之产生的广播电视转播权及运动员形象权成为新型的奥运知识产权。虽然不少学者试图从运动竞技、经济发展等角度去解释上文提到的奥运传播中出现的矛盾现象,但都似乎很难全面解释奥林匹克文化中交织着的普罗大众的公共性与商业利益垄断性冲突的原因。更何况,在现代奥运传播一百多年的发展历程中,奥运科技推动着奥运传播媒介技术不断革新,新的奥运知识产权现象不断出现,这一切都需要从全新的视角去研究。在涉及奥林匹克的知识产权中,以奥运五环标识为主体的标志权是最深入人心,也是研究成果最为丰富的。尽管奥运标志权是奥运知识产权的重要内容,但从奥林匹克知识产权的主要收益来看,奥运电视转播权才是国际奥委会最为重要的收入来源。从传播的角度观察,奥运五环等标志权只是一种静态的知识产权,这与在大众媒体传播过程产生的电视转播权、运动员形象权等新型的奥运知识产权有本质的区别。本书主要研究的是以奥运电视转播权、运动员形象权等新型的奥运知识产权内容,而对奥运标志权等传统意义上的知识产权内容没有过多论述。本书主要讨论的奥运传播过程中的赛事转播权及运动员形象权就属于一种新型的知识产权,而不是传统意义上的奥运商标、商号等识别性的知识产权。这一方面是因为奥运电视转播权、运动员形象权这两种新型的无形财产权的权利属性还有一定的争议,对它们的权利性质等还有诸多的不确定性,但它们又是引起纠纷最多的、奥运知识产权中最需要研究的内容;另一方面是这两种权利一般都需要借助大众媒体才能实现,特别是电视转播权及其衍生出来的新媒体转播权,离开大众媒体就无法存在,而来源于隐私权的运动员形象权也需要借助大众媒体的公开传播才能形成。因此,奥运电视转播权、运动员形象权作为在传播中产生的奥运知识产权,为新型的奥运知识产权研究提供了最为有效的通道。

三、结构安排:冲突与平衡的逻辑进程

本书第一章从中国体育产业发展、中国奥运传播实践、体育知识产权纠纷等角度,阐述了奥运传播知识产权中国化研究的意义,明确了以奥运电视转播权和运动员形象权作为主要研究对象,按照冲突与平衡的逻辑思路分析奥运传播中知识产权的公共性与垄断性问题,并列出了几个核心议题。第二章首先通过对知识产权

的公共性特征的分析，从产权模式、传播主体、传播内容、传播手段等方面阐述了奥运知识产权的公共性表现；分析了奥运传播过程中的电视转播权和运动员形象权的公共产品内容特征；从知识产权的公共性、奥运知识经济的公共文化属性、奥运组织的民间公益组织自治、奥运传播非营利经营原则等角度阐述奥运知识产权公共性的成因。第三章主要讨论了奥运知识产权传播过程中的垄断性问题。主要从奥运知识产权公共性向垄断性的变迁、传播权力的强制性、传播外部性的垄断运行等角度论述奥运知识产权传播过程中的垄断性表现；从高度垄断的奥运电视转播权和组织垄断下的运动员形象权两个方面分析奥运知识产权垄断性内容；并从知识产权专有垄断性、奥运传播资源稀缺性、信息传播垄断合法性、传播技术垄断化等角度阐述了传播中奥运知识产权垄断性的逻辑。

本书第四、五章主要阐述了奥运知识产权传播过程中的公共性与垄断性的冲突与平衡。第四章主要论述了奥运知识产权公共性与垄断性之间的矛盾。主要从私权属性与公共利益的矛盾、奥运组织非营利特征与市场化转向、电视转播权的权利共享与转移、运动员形象商业化与社会效益等方面讨论了奥运传播过程中无法回避的公共性与垄断性冲突；从新闻与娱乐产品属性之争、公益传播与垄断交易的角度阐述了奥运电视转播权遭遇的法律困境；从形象权私人所属与收益归奥运组织拥有、运动员形象权与隐私人格权、我国运动员形象权利益分配困境等角度阐述了运动员形象权的公共性与垄断性冲突；从公共产品供给的"志愿失灵"、知识产权的公共性转型、知识产权的"绝对保护"与"公共地悲剧"等角度论述了传播中奥运知识产权公共性与垄断性冲突的逻辑。第五章主要从利益均衡的角度分析了奥运知识产权传播过程中的公共性与垄断性的利益平衡问题。主要从个人利益与公共利益、知识产权专有与信息资源共享、知识产权限制与奥运知识产权过渡、奥运知识产权垄断与反垄断豁免等角度论述奥运知识产权传播过程中的公共性与垄断性平衡原则；从"加强保护"与"合理使用"、电视转播权与反垄断豁免、新媒体转播权交易的反垄断审查等方面论述电视转播权平衡；从形象权的传播性优先与衍生补偿平衡、名人形象权的公共利益与义务平衡、奥运传播中的运动员形象权的传播性优先与限制等角度，论述了奥运知识产权中的形象权平衡。

第三节 奥运传播中的知识产权研究议题与类别

开发奥林匹克知识产权的市场，将其转化为有形资产，已成为奥运会筹措经费的主要渠道，这也是非政府、非营利组织机构的国际奥委会能够使奥运会起死回生，并将之发展成为一个具有全球影响力文化现象的关键所在。在对知识产权的研究中,很多学者都会从洛克的"劳动财产权"、康德的"意志论"等理论中寻找依据,但对奥运传播过程中的知识产权进行研究,除了要在知识产权中寻找理论依据外,还需要从组织传播等角度对奥运传播本质进行研究。

一、奥运传播中的知识产权研究核心议题

奥运知识产权是一个复杂的庞杂体系,虽然传播中的奥运电视转播权、运动员形象权的产权属性还有争议,但从知识产权信息论、体育媒介奇观论以及公益组织传播等方面对其进行研究,可以在丰富奥运知识产权理论研究视角的同时,也有助于对在传播中产生的两种新型奥运知识产权的本质进行研究,对奥运知识产权传播过程中涉及的"知识产权公共性与垄断性"、奥运传播、奥运知识产权是本研究的前提。

(一)知识产权公共性与垄断性研究

垄断性作为知识产权的本质属性,学者对其研究主要是从知识产权的私权性、专有性的角度展开。冯晓青提出:"知识产权是知识产权人对知识产品特别是智力成果享有的专有权利。知识产权的专有性是由知识产权的私权性质所决定的。知识产权的专有性直接来自于法律的规定或国家的授予,这是知识产权人利用知识产品的法律前提。"[①]知识产权的垄断性研究还聚焦在知识产权是一种特权,是知识产权人的一种私人财产权。在早期,知识产权制度的产生是作为"特权"制度而存在的,因此,经济学界与法学界都把知识产权理解为垄断权。"知识产权保护的客体是一种'信息',而这种信息主要来源于人类的智力与创造性劳动,信息的属性是人类智力创造的一种知识财产和相关的精神权益。知识产权垄断性符合作为经济运行支撑的劳动创造价值的理念。"[②]虽然有学者指出知识产权公权化理论是一种误读,在当前承认并强化知识产权的私权属性具有比较重要的意义,并指出知识产权公权化理论的缺陷。"其立论依据本身就存在疑问,是经不起推敲的,它是在社会思潮运动影响下对知识产权权利客体特殊性的一种误读。知识产权作为私权的根本属性不应该因为知识产权所呈现出的某些独特性而被改变。"[③]不过,在知识产权私权垄断性特征得到普遍认可和发展时,其阻碍社会发展的不足也被经常提起。在《论知识产权许可中的垄断控制》一文中,吕明瑜就提出:"知识经济条件下,知识产权许可对市场竞争的影响凸显'双刃剑'特征。其在以特有的商业价值

---

① 冯晓青.论知识产权的专有性——以"垄断"为视角[J].知识产权,2006,16(5):26.
② 秦超,林婕.知识产权垄断性探析[J].山东社会科学,2007(2):143.
③ 孙海龙,董倚铭.知识产权公权化理论的解读和反思[J].法律科学:西北政法学院学报,2007,25(5):76.

对市场竞争发挥积极促进作用的同时,又会衍生诸多垄断行为,妨碍、破坏或扭曲竞争,迫切需要反垄断法予以规制。"①因此,他在文章中倡议:"应在反垄断法中系统构建知识产权许可中垄断控制的新制度规则。该制度的主要内容应包括知识产权许可垄断控制的法律适用原则、基本分析方法以及知识产权许可中主要垄断行为的认定标准与要求等。"②

不可否认,知识产权涉及诸多公共利益,知识产权的公共性特征也得到国际社会的广泛认可。因此,在强调知识产权私权垄断性性质的同时,也要兼顾知识产权的公共性或公共利益。知识产权的这两种看似矛盾的权利性质有其存在的合理性。冯晓青就提出:知识产权法与公共利益存在密切关系,因为知识产权的专门法律如著作权法、专利法、商标法以及商业秘密法中,都存在重要的公共利益。总体上,知识产权法中的公共利益表现为确保社会公众对知识和信息的必要接近与分享。③冯晓青、刘淑华进一步指出:"知识经济时代的知识产权正由传统意义上的私权蜕变为一种私权公权化的权利。私权性是知识产权的本质属性,知识产权私权的公权化趋向乃是建构知识产权法的利益平衡机制、保障知识产权人的专有权、实现知识产权法的公共利益价值之所需。"④吴汉东先生认为:"各类主体的相互利益关系,在知识产权法律中的权利配置方面,表现为本权与他权、私权与公益的关系;知识产权虽为一种独占性权利,但往往受到一定的限制,包括公共领域保留、权利行使限制、禁止权利滥用等"。⑤ 不管是知识产权的私权公权化特征还是知识产权涉及众多的公众利益,都说明知识产权的公共性。从公益组织传播的角度来分析奥运传播中的知识产权,一方面是由于奥运组织本身特有的属性决定的,另一方面是由于在奥运知识产权中,有众多公益传播的特点,这表现在奥运传播过程所表现的社会公益管理、市场公益营销、媒体公益责任、民间的公益参与等。

本书的奥运知识产权公共性与垄断性和一般意义上的知识产权的公共性与垄断性的本质内涵是一致的,垄断性是指知识产权的私权特征及其知识产权权利人专有;公共性则是指涉及公众利益。不过,本书论述的传播过程中的奥运知识产权专指奥运电视转播权以及奥运传播中的运动员形象权,这里的权利所有人比较宽泛,在电视转播权中主要是国际奥委会,它是一个国际性的非营利、非官方组织,而且受益的权利人还包括各国际单项体育联合会以及国家奥委会,而运动员形象权的权利主体就更加多元,不仅涉及国际奥委会等组织,还涉及运动员个人或者运动

---

①② 吕明瑜.论知识产权许可中的垄断控制[J].法学评论,2009(6):15.
③ 冯晓青.知识产权与公共利益探微[J].行政法学研究,2005(1):49.
④ 冯晓青,刘淑华.试论知识产权的私权属性及其公权化趋向[J].中国法学,2004(1):61.
⑤ 吴汉东.试论知识产权限制的法理基础[J].法学杂志,2012,33(6):1.

队。要在奥运知识产权传播过程中的多元利益主体冲突中找到平衡手段,无疑需要高超的平衡技术。吕明瑜提出:"当下,在反垄断法中构建新的知识产权垄断法律规制制度是解决知识产权垄断问题的重要途径。构建新的知识产权垄断法律规制制度,一般原则的确立至关重要。"①在该文中吕明瑜指出同等对待原则、分类规制原则和合理分析原则是知识产权法律制度的一般原则。同时,他还在另外一篇文章中指出:"知识产权垄断引发反垄断法制度创新需求,在反垄断法现有制度体系的基础上构建新的知识产权垄断法律控制制度,是解决实践中日益严重的知识产权垄断问题的重要途径,也是反垄断法制度体系在知识经济条件下的拓展和丰富。"②

(二) 奥运传播

在当代社会中,奥运会已经发展成一个全球性媒介事件与文化仪式表演,它已经成为特殊的超级传播系统,这一系统由国际奥委会与跨国性传媒集团组成,是现代奥运会自身品牌效应与当代强大传媒技术平台叠加的结果。从本质上说,传播是不同社会系统间的信息沟通与交流并由此建立起来的一种互动关系。从奥林匹克运动的发展过程来看,其本身就是一个多形态传播的产物,是通过人类传播活动而形成的一个社会文化系统。因此,关于奥林匹克传播研究,不但要对其内部的各种传播符号元素的象征性意义进行研究,更需要对奥林匹克传播的外部影响进行研究。如果以奥运会作为分析对象,奥运赛场便可以当作信源,奥运本身及各种参与的媒体就可以看成为信道,而观众则是信宿。奥运赛场的各种比赛信息、赞助商产品相关信息及品牌形象都借助奥运会的平台传递给受众,而电视等大众媒体则是这种传播形式的延伸,以实现奥运传播效果最大化;反馈则是观众通过门票的销售、赛事节目的观看以及赞助商产品的购买等形式体现出来。通过以上分析可以清楚地看出,在整个奥运会的传播链条中,奥运会都是以一条信道而存在,承担信息传输的作用,有很强的双向互动沟通能力。大卫·罗认为:"体育是一种执行着众多任务和传递着大量信息的当代媒介,并和体育媒介越来越难以区隔。"关于体育的数据无所不在,似乎任何事物,无论是静还是动,都具有某种体育文化媒介(medium of sports culture)的功能。"体育和媒介作为一种系统强化关系牢牢结合在一起很久了,这种关系被描绘为复合体(complex),很明显这属于体育或媒介的特色。"③美国学者罗伊也认为电视实际上控制了职业运动的命运,这既表现在

---

① 吕明瑜.论知识产权垄断法律规制的一般原则[J].法商研究,2008,(5):98.
② 吕明瑜.知识产权垄断呼唤反垄断法制度创新——知识经济视角下的分析[J].中国法学,2009(4):16.
③ [英]大卫·罗.体育、文化与媒介——不羁的三位一体[M].吕鹏,译.2版.北京:清华大学出版社,2013:4.

形式上也体现在经济上。体育已经不是一般意义上的单纯竞技,在现代社会中它有了新的含义与使命。

在人类历史中,奥林匹克运动是一个有着悠久历史的社会文化现象,有关古代奥林匹克运动的记载甚至可以追溯到古希腊史诗《伊利亚特》和《奥德赛》。现代奥运会自1896年在雅典复兴以来,虽然只有一百多年的历史,但就在一个多世纪的发展过程中,奥林匹克运动从开始仅限于欧洲文化圈十几个国家发展到现在全球范围内二百多个国家和地区,可以说以奥运会为主要传播载体的奥运传播已经变成了一个裹挟着经济利益与政治影响的多面体。在奥运传播中,奥运会最能体现奥运精神,而且在国际奥委会一百多年的打造下,奥运会已经成了具有独特气质的文化现象,在世界范围内具有重大影响。《奥林匹克宪章》将奥运会作为奥林匹克运动的一个核心内容,用了大量的笔墨对之进行了详尽的规定,使它成为最具有奥林匹克各种特征的一项活动。[①] 正因如此,不少人都把奥运传播等同于奥运会传播,然而,奥林匹克运动不完全等同于奥运会。从奥运传播范围和影响来看,奥林匹克运动是一个包含着经济、文化、科技等众多内容,内涵非常丰富的国际性文化交流活动,而且还涉及外交、政治等内容。从传播的角度分析,奥林匹克运动已经超越了竞技体育运动的范畴,它是一个融政治、外交与商业的多核传播主体。

在全球化的语境下,奥运传播呈现出特定时空下全球性强势传媒的传播力特点,不仅有广泛的传播范围、强势的议程设置能力,而且具有很强的观众黏附性。作为一个公共外交平台,奥运传播不但对传统国际秩序具有革新的传播力,而且具有更和谐、更具公信力的对外传播效果,在特定时空具有部落再造的传播力。从内延和外涵来看,奥运传播远比一个规模宏大的国际运动竞赛要宽泛得多。就单从奥运会本身来看,奥运会的传播活动也并不严格局限于16天的周期性奥运赛事,围绕奥运会的申办、争办、筹办与举办全过程,相关事件会此起彼伏、高潮不断。奥运会的参与者除了比赛时期的体育官员、运动员、教练员、裁判员等赛场主体外,还有上自国王、总统等国家元首,下至士农工商各行各业的普通百姓。一般来说,现代奥林匹克运动由理论体系、思想体系、组织体系以及内容体系四部分组成。其中,奥运会归属于活动内容体系。需要说明的是,本书对奥运传播的界定,不仅仅是指奥运会的传播,而是指奥林匹克运动传播。"现代奥林匹克运动是以四年一度的奥林匹克庆典——奥运会为主要活动内容,在奥林匹克精神指导下,促进人类社会和谐发展,促进世界各国人民相互了解,维护和推动国际社会运动。"[②]"在弘扬

---

① 任海.奥林匹克运动[M].北京:人民体育出版社,1996:110.
② 任海.奥林匹克运动[M].北京:人民体育出版社,1996:1.

奥林匹克精神的目标主旨下,奥运传播以奥运新闻宣传为核心,以奥运信息服务为宗旨,以奥运大家庭交流为目的。"①由此,奥运传播被看成是围绕着奥林匹克运动建立起来的社会互动关系。奥运传播研究就是从传播学的角度研究在奥林匹克平台上发生和进行的传播活动与传播现象,以寻求奥运传播的规律。

在这,需要对体育媒介做一个说明。体育媒介强调体育是一种特殊的传播媒介,指体育作为媒介状态的现实性存在。体育赛事凭借强大的影响力与激烈的感官刺激引起消费者注意。"这使得在奥运会举办期间,一切讯息将以空前的传播效率迅速传遍全球,使其在最短时间内达到最大的传播效应。"②消费者不惜花费时间与金钱亲临赛事现场观赏,更多的消费者则利用大众媒体来关注和了解赛事,赛事主办方或体育中介机构则通过门票、赛事转播权及衍生产品的销售与转让来实现体育媒介的第一次售卖。主办方同时将吸引来的大批目标消费者转手出售给企业,这些企业借助体育赛事影响力来吸引更多消费者,进一步提升产品与企业知名度、美誉度,他们会采取赛事冠名和广告赞助等一系列传播方式介入体育赛事。赛事主办方与体育中介成功将冠名权和赞助权出售给企业实现二次售卖,这就是体育作为媒介的原理所在。"除体育赛事外,体育媒介的另外一大组成部分便是体育明星,一方面他们吸引着众多球迷的关注,另一方面将球迷的关注出售给广告主,其过程与体育作为媒介的传播规律如出一辙。"③这也是本书将运动员形象权作为重点研究对象的原因所在。"受众商品论"是传播政治经济学理论泰斗达拉斯·斯麦兹的重大理论贡献,"广告时段的价值是传播产生的间接效果,而广播电视节目则是'钓饵'性质的'免费午餐'。它们都不是广播电视媒介生产的真正商品"④,斯麦兹指出,"商业大众传播媒介的主要商品是受众的人力(注意力)。"⑤ 由于体育和大众传播媒介的有机结合,直接导致了美国运动传媒产业的诞生与崛起,这使得美国体育媒介发展进入了一个新阶段。

在高科技的现代媒介和体育自身传播特质的共同作用下,通过大众媒介与政治、文化、商业、娱乐等因素的有机结合,将奥运传播打造成具有消费文化、政治文化与体育媒介的奇观。体育媒介的奇观理论可追溯至德波的"景观社会"与丹尼尔·戴扬和伊莱休·卡茨提出的"媒介事件"。⑥ 虽然奥运传播的奇观由大众媒体

---

① 庹继光.奥林匹克传播论[M].成都:巴蜀书社,2007:16.
② 郝勤.奥林匹克传播:历程、要素、特征——兼论奥林匹克传播对北京奥运会的启迪[J].体育科学,2007,27(12):8.
③④⑤ 李传武,赵歌,王建强.体育媒介的理论溯源及与传统媒介关系的研究[J].体育科学,2007,27(1):87,88.
⑥ 董青,洪艳."体育媒体奇观"研究——以世界杯足球赛为例[J].北京体育大学学报,2010,33(12):23.

铺陈,但这也离不开体育天生具有的传播特质。之所以在奥运知识产权的研究中,强调奥运传播的媒介奇观现象,是因为在当今信息化社会中,信息传播与知识产权有着天然的联系,不管是奥运标志权的转让还是奥运会电视转播权的交易,都与奥运传播过程中形成的"媒介文化奇观"现象分不开。凯尔纳认为媒体文化将体育转化成为可以出售的赛事产品、名人价值,使得体育成为符合媒体消费社会机制的一大奇观。虽然这一奇观被学者批评为是大众媒体对体育的深刻影响,甚至是媒介文化对体育社会的一种劫持,但这一现象却体现出当代全球文化主要的运行机制与规律。"全球性文化主要由现场与奇观组成,并且依靠广告、公共关系与形象管理等机制在全球范围内进行传播。"① 换句话说,媒体渲染下的体育已成为一幕幕场面浩大的夸张、绚烂、刺激的活戏剧,导演是媒体,制片人则是政治经济等各方力量,运动员甚至观众都成为了演员。体育文化、体育赛事、运动员、体育精神都已经被媒体奇观所吞噬。② 赛事变表演、肉身变幻象(尤其是将丰满的人刻板化)、内涵被掏空,最终导致的是体育本身的奇观化。在一定程度上,奥运会是被媒介塑造的一大文化奇观,它凭借媒介制造出的符号表现系统,再造了全世界体育迷最重要的节日。

(三) 奥运知识产权

要理解本书中的奥运知识产权要从两个角度对其进行把握:一是奥运知识产权,二是传播。"知识产品本质上是一种信息,具有完全的非竞争性和非排他性的特点,是一种纯公共产品。"③ "知识产权化的本质将具有公共品特征的知识变成私人品,并运用排他性来避免投入不足和消耗过度。知识产权制度以及知识产权的独占性并非由其天然特征决定,而是因为这一产权的内容具有公共产品属性,为了避免公共品灾难而人为给定的一种权利。"④ 在本质上说,智力创造的成果就是一种优化的信息,因此信息产权的核心内容就是知识产权。信息的生产是有代价的,而信息的传递费用却相对较小。因此,对于将资源用于信息生产的主体来说,通过出售信息来回收其价值比较困难,其中的原因就是生产者将信息出售给特定的消费者后,信息传递的费用较低,购买信息的消费者便成为了原始信息生产者的潜在竞争对手。"消费者希望成为信息的'搭便车者',只支付这种商品的传递费用。"⑤

---

① [美]道格拉斯·凯尔纳. 媒体奇观——当代美国社会文化透视[M]. 史安斌,译. 北京:清华大学出版社,2003:73.
② 董青,洪艳. "体育媒体奇观"研究——以世界杯足球赛为例[J]. 北京体育大学学报,2010,33(12):23.
③ 文礼朋. TRIPs 体制与中国的技术追赶——知识产权经济学的再探讨[M]. 北京:社会科学文献出版社,2010:1.
④ 张耀辉. 知识产权的优化配置[J]. 中国社会科学,2011(5):53.
⑤ [美]罗伯特·考特,托马斯·尤伦. 法和经济学[M]. 张军,等,译. 上海:三联书店,1988:152.

在"信息时代",大部分民族和国家的媒体都跃升到社会生活的支配地位,对各种社会理论家来说,传播已经登上了中心舞台。① 在知识产权中引入信息这个具有经济与法律属性的概念,可以实现知识产权在信息生产传播、搜索存储、开发利用中的市场行为,激发创造和创新信息的积极性与能动性。"信息产权既包括了知识产权所定义的财产权和人身权,而且还包括了其他的信息权利,如隐私权、知情权、共享权、信息获取权、信息传播自由权、信息环境权和信息安全权等。"②信息产权的核心问题是明确信息权利人、权利类型、权利内容及其权利归属等问题。信息传播技术的发展与体育传播理论的成熟推动了体育新使命的形成,体育价值得到了开掘与传递,现代的体育甚至不再是信息与内容,而是一个平台与一种载体。③ 虽然知识产权信息论的基础研究还有待深入,但从信息传播角度对奥运知识产权或者体育知识产权进行研究,不但是知识产权本质信息属性的内在需要,也是在奥运全球化传播过程中对奥运知识产权内在规律的真切把握。需要说明的是,知识产权中的信息是控制论意义上的信息而不是信息论意义上的信息。1948 年通讯工程师克劳德·香农发表了标志着信息论创立的论文——《通信的数学理论》,在这篇里程碑式的论文中,香农提出通信的根本问题是在某一点精确地或者近似地重现在另一点选择的消息。基于通信工作的任务,香农所关注的是如何把"信息"原原本本地从"信源"传递给"信宿",他对同型结构所蕴含的"意义"毫不关心。在香农发表《通信的数学理论》的同一年,他的老师诺伯特·维纳出版了意味着控制论的专著——《控制论:关于在动物和机器中控制和通信的科学》,书中指出,在控制论中,信息的意义必须予以重新考虑,正是为了控制和自我调节,信息才被感受和利用。很明显,作为知识产权对象的信息只能是控制论意义上的信息,而不是信息论意义上的信息。

在传播学领域,传播实际上就是一种信息流动的过程。"所谓传播,即社会信息的传递或社会信息系统的运行。"④知识产权领域的传播概念,就其传播对象来说,是指作品、商标、专利产品等知识产权对象,本书主要是指电视转播的赛事以及运动员形象等。就知识产权传播的行为,其"施动者"与"受动者"乃是法律意义的个体,包括自然人、法人以及非法人的组织。而奥运知识产权传播过程中的"传播"概念,关键的问题是在维护知识产权权利人的市场利益前提下,体现知识产权的"广泛性"与"延续性"的基本特征。在知识产权法领域中,传播的"广泛性"应体现

---

① [美]约翰·贝拉米·福斯特,罗伯特·麦克切斯尼.垄断资本的文化机构[J].宋阳旨,译.国外理论动态,2014(6):29.
② 赵海军.基于产权的信息资源分类与信息确权理论建设[J].图书与情报,2012(4):90.
③ 李传武,赵歌,王建强.体育媒介的理论溯源及与传统媒介关系的研究[J].体育科学,2007,27(1):85.
④ 郭庆光.传播学教程[M].北京:中国人民大学出版社,2011:4.

在行为的受动者不是特定的第三人,受动者的多少涉及的只是权利人市场利益损害的程度问题,而不是有无问题。在知识产权法的领域中,传播的"延续性"体现在基于再现的传播,离开了再现则传播就会中断。如果用"维护权利人的市场利益"作为判断标准,虽然在非法律科学中已经定型的传播行为并不都一定构成侵权,但还是有必要对"再现"的传播行为加以限制。因此,在知识产权法的领域中,"传播权"的内涵是权利人享有的不特定第三人以再现"权利对象"的方式进行传播的权利。应当指出的是"再现"并不局限于"复制",根据作品本身的性质,作品可以有不同的"再现"方式。

另外,要分析奥运知识产权的传播,还需要对国际奥委会的组织传播特征进行分析。组织传播是传播学研究的重要内容,直至1940年前后,组织才实质性地影响有关组织传播的研究。在早期组织传播研究主要人物之一、诺贝尔奖得主赫伯特·西蒙之前,组织传播只是一个学科雏形。当时,组织传播只有几个对在商业环境中进行演讲和写作有兴趣、从事言语教学的教授们的研究成果。西蒙将组织定义为"一个人类群体当中的信息传播与相互关系的复杂模式",并全面论述了传播在组织形成、变革以及组织决定等方面的核心作用。① 目前,组织传播学主要存在着文化和功能两种研究范式,形成了组织传播的功能学派(或叫管理学派)和社会文化学派。② 从历史发展脉络来看,组织传播主要有两条发展路径:一是随着修辞学与言语传播的衍生和发展,传播学作为独立学科得到完善,为组织传播提供了理论基础;二是基于现实的需要,管理科学有了进一步发展,出现了组织行为学,从而为传播学的研究提供了组织层面的应用平台。③ 在一定程度上,某一组织的决策实施过程也是传播过程。如果以美国组织传播学研究的经历来窥探组织传播发展,会明显发现组织传播发展经历了三个阶段:一是从1900年到1940年的准备期。在这个阶段,工业革命造成的经济扩张引发了生产组织制度的巨大变革。发轫于英国,后来不断在美国、法国、德国涌现的新型组织带来了组织思想、方法和技术的变化,形成了以泰勒(Taylor)为代表的以生产为中心、管理为导向的古典组织理论思想;二是从1940年到1970年的确立整合期。在这个时间,组织传播一词逐渐被"商业传播"或"工业传播"所取代;三是从1970年至今的组织传播成熟与创新期。这个时期的组织传播理论日臻完善,从早期因受到传统组织及管理学科的影响,对实证功能主义及传播效果的研究高度重视发展到对文化的解释、批判及后现代等方向。

---

① [美]赫伯特·西蒙.管理行为[M].詹正茂,译.北京:北京经济学院出版社,1988:9.
② 张锐.组织传播学:起源、发展与研究内容[J].现代传播:中国传媒大学学报,2008,3:144.
③ 黄孝俊.组织传播的研究模式及思考[J].浙江大学学报(人文社会科学版),2001,31(5):113.

在奥运知识产权传播过程的体系中,国际奥委会与国家奥委会、国际单项体育联合会构成一个相互联系又相互独立的三角体系。从传播过程要素来看,奥运传播与一般传播过程一样,由信源、信宿、讯息、媒介、反馈等基本要素构成,这些基本要素是奥运传播过程得以实现的关键所在。奥林匹克传播信源是一个复杂的组织系统,这一系统由国际奥委会、各个国家(地区)奥委会、国际单项运动联合会三者共同构成。① 在这个信源的组织系统中,国际奥委会是主要的信源核心,在它的领导下,与国家(地区)奥委会、国际单项体育联合会共同担负传播奥林匹克思想、组织奥运会比赛、扩大奥林匹克影响等职责与任务。与此同时,奥组委也是奥林匹克重要传播者。"奥运传播就形成了一个戈德哈伯所说的由各种相互依赖关系结成的网络,为应付环境的不确定性而创造、交流信息活动的组织传播系统。"②

二、奥运传播中的知识产权研究

随着知识经济的发展,国内外对知识产权的重要性认识都大为提高。自从中国加入世贸组织以来,中国对知识产权的研究成果已经比较丰富,但从研究内容和领域来看,大都集中在法学领域。对体育产业和体育赛事的知识产权基础理论研究还处在散发状态,体系和内容并不完备。而在为数不多对奥运知识产权的研究中,研究重点主要集中在奥林匹克知识产权的保护方面,对体育赛事或者奥运知识产权基础理论研究还不够深入。

(一)知识产权

知识产权是从18世纪德国人约翰·鲁道夫·特尼森(Johann Rudolf Thurneysen)提出的"intellectual property"翻译过来的,这个字面含义为"智力财产权""智慧财产权"。1967年,随着世界知识产权组织成立,"知道产权"概念开始在世界范围内被广泛使用。对于知识产权,国外没有统一和明确的定义,只是对知识产权范围进行了界定,即便在1992年出版的世界上第一本知识产权法典《法国知识产权法典》中,也没有对知识产权进行确切的定义。虽然在世界知识产权组织编写的知识产权相关的著作,如1967年的《建立世界知识产权组织公约》和世界贸易组织管辖的《与贸易有关的知识产权协议》中,都对知识产权内容、范围、组成进行了列举,但都没有对知识产权进行一般性定义。在美国西方出版公司出版的《知识产权》这本美国法学概要系列丛书中,作者在导言中指出传统上的知识产权包括专利、商标和版权三个领域,并指出这三大领域的共同之处在于都具有"无定形的特

---

①② 郝勤.奥林匹克传播:历程、要素、特征——兼论奥林匹克传播对北京奥运会的启迪[J].体育科学,2007,27(12):5.

征,并且都是一种非常抽象的财产概念"①。尽管如此,现在对知识产权的理解一般从广义与狭义两个角度进行定义。广义知识产权是指人类对自己的智力创造的一切成果所应该享有的权利;狭义知识产权则可以具体分成"工业产权"与"版权"。工业产权中又可以分为专利权、商标权、与智力创造成果相关的反不正当竞争权等;版权在国内有时也被称为著作权,或是作者权、传播者权(即著作权中的"邻接权"及"有关权")及表演者权等。在我国作者权、传播者权及其邻接权(表演者权)都是一种具有财产权性质的精神权利。一般认为,"知识产权具有以下特征:一是知识产权的独占性,二是财产载体的虚置性,三是知识产权的经济性,四是地域性和时间性。后三个特征产生于第一个特征。"②

"知识产权是设定在特定创新性智力成果这种特定信息上的专有权、排他权。"③1984年澳大利亚学者彭德尔顿教授(Michael Pendleton)在《香港工业和知识产权法》(The law of Industrial and Intellectual Property in Hong Kong)一书中对"信息产权"理论作了初步阐述。1987年,知识产权学者郑成思在《计算机、软件与数据库的法律保护》中对"信息产权"做了全面的论述,又在1998年第3期的《工业产权》杂志上撰文,对"信息产权"作了进一步阐述。其核心观点是"信息覆盖了知识产权保护的客体,信息产权的核心仍旧是知识产权"④。20世纪90年代开始,西方学者对"信息产权"的研究进一步拓展。在这方面最具有代表性的是美国经济学家萨缪尔森(Pamela Samuelson)教授,他于1991年在"Communication of the ACM"上发表论文《信息是财产吗?》,在论文中他对信息的财产权属性进行了分析;1998年荷兰Kluwer Law International出版社出版了《知识产权和信息产权》(Intellectual proporty and Information proporty)一书;1999年美国李特曼(Jessica Litman)教授的《信息隐私和信息产权》在《耶鲁法学评论》上发表。1999年7月《美国统一计算机信息交易法》推出,虽然它主要内容涉及的是网上的知识产权贸易,但交替使用了"知识产权"与"信息产权"的概念。1999年俄罗斯《俄罗斯联邦信息安全学说》提出要积极开发及利用信息财产。这些论述为"知识产权信息论"奠定了基础,信息产权突出了知识产权信息本质,是知识产权的延伸与扩展,而知识产权则是信息产权的概念与基础。知识产权信息论强调信息在知识产权活动中的意义。信息不仅是知识产权活动的一种反映,也是知识产权现象的表述,同

---

① 王先林. 知识产权与反垄断法——知识产权滥用的反垄断问题研究[M]. 北京:法律出版社,2001:29.
② 张耀辉. 知识产权的优化配置[J]. 中国社会科学,2011(5):53.
③ 郑成思. 知识产权——应用法学与基本理论[M]. 北京:人民出版社,2005:17.
④ 郑成思. 信息、知识产权与中国知识产权战略若干问题[J]. 环球法律评论,2006(3):307.

时它还是认识知识产权的中介。①

从我国知识产权发展历程看,尽管我国宋代就出现过版权的保护现象,清末的法制变革也体现了私权意义上的知识产权在中国的发展,但作为一个舶来品,新中国的知识产权发轫于20世纪70年代末。尽管现在我国知识产权的理论研究从最初带有明显实用主义色彩的立法工具,发展到对知识产权制度的反思及为其整体构建提供理论框架的阶段,但我国知识产权理论界对知识产权的核心问题还没有统一的观点。因为任何知识都来自人类智力的创造,所以20世纪70年代以来,中国大陆地区普遍将该词翻译为"知识产权"。② 最具代表性的观点是郑成思主编的《知识产权法教程》中对知识产权的定义:"知识产权指的是人们可以就其智力创造的成果所依法享有的专有权利。"③按照知识产权客体的不同特点,知识产权可以分为"创作性成果权利"和"识别性标记权利"两种。"知识产权是一种私权,指对特定智力创造成果所依法享有的专有权利,或者说是以特定智力创造成果为客体的排他权、对世权。"④知识产权在本质上是一种民事权利,是一种特定主体所专有的财产权。不过,知识产权一开始并不是起源于民事权利,不是一种财产权。它起源于封建社会的特权,逐渐演变成被现在绝大多数国家承认的私权。总体来说,几百年的知识产权历史是一部权利的扩张史。随着社会科技与经济文化的发展,知识产权在内容和内涵上是一个不断演进的权利。

知识产权具有专有性、地域性和时间性三个基本特点,其中专有性就是其垄断性和独占性,是指知识产权专属于权利人所有。从本质上说,知识产权是为了不让竞争对手销售自己的产品而拥有的一种垄断顾客的权利。权利人有权许可或不许可他人使用其获得的知识产权;而他人未经知识产权人的许可,不得制造、使用和销售已获得专利权、商标权或者版权的知识产品,否则就构成法律上的侵权行为。法定垄断原则可以看成是知识产权法的一个重要原则,即知识产权法定垄断的手段。在专有性层面上,知识产权的垄断性也就是知识产权人不允许他人使用其知识产品,但不是指知识产权人不允许他人创造同样的知识产品。知识产权这种专有性与其他各种民事权利都具有的排他性不同,因为后者并不排斥相同的财产为不同的主体所有。⑤ 知识产权是关于"思想的产品",并且具有无形性集合权利的特点。知识产权在不符合私权原则的环境下产生而逐渐演变成被多数国家普遍接

---

① 马海群.知识产权信息的概念、内容、特点和功能[J].图书情报工作,1998(3):1.
②④ 郑成思,朱谢群.信息与知识产权的基本概念[J].中国社会科学院研究生院学报,2004(5):41.
③ 郑成思.知识产权法教程[M].北京:法律出版社,1993:1.
⑤ 王先林.知识产权与反垄断法——知识产权滥用的反垄断问题研究[M].北京:法律出版社,2001:35-36.

受的私权。在当代,知识产权的私权性并没有发生变化,但国家介入因素在增强。换言之,知识产权私权的公权化因素在增强。知识产权私权的公权化表明知识产权已经不是一种纯粹的私权,而是一种具有公权因素的私权,表现出公权化和社会化的趋向。知识产权私权的公权化趋向不仅在知识产权理论上得到了肯定,而且在司法实践中也得到了体现。①

(二) 体育知识产权及体育无形产权研究

体育知识产权概念在理论界还没有统一。1999年《体育学刊》刊载的解放军体育学院教师杨松年的文章,第一次对体育知识产权进行了定义。"体育知识产权定义为体育事业领域从事智力活动所创造的精神财富在一定地域、一定时间内所享有的独占权利,由体育版权和体育产权两部分构成。"②张春燕、张厚福在《体育知识产权的研究进展》中,总结了体育知识产权的研究内容,他们从体育标志权研究、体育电视转播权研究、竞赛表演知识产权问题、体育的非专利技术与体育未公开信息的研究、民族体育知识产权研究等方面,对体育知识产权研究内容进行了分析与评价,并从法学的角度对加强体育知识产权保护提出了建议。③ 在《我国体育知识产权的基本法律问题研究》一文中,张玉超通过回顾与总结以往的研究成果,对体育知识产权进行了定义。他认为以往的研究成果在界定体育知识产权概念时,存在很大的争议,界定不明确,为此他对体育知识产权的概念重新进行了界定。"体育的知识产权是指自然人、法人、非法人社会组织或依据国家法律的规定,对他们在体育文化、体育产业、体育竞技等领域创造性的智力成果与经营性的标志享有专有的权利总称。"④张厚福、赵勇戈、胡建国等在《体育知识产权的产生与我国体育知识创新》中,归纳了体育知识产权的概念及产生的原因,他们认为:从知识产权的角度讲,体育开始正规的公平竞赛就有了未公开信息权;体育的专业化、商业化产生了体育竞技表演权;体育的知识化就产生了体育的著作权;体育的科技化为体育专利及非专利的发明权提供了可能;体育的市场化和产业化就有了体育商标权及广告权;有了体育赛事转播权及广播电视的实况转播就有体育信息的网络转播权。⑤

魏淑君在《关于体育知识产权范围的界定》中提出,作为近几年才提出来的一

---

① 冯晓青.知识产权法利益平衡理论[M].北京:中国政法大学出版社,2006:304.
② 杨松年.体育无形资产初探[J].体育学刊,1999,22(2):77-78.
③ 张春燕,张厚福.体育知识产权的研究进展[J].成都体育学院学报,2005,31(1):14-18.
④ 张玉超.我国体育知识产权的基本法律问题研究[J].中国体育科技,2014,50(2):104.
⑤ 张厚福,赵勇戈,胡建国等.体育知识产权的产生与我国体育知识创新[J].武汉体育学院学报,2003,37(3):8.

个概念,理论界对体育知识产权的含义还没有形成一个统一的认识。现在,对体育知识产权主要有以下两种观点:一种是体育人依法对自己的体育智力活动创造的成果与体育经营管理活动中的标记、信誉拥有的权利;另一种是体育知识产权是体育组织、体育工作者、体育经营者和赞助者依法享有体育智力劳动成果和经营标志、信誉的权利。作为知识产权的组成部分,体育知识产权也应是个动态概念,随着经济发展与科技进步,它的内涵和外延都会发生相应的变化。从当前来看,体育知识产权主要包括体育的著作、体育的专利权、体育的商标权等。[①] 同时,他还指出体育知识产权被当作一种无形的财产权,具有以下几大特征:体育知识产权客体的非物质性;体育知识产权的独占性;体育知识产权的地域性;体育知识产权的时间性;体育知识产权的法律确认性。[②] 常娟、李艳翎在《论体育冠名权及其法律界定》中,从知识产权和商品化权的角度分析了体育冠名权的性质,并分析冠名权与名称权、姓名权之间的区别与联系。"与体育冠名权开发热闹场景形成反差的是对其进行的理论研究寥寥无几,仅在体育无形资产、体育赞助方面的文章和著作中有零星的只言片语。"[③]他们还对体育冠名权的概念及其特征进行了论述,体育冠名权有无形性、专有性、非时间性和时效性、载体的高接受性和多样性的特征。[④]

马法超、于善旭指出:"在现行体育法学的研究成果当中,对无形财产问题的研究多是以研究体育无形资产法律问题或以体育知识产权的名义出现。可见,体育无形财产权、体育无形资产与体育知识产权之间的关系密切度非同一般。"[⑤]他们还指出体育无形资产只是一个约定俗成的概念,它本身与一般无形资产的性质和特点并没有什么不同。[⑥]为此,他们提出:"体育无形资产是各种无形资产在体育运动领域内的具体体现,它应包括各类存在于体育领域的知识产权、形象权、体育场馆租赁权和特许经营权等。"王凯、张林指出,虽然近年来学界与业界对体育无形资产的研究有所关注,但还没有形成一个真正的热点。"对体育赛事无形资产的研究还比较薄弱,这些研究成果也更多地聚焦于操作层面,如赛事无形资产的开发、无形资产的保护等,对体育赛事无形资产的本质属性、特性、形成机制等深层次的探讨鲜有涉及。"[⑦]因为体育知识产权是近年来提出来的新概念,学术界对它的理解

[①②] 魏淑君.关于体育知识产权范围的界定[J].山东体育学院学报,2007,23(6):16.
[③] 常娟,李艳翎.论体育冠名权及其法律界定[J].北京体育大学学报,2005,28(10):1320.
[④] 常娟,李艳翎.论体育冠名权及其法律界定[J].北京体育大学学报,2005,28(10):1321.
[⑤⑥] 马法超,于善旭.体育无形资产、体育知识产权和体育无形财产权关系辨析[J].体育科学,2008,28(9):74,75,76.
[⑦] 王凯,张林.体育赛事市场化运作中无形资产流失与规避机制构建——以全运会为例[J].体育与科学,2013,34(4):68.

还没有形成统一认识,有学者甚至不赞成有体育知识产权这一提法,他们认为:"如果体育知识产权是指'体育领域的知识产权'或'与体育有关的知识产权',那在知识产权分类体系中并不存在这样单独的一类,就像不存在音乐知识产权、教育知识产权、美术知识产权一样。"①有学者认为体育标志权与商标权有同等的法律效力,应受到商标法的保护。由于我国体育标志权研究主要集中在奥林匹克标志权方面,有些学者甚至用奥林匹克标志权取代体育标志权,但奥林匹克标志权并不足以涵盖所有的体育标志权。换言之,体育标志权的外延远比奥林匹克标志权宽泛。一般来说,知识产权在体育商业中比较重要,它们作为产权和市场发展的资源具有举足轻重的作用。体育赛事标志、体育标志、体育俱乐部和运动队名称,在商业化运作过程中因其显著的标志作用,价值日益凸显。尽管体育标志商业价值很大,但要谈到体育赛事本身是否拥有特殊知识产权特性,国际上对此看法大有不同。在英国法律制度下,其不承认体育赛事有任何法律权利,但美国法官却认为体育赛事具有知识产权特征,可以对抗侵权者。

(三) 奥林匹克知识产权属性研究

奥林匹克标志是国际奥委会拥有的唯一财产,奥运会甚至是奥林匹克运动的主要象征,奥林匹克标志是奥林匹克精神的重要载体。"它包含了设计人的智力创作和奥委会的筛选,是一种劳动成果,非经权利人许可,他人不能使用。获得权利人授权使用许可使用的,必须在许可使用合同约定的地域范围、期间内使用奥林匹克标志。"②对于奥林匹克标志的属性研究,大部分学者认为体育标志是一种知识产品,是智力劳动创造的成果,应该拥有知识产权特征。陈彬、胡峰指出:"在奥林匹克运动中逐渐形成并不断发展的奥林匹克知识产权,实际上是某一国际组织(即国际奥委会)在具体活动中形成的一系列知识产权总和。它的享有者,应该是全人类,而实际所拥有者是国际奥委会。"③《奥林匹克宪章》规定在奥运会举办期间及结束后的一段时间,主办者对本届奥运会享有一定奥林匹克的知识产权。王素娟认为:奥林匹克知识产权是指奥林匹克知识产权人通过《奥林匹克宪章》,与主办城市的政府以及主办国家奥林匹克委员会达成的协议,其中规定与奥林匹克相关的特殊标志、作品、商标、专利及其他的创作成果所拥有的专有权利(注:奥林匹克知识产权人及相关人是指国际奥委会、主办国的奥委会、奥组委及合法授权的被许可

---

① 韩勇.体育法的理论与实践[M].北京:北京体育大学出版社,2009:97.
② 冯玉军,黎晓园.奥林匹克标志的知识产权保护初探[J].法学论坛,2007,22(4):38.
③ 陈彬,胡峰.论奥林匹克知识产权保护的法律依据[J].体育科学,2008,28(3):80.

人)。①

葛建华提出:"奥运会营销方案主要包括四个方面:特许赞助商计划、电视广播权、特许授权和门票收入。其中,知识产权的授权使用是现代奥运营销的重要组成部分。"②裴洋提出:"奥林匹克标志应该属于商品化权(merchandising right)。商品化权的目的是为了解决因姓名权、肖像权、广告使用权、商标权、版权等权利的交叉而产生争议而被提出的一种新型的知识产权,它是指将能够产生创造大众需求的角色或角色特征用于在商品上使用或许可他人使用的权利。"③虽然商品化权的物质形态有多种多样,但其本质是为了将已经赢得了良好信誉的原始领域的物质形态进行商业化利用,通过将自己的信誉转移到商业化领域后,吸引广大的消费者,从而达到扩大市场和创造商业性效益的目的。因此,信誉是商品化权的客体。从这个角度讲,将奥林匹克的标志权归为一种商品化权是成立的,也是合理的。④由此,对奥林匹克标志的研究成了奥林匹克知识产权的研究重点。奥林匹克标志是奥运会和奥运精神的象征,长期以来,奥林匹克标志被等同于一种著名商标,它是国际奥委会、奥运会主办国家的重要知识产权,是奥运财富的载体和重要的无形资产,可以快速有效地转化成为巨大的有形资产,成为奥运会收入的重要来源。国际奥委会法律部部长霍华德·斯普图在《国际奥委会知识产权概览》中将国际奥委会知识产权分为商标、词汇和其他奥林匹克识别,视听财产两大部分⑤。同时,他在该文中阐明了国际奥委会、国家奥委会、奥组委、国际单项体育联合会协会、国家单项体育联合会协会和运动员之间知识产权的关系。

根据权利的归属不同,国内学者将奥林匹克知识产权归为四类:第一是永久性属于国际奥委会的专有产权。这些权利包括奥林匹亚(中英文)、奥林匹克名称,奥林匹克五环标志,奥林匹克会歌,奥林匹克"更快、更高、更强(中英文)"格言,奥林匹克会旗,奥林匹克运动会及其简称等专有名称(中英文)。第二是在奥运会的申办、筹建以及举办奥运会过程中形成的产权。这些权利内容包括奥运会徽记,奥运会名称,奥运会旗帜,奥运会吉祥物,奥运会招贴画、图形设计以及奥运会创作的其他图像作品,奥运会正式出版物,奥运会证书,奥运有关的数据库和统计数据以及《奥林匹克宪章》《奥林匹克运动会主办城市合同》中规定的其他有关标志,国际奥

---

① 王素娟.知识产权热点问题的法律剖析——失误、风险与对策研究[M].北京:知识产权出版社,2010:184.
② 葛建华.奥运会营销中的知识产权保护与特许权运用[J].商业研究,2010(2):27.
③④ 裴洋.奥林匹克标志的法律保护[J].华东政法大学学报,2008,11(3):117.
⑤ 霍华德·斯普图.国际奥委会知识产权概览[J].周玲,译.知识产权,2006,16(5):93.

委会会在举办奥运会的当年12月31日将这些权利收回。第三是国家奥委会的产权。这些权利包括国家奥委会的名称及简称(中英文)和徽记、奥林匹克委员会商用徽记、国家体育代表团标志。在使用这类产权时,必须符合国际奥委会的有关规定。第四是组织和个人通过合法渠道取得的与奥运会密切相关的产权。这些权利包括奥运会电视节目转播权、授权使用奥林匹克知识产权的商品、与奥运会密切相关的作品、与奥运会密切相关的专利产品和专利技术等。[①]

(四)奥林匹克知识产权保护研究

奥林匹克知识产权保护研究是国内学者对奥林匹克知识产权研究的重要内容,成果也相对丰富。虽然国内对奥林匹克的相关标识、奥运会吉祥物有关的知识产权保护研究较多,但对体育赛事本身,无论是理论还是立法实践都缺乏足够关注。依法保护奥林匹克标志不仅是主办国家的责任和义务,也是主办国保证奥运会成功举办的重要举措。作为以发展奥林匹克运动而制定的总章程与总规则,《奥林匹克宪章》被国际奥委会和被他承认的国家(地区)奥委会、国际单项运动联合会、奥组委以及世界(洲际)性国际奥运协会所遵守。《奥林匹克宪章》全面体现了奥林匹克主义,被视为现代奥林匹克运动的根本大法。[②] 胡峰、吕炳斌、段宝玫基于国际法与比较法视角,对奥林匹克标志知识产权保护进行了研究,他们认为:涉及奥林匹克知识产权的保护除了有《商标国际注册马德里协定》与《保护工业产权巴黎公约》等知识产权国际保护主要公约外,还有《奥林匹克宪章》和《保护奥林匹克标志内罗毕公约》两个专门针对性的法律文件。[③]

胡峰、刘强从民事与行政的角度,对奥林匹克标志知识产权保护进行了比较,他们指出,在我国现行的知识产权体制下,奥林匹克标志的保护形成了民事与行政并行的双轨制保护模式。"行政保护在整体上不断强化,奥林匹克权利人更加倾向于使用行政保护而非民事司法保护。我国专利法在设定行政保护制度时就明确了其地位和作用。"[④]从国际上的知识产权保护趋势来看,在行政保护完成其历史使命之后就应该用更完善的民事、刑事司法的形式对其进行保护。尽管我国还没有专门为体育标志立法,可以作为保护体育标志知识产权依据的法律条款散见于《中华人民共和国商标法》《中华人民共和国著作权法》(简称《著作权法》)等法律中。

---

① 王素娟.知识产权热点问题的法律剖析——失误、风险与对策研究[M].北京:知识产权出版社,2010:184-185.
② 熊斗寅.新版《奥林匹克宪章》解读[J].体育文化导刊,2004(2):32.
③ 胡峰,吕炳斌,段宝玫.奥林匹克标志知识产权保护——基于国际法与比较法视角的研究[J].体育与科学,2006,2(27),159:55.
④ 胡峰,刘强.奥林匹克标志知识产权的民事与行政保护比较[J].体育学刊,2007,14(7):23-24.

但国务院颁布的与体育标志保护直接相关的《特殊标志管理条例》《奥林匹克标志保护条例》，以及国家工商行政管理总局、海关总署出台的一系列的部门规章，都为我国体育标志的知识产权保护提供了依据。杨茜、邓春林、王力军等在《论我国体育标志的知识产权保护》中，对我国保护体育知识产权的相关法律法规进行了评述，并对体育标志知识产权保护存在的问题进行了研究，提出了完善体育标志知识产权保护的建议。"2002年2月4日颁布的《奥林匹克标志保护条例》与我国关于知识产权的其他法律、法规，如《中华人民共和国专利法》《中华人民共和国商标法》等共同构筑了我国保护体育标志的法律体系。"①他们认为："当前我国体育标志保护主要是围绕着奥林匹克标志的知识产权保护展开的，基本形成了一个以行政保护为主、司法保护为辅的法律法规体系。"②

钟秉枢、邱招义、于静指出："同其他知识产品一样，奥林匹克品牌也是一种具有非物质性的无形物，它必须物化到一定的载体上才能为人们所感知和利用。"③张玉超、孙思哲指出："澳大利亚早在1987年就颁布了澳大利亚奥林匹克知识产权保护的法律文件，成为了世界上第一个为保护奥林匹克知识产权而立法的国家，而且根据国内外法制环境的变化不断对奥林匹克知识产权的法律进行修改完善，使其保护的范围和保护的效力不断增加。"④他们还提出澳大利亚在奥林匹克知识产权保护方面的经验值得我国借鉴，"加强我国体育赛事知识产权的法律保护，提高我国体育赛事知识产权保护的法律位阶，将《特殊标志管理条例》《奥林匹克标志保护条例》等行政法规修改完善成《特殊标志保护法》，建立我国体育赛事转播权等体育知识产权保护的法律体系。"⑤周玲、张家贞也指出："澳大利亚奥林匹克知识产权保护特别法是典型的超越正统知识产权的法律体系，在本国现有的知识产权立法之外另辟蹊径、另立门户的立法模式。"⑥他们从立法目的、适用原则、独立的法律救济措施、评价四个方面对其进行了论述。

（五）电视转播权研究

随着近年来体育赛事的兴起以及由赛事转播权而引发的法律纠纷日益增多，不少学者对体育赛事转播权进行了较为深入的研究，研究的内容主要涉及以下几

---

①② 杨茜,邓春林,王力军,等.论我国体育标志的知识产权保护[J].武汉体育学院学报,2008,42(11):33.

③ 钟秉枢,邱招义,于静.奥林匹克品牌的法律保护及中、美、澳三国间的比较[J].武汉体育学院学报,2006,40(6):8-11.

④⑤ 张玉超,孙思哲.澳大利亚奥林匹克知识产权保护制度评价及启示[J].河北体育学院学报,2014,28(6):23.

⑥ 周玲,张家贞.澳大利亚奥林匹克知识产权立法研究[J].法学家,2008(2):149.

个方面:一是体育赛事电视转播权法律性质及权利属性的研究;二是体育赛事电视转播权使用与交易的研究,特别是对具有特殊商品属性的体育赛事电视转播权的交易模式研究;三是体育赛事电视转播权的保护研究;四是体育赛事电视转播权的垄断特征及反垄断均衡研究。刘强、胡峰提出,体育比赛组织者对举办的体育赛事享有民法上的物权,体育比赛的财产属性使得电视转播权的产生和法律性质变得复杂,体育比赛组织者通过转让和许可电视转播权可以实现该物权的经济利益。① 徐康平指出:体育比赛组织者通过电视转播权交易从媒体中取得丰厚的回报,但体育赛事组织者对体育比赛拥有的权利在法律上还是一个盲点,要解决这一问题应该将体育比赛纳入知识产权法律体系,或者将体育赛事转播权进行知识产权化。② 瞿巍指出:要明确电视转播权的无形资产属性,建议相关部门将电视转播权纳入体育法而不是著作权法的范围,要用相关财产法而不是知识产权来调节体育赛事电视转播权。③ 裴洋在《论谢尔曼法在体育比赛电视转播权转让中的适用》中,对美国职业体育联赛实施的转播权转让进行了详细分析,就转播权的垄断问题如集中出售和独家许可、限定比赛转播数量等免受《谢尔曼法》的限制进行了分析。④

陈锋提出:因为赛事转播权的复杂性,很难用某一种法律或者合同方式来进行保护。除了依靠著作权法和反不正当竞争法进行保护外,还应对举办赛事的场馆进行准入限制,未经许可不得对赛事进行拍摄、转播和收集相关的信息。⑤ 王平远指出:电视媒体买方垄断是制约体育赛事电视转播权有效开发的瓶颈,反电视媒体垄断是体育赛事电视转播权有效开发的条件之一,但由于信息不对称会导致大型国际体育赛事电视转播权非理性开发,从而会给媒体和赛事带来负面影响。⑥ 姜熙、谭小勇在《美国职业体育赛事转播权销售的反托拉斯政策分析》中对美国体育赛事转播权垄断性进行了分析,他们指出《谢尔曼法》和《体育转播法》是调整美国职业体育赛事转播权交易的主要法律,并以美国重点案例作为研究对象,通过对美国相关政策的分析,总结出美国电视转播权政策对中国电视转播权交易的启示。

---

① 刘强,胡峰.体育竞赛及其电视转播权的知识产权保护[J].南京体育学院学报(社会科学版),2006,20(2):58-62.
② 徐康平.试论体育比赛的知识产权化——从电视转播权交易谈起[J].北京工商大学学报(社会科学版),2008,23(4):109-115.
③ 瞿巍.体育赛事电视转播权立法建议[J].体育文化导刊,2013(5):16-19.
④ 裴洋.论谢尔曼法在体育比赛电视转播权转让中的适用[J].武汉大学学报(哲学社会科学版),2008,61(4):513.
⑤ 陈锋.论对体育赛事转播权的保护[J].首都体育学院学报,2010,22(5):23-28.
⑥ 王平远.大型体育赛事电视转播权有效开发探讨——基于福利经济学和博弈论的视角[J].体育科学,2010,30(10):23-29.

他们指出:要以立法的形式对联盟横向集中出售电视转播权予以反托拉斯豁免。在电视转播权的销售中,横向限制的复杂性、职业体育的特殊性和合理原则的运用都需要考虑。①

鉴于体育赛事电视转播权的研究现状,笔者认为将电视转播权纳入现有的知识产权体系比较可行,在现有的知识产权权利体系中可创设一种新的体育赛事电视转播权。徐康平在《试论体育比赛的知识产权化——从电视转播权交易谈起》中也提议将体育比赛权利化并纳入现有知识产权体系。他认为在体育比赛的商业开发中,尤其是转播权交易中,存在着一个在先权利缺失问题,这一问题必须通过法律体系的完善来解决。法律体系完善可以通过将体育比赛纳入知识产权法律体系完成,具体而言有两种可能的方式:第一将体育比赛纳入著作权法律体系;第二在知识产权法律体系中创设一种新的权利类型。②

(六) 运动员形象权研究

形象权来源于知识产权法上对别人姓名的盗用和以宪法第一修正案为基础的隐私权。在过去的30年中,"法学界一直在探讨形象权的合理性,赞同者提出了'激励机制合理论'(incentive justification),这一理论也是知识产权理论的基础:应该在经济上激励每个人都从事对社会有利的工作,最终成为社会舞台上的一员"③。如果给予人的身份有商业性的权利,并使他们能够支配使用这种商业性权利,将鼓励他们从事有益于社会的工作。"根据英美法的第一法理原则,每一个人都有权支配自己的劳动果实,除非这种支配行为与公共利益产生冲突。以上理论成为形象权产生的基础。"④虽然对形象权的研究是近些年发展起来的事情,但相比于电视转播权、体育赛事知识产权方面的研究来说,其研究成果还算丰富。目前,我国学者对形象权(公开权)的研究主要集中其法律性质、保护模式及它与人格权、著作权、商标权等相邻权利的关系等几个方面。⑤杨立新、林旭霞认为:"形象权是新兴的人格权,是指民事主体对标注其人格特征的形象人格利益独占享有、使用以及获取相应利益的具体人格权。虽然确立形象权已经成为很多国家的立法潮流,但他们认为传统意义上的具体人格权体系的构造及其内容无法涵盖民事主体

---

① 姜熙,谭小勇.美国职业体育赛事转播权销售的反托拉斯政策分析[J].武汉体育学院学报,2011,45(4):44-51.
② 徐康平.试论体育比赛的知识产权化——从电视转播权交易谈起[J].北京工商大学学报(社会科学版),2008,23(4):114.
③④ 陈锋.论美国法下对运动员形象权的保护[J].北京体育大学学报,2007,30(5):586.
⑤ 郭玉军,向在胜.美国公开权研究[J].时代法学,2003,1(1):16.

的形象利益。"①

由于美国形象权研究及其法律实践相对丰富,因此国内对形象权的研究很大程度上是通过对美国形象权研究成果的引进来体现的。李明德在《美国形象权法研究》中对形象权的起源与发展、产生的历史背景和社会原因进行了全面分析,并从形象权的概念、形象权的客体、形象权的限制、形象权的保护期、形象权的侵权与救济等方面对形象权进行了全面阐述。②郭玉军、向在胜在《美国公开权研究》中提出公开权(即形象权)是于20世纪中叶从隐私权演变而来的一项新型财产权利。"公开权之所以能够获得承认,完全是集权化的信息娱乐传媒的胜利,从某种角度来说,正是它们让人相信,公众人物应对他们的形象及其所代表的意思拥有支配权。"③马波对形象权的缔造者——美国学者尼莫的法律思想进行了评析,试图从形象权理论的源头对形象权理论进行分析,厘清形象权的历史发展脉络。④姚颉靖、彭辉提出:"各国关于运动员形象权尚未形成一个成熟的立法体例。运动员形象商业利益的分配规则,存在各主体法律意识不强、收益提取统一比例不可取、利益分配期限不合理等不足的方面。在对运动员形象权归属的分析中,他们认为运动员形象权归属于运动员本人,但投资者有权分享运动员形象权的使用权和受益权。运动员形象权是一种形象商品化的产物,是一种新型的财产权。"⑤

对于形象权的权利归属在国内一直存在争议。美国学者认为"形象权(公开权)"属于知识产权领域,我国有些学者同样主张将该种权利纳入知识产权体系,名人形象权是一种新型知识产权,具备知识产权的共有特征。如权利客体的无形性、权利的地域性以及权利的时间限制性。⑥将形象权纳入知识产权体系,主要是从权利范围、权利特征及权利保护等方面考虑的。首先,"从范围上看,形象公开权属于《世界知识产权组织公约》第2条第8款所界定的知识产权范围的第7项——'在工业、科学、文学或艺术领域里一切其他来自知识产权的权利'。"⑦其次,从特征上看,形象公开权作为一种专有性无形财产权,在地域性与时间性上有严格限定,具有知识产权共同的特征。形象可以满足知识产品的构成要件,形象权已经具

---

① 杨立新,林旭霞.论形象权的独立地位及其基本内容[J].吉林大学社会科学学报,2006,46(2):51-58.
② 李明德.美国形象权法研究[J].环球法律评论,2003,25(4):474-491.
③ 郭玉军,向在胜.美国公开权研究[J].时代法学,2003,1(1):7-16.
④ 马波.尼莫形象权法律思想评析[J].内蒙古大学学报(哲学社会科学版),2010,42(1):26-40.
⑤ 姚颉靖,彭辉.后奥运时期的运动员形象权法律保护研究[J].河北科技大学学报(社会科学版),2013,13(4):40-42.
⑥ 刘毅.从王军霞诉昆明卷烟厂案看名人形象权的保护[J].重庆理工大学学报,2005,19(4):96.
⑦ 刘丽娜.对美国限制"形象公开权"的思考[J].电子知识产权,2005(3):33.

备知识产权的基本特征。现在学界主流的观点是在知识产权框架内讨论形象权，将形象权看成与商标权、著作权同样的新型知识产权。"要想成为形象权对象，也就是商品化载体，关键要看知名度与影响力，能否刺激公众消费欲望，可见形象权是一种新型的知识产权，是原知识产权增值后的权能。"①

从形象权法律保护的模式来看，形象权也可以纳入知识产权体系。从国际范围来看，形象权保护的立法模式各国都在探索之中，西方国家对此的法律规制也没有形成一个成熟的立法体制，较为完善且在国际上具有较大影响的是美国立法体例。美国的模式是将真实的人物形象与虚构的角色形象区别对待，采取不同形式的保护方法。前者主要采用的是制定专门法律或将形象权归入隐私权的制度保护中，后者采取商标法、著作权法及反不正当竞争法。日本引入形象权概念后是将其纳入传统的知识产权法。由于知识产权的范围与内容都没有最终定论，知识产权权利本身也是一个正不断发展的权利，将难以定性且具有知识产权特征的新型民事权利(如电视转播权、运动员形象权)纳入知识产权体系，这不仅是一个比较稳妥的做法，也不至于招致太多非议，对这些权利的保护也大有好处。

奥运传播已经成为全人类的精神财富，已经成为展示国家形象的有效方式，已经成为文化交流和体育外交的重要手段。在奥运传播全面发展的当下，国际奥委会对奥林匹克知识产权的保护日益重视，奥运传播过程中涉及的体育知识产权的争议日益增多，奥运传播过程中侵犯知识产权的内容与形式也呈现出多样化与复杂性，加强以奥运传播为代表的体育传播中的知识产权理论研究，不但有利于体育事业与体育产业的健康发展，也有益于体育传播中的知识产权司法实践。奥林匹克运动作为一个研究领域，得到了不少专家和学者的重视，研究范围不断扩大，研究深度不断拓展，奥林匹克运动研究已经从体育学视角拓展到社会学、经济学、心理学、文化学等方面。但总体而言，国内对奥运知识产权传播过程中的研究成果不多，对奥运知识产权传播过程中的研究的理论体系还不完善，需要不断提高；对奥运传播中涉及的知识产权法律关系的研究还需要不断深入。本书也是希望通过借鉴知识产权的法学基础理论，结合奥运传播的特点，从公共性和垄断性冲突与平衡的视角，对奥运知识产权传播过程中的公共性与垄断性的理论与实践问题进行综合研究，以丰富奥运知识产权传播过程中的宏观理论体系。

---

① 刘苏,王涌涛.论运动员形象权法律保护[J].体育文化导刊,2009(2):1.

第二章

奥运知识产权传播过程中的公共性

知识产品是现代社会重要的财富形式,也是现代社会重要的竞争性资源,谁控制更多的知识产品,就意味着谁拥有了更多的财富。在知识产权的基本属性认识方面,比利时著名法学家皮卡迪将一切来自知识活动的权利概括为知识产权。他的这一学说被广泛传播,得到许多国家和国际组织的承认。① 目前,我国不少学者对知识产权内涵进行了总结,试图通过对知识产权本质的概括对其进行明确的界定。其中,最具代表性的观点主要有郑成思在《知识产权法教程》中提出的"知识产权是人们就其智力创造的成果可以依法所享有的专有权利";刘春田在《简论知识产权》中提出的"知识产权是指智力成果的创造人或工商业活动中的标记所有权人依法所享有权利的统称";张广良在《知识产权侵权民事救济》中提出的"知识产权是指受法律调整的,用以规范在文学艺术、科学及工商业活动中产生的无形物的归属及使用的民事权利"等。不过,国际公约一般都是通过列举知识产权外延的方式,来明确知识产权概念。1967 年 7 月 14 日签订的《成立世界知识产权组织公约》第 2 条第 8 款对知识产权所包含的权利进行了列举,概括起来主要是以下八点:第一,文学、艺术与科学作品的相关权利;第二,艺术家表演及唱片、广播节目的相关权利;第三,与发明相关的人类一切活动领域的权利;第四,科学发现的相关权利;第五,与工业品外观设计相关的权利;第六,与商标、服务标记、商品名称及标志等有关的权利;第七,制止不正当竞争的权利;第八,由于在工业、科学、文学或艺术领域的智力活动而产生的一切其他权利。②

我国理论界对知识产权的研究一直在不断丰富与发展中。20 世纪 80 年代的

---

① 吴汉东. 无形财产权的若干理论问题[J]. 法学研究,1997,19(4):79-83.
② 陈彬,胡峰. 论奥林匹克知识产权保护的法律依据——国际法和国内法的双重视角[M]//中国法学会体育法学研究会. 追寻法治的精神——中国法学会体育法学研究会 2005—2010. 北京:人民体育出版社,2011:257.

研究与著述中,经常把知识产权描述为"一体两权",认为知识产权是一种具有"财产权"和"人身权"双重属性的权利。知识产权是基于创造性智力活动所产生的成果之上的专有权,包括财产权和人身权。在90年代知识产权学说中,大多以民事的权利体系为视角,将知识产权与财产所有权进行区分,作出知识产权是无形财产权的定性分析。① "从本质看,知识产权是指规范各种思想和标识使用的一组松散的法律规则。版权法保护各种表达的原始形式,包括小说、电影、音乐作曲和计算机软件;专利法保护发明和某些发现;商标法保护消费者据以确定商品和服务的生产者或供应者的文字和标记;商业秘密法保护公司不欲为其竞争者所知悉的具有经济价值的信息;公开权则保护知名人物对其形象和身份所具有的利益。"② 从知识产权的发展来看,最初是以无形财产的私权性质出现,但随着知识产权对社会公众的影响日益增强,知识产权又体现了一定的公权化趋势。

知识产权的私权属性与公共利益之间的矛盾冲突,无疑也会体现在奥运知识产权传播过程中。奥运传播的特点形成了独特的奥运权利模式,公共性是这种模式的最大特色。"公共性是奥运权力最显著的属性,也是奥运权力的根本属性。人们在运用奥运权力时必须符合体育社会绝大多数成员的公共利益,这是对使用权力者的基本要求。"③可以看出,奥运权力的公共性是指奥运权力不是少数行使者的特权,而是体育社会大众共同拥有的权利,权力的实质主体是社会大众,而作为最高权力机构的国际奥委会只是形式主体。尽管与具体的利益不同,但奥运权力具有对利益产生与分配进行权威性规定的功能,它既可以成为实现体育社会大众利益的工具,也可能转化为奥委会个别官员谋求不正当利益的手段。④

第一节　奥运知识产权传播过程中的公共性表现

在一百多年的发展过程中,现代奥林匹克运动已经树立了良好的公众形象。奥林匹克运动之所以具有巨大的商业开发潜力,最重要的原因就是其具有极其珍贵的文化附加价值,这种价值传递着奥林匹克理想的真、善、美的含义。实际上,奥林匹克传播的就是一个具有巨大文化价值的公共文化产品。在以知识与信息的生

---

① 吕炳斌.知识产权的私权属性和奥林匹克标志的官方属性:一个冲突及其解决[J].广州体育学院学报,2006,26(3):28.

② [美]威廉·费歇尔.知识产权的理论[M]//刘春田.中国知识产权评论:第一卷.北京:商务印书馆,2002.

③④ 李宏斌.驾驭奥运权力"烈马"——现代奥运权力异化及其消解[J].天津体育学院学报,2012,27(2):104.

产、分配、传播与使用为基础的知识经济时代,奥林匹克以非商业的社会形象获得了价值连城的品牌效应。在一定程度上,奥运本身的非商业化即公益性,更加强化了它在公众心目中的良好形象。

一、产权模式:公益性特征

产权界定是指依法划分财产所有权与法人财产权等权利的归属,明确各类产权主体行使权利的范围及管理权限的一种法律行为。"产权是所有制的核心内容,个体对物的排他性占有即私有制是西方古典经济学研究的预设前提,规则合理、自由竞争的市场经济体系必须在此基础上才得以诞生及演进,这是产权概念在西方经济学史上的最初解释。"[①]对奥运知识产权传播过程中的产权特征进行分析是进行奥运知识产权分析的前提。

(一) 独特"公益产权"属性

奥林匹克知识产权是在奥林匹克运动发展中逐渐形成并不断完善的,它是国际奥委会在奥林匹克运动活动中形成的一系列知识产权的综合体现。根据奥林匹克运动发展过程所涉及的知识产权内容,现在一般都把奥运知识产权共分四类:一是国际奥委会永久性的专属产权;二是在奥运会的申办、筹办及举办过程中,奥组委所形成的知识产权;三是包括国家奥委会名称及徽记在内的国家奥委会所属产权;四是通过合法渠道,组织与个人取得的与奥运会相关的产权。从奥林匹克知识产权的现状看,第一类主要包括奥林匹克(中英文)、奥林匹亚(中英文)、奥林匹克标志(奥运五环等)、奥林匹克会歌等与奥林匹克有关的各类名称。第二类主要包括奥运会名称、奥运会徽记、奥运会旗帜、奥运会吉祥物、奥运会口号、奥运会招贴画、奥运会图形以及奥运会其他图像作品等,这些产品在奥运会闭幕后,其权力归属国际奥委会。第三类主要是指各国国家奥委会为了推广奥林匹克运动产生的与之相关的知识产权内容。第四类主要包括奥运会电视转播权节目、授权使用奥林匹克知识产权的商品、与奥运会密切相关的作品、与奥运会密切相关的专利产品和专利技术等,本书所主要论述的电视转播权及运动员形象权等新型的知识产权属于此类。

传统产权一般是指对有形物的占有,与此不同,知识产权是对人的知识与创新力相结合所产生的知识成果所拥有的产权形式。公益产权是指相对于国有产权和私有产权而言的一种社会所有的虚拟产权或不完全产权。公益产权理论坚持要求非营利组织要有明确的公益性宗旨,坚持资产和利润的非分配原则。作为非营利组织,非营利性是它的基本属性,它的财产及其财产运作的收益属于社会,不归属

---

① 刘伟,李风圣.产权通论[M].北京:人民出版社,1997:308.

任何个人,它们的产权基础既不全是国家产权也不是独立的私人产权,而应当是区别于两者的新的公益产权形式。这种公益产权以社会捐赠与志愿服务作为基础,所有资产及收益都来源于社会并用之于社会,其运作管理过程接受社会监督。非营利组织的基本产权结构,既不能用私人产权来解释,也不能用国家产权来取代,它具有委托权、所有权、使用权、受益权等多元关系。这种产权结构需要一种基于公益产权为基础的新型治理模式,才能进行有效的监管,促进非营利组织的发展。①

产权(Property Rights)作为一揽子权利(A Bundle of Rights)是由(虚拟)占有权、使用权、处分权、收益权四项基本权能组成的权利。奥运知识产权的权能归属于非营利性组织,以国际奥委会为代表的组织体系。产权的公共领域是指产权未被界定的资产属性,或者是未被明确定价的资产属性。从世界各国知识产权制度发展来看,政府介入因素在不断增强,其制度本身就充当了知识产权人与社会公众之间的利益的调节器。"一般而言,志愿事业组织提供公共物品有两类机制:一类是由自身性质决定的志愿机制;另一类是在公共物品供给中所形成的与政府和企业组织的委托代理机制。"②由于在供给公共产品上存在"政府失灵",公共产品的供给主体应当是多元的,政府并非是公共产品的唯一供给主体。为了满足公共需求而生产的公共产品,既包括有形的实物产品,也包括无形的公共服务,由于具有非排他性、非竞争性和不可分割性等特征,消费者并不总是显示其真实偏好,也不会按照其收益支付成本,从而出现所谓的"搭便车"和囚徒困境。对同一公共产品,尽管消费者所面对的消费数量一致,但他们从其中获得的满意程度会不一样,这意味着消费者可能对公共产品愿意支付的价格也会不同。

产权有完整的体系结构,它涵盖了两种产权模式:一种是单一所有权模式;另一种是受到限制的所有权与从中分解出来的权利束并存的模式。需求弹性也与两个因素有关:一是买方的收入。收入高的能接受的价格就越高,弹性就低;二是消费者的偏好。买方偏好是"买方对商品的不同程度喜好,喜好程度越高,对价格就越不敏感,能接受的价格就越高,弹性就越低"。③ 在大多数情况下,纯私人产品由私人部门供给,纯公共产品由公共部门供给,而对于准公共产品来说,单独实行政府部门供给与私人部门供给都不是最理想的供给模式。从体育产业投资的发展来看,世界各国竞技体育投资体系主要有以市场作为导向、政府为导向、政府扶持为

---

① 曾维和.公益产权:非营利组织发展的一个新议题[N].中国社会报,2004-12-16(T00).
② 席恒.利益、权利与责任:公共物品供给机制研究[M].北京:中国社会科学出版社,2006:135.
③ 陈曙,黄鹏.世界杯转播权的幕后新闻[J].沪港经济,2002(2):51.

导向及综合型的四种类型。四种类型各有特点与优势,采用什么样的投资模式主要由各国政治经济制度决定。由于奥运规模与影响等原因,任何一届奥运会要想获得成功,肯定离不开政府的大力支持。由于支持程度、作用方式与影响效果的不同,政府参与奥运会举办的过程也有不同特点与模式,不同利益驱使使得不同部门向奥运会投资。完全公共融资意味着由公共部门,包括主办国政府、省及市政府出资的模式;完全私有融资表示奥运会的资金完全由私有机构提供。回顾历届奥运会的组织管理模式,大致可以分为官方主办的政府组织管理模式、私人举办的市场组织管理模式以及政府与市场共同举办的混合组织管理模式,但即便私人投资模式也难以改变奥运产权模式的公益性特征。

基于非营利组织财产的特性,学者提出了"公益产权"学说。在我国,"公益产权"首先由清华大学王名教授提出来。早在 2002 年,他就在其编著的《非营利组织管理概论》中提出非营利组织的"公益或互益资产"理论,后在其报告《基金会论纲》剖析基金会产权特征时,提出"公益产权"的概念。贾西津博士在《第三次改革——中国非营利组织部门战略研究》中,对"公益产权"进行了专门的论述。相对于国有产权及私有产权,"公益产权"是一种社会拥有的虚拟产权与不完全产权。在这种产权关系中,捐赠者、受赠者与受益人都享有一定的权利,但又都不是完整地拥有该项产权的模式,其享有受益权的主体是由社会上所有可能受益的群体组成的一个虚拟化主体。非营利组织只是作为受托人的角色对社会公益资产进行经营管理,它并没有权利享受资产收益的索取权。在公益产权的理论中,对非营利组织公益性的宗旨有明确要求,必须坚持资产与利润的非分配性原则,具体包含三层含义:一是由于非营利组织资产具有公益产权性质,它不属于个人,所以以任何形式侵占其资产,都属于侵占公益性资产,应当受到法律的制裁;二是由于作为公益资产的托管机构,非营利组织具有公益产权性质,它不具备剩余的索取权,因此,组织无权将运作公益资产过程中所产生的利润用于成员及相关人员的分配与分红;三是当非营利组织因各种原因解散或破产时,它不能像其他企业一样可以将剩余资产分配给组织成员,只能将资产转交给其他公共部门,使之继续用在公益及互益的目的上。① 与公共物品的非竞争性、公益性等特点相对应,公共产权在使用权上具有非排他性、不可转让性等特点。资源稀缺性、经济人假设及公共权利可以带来效益则是公共产权存在的前提。"因为资源的稀缺性,假如产权不明确的话就会导致公共财产过度使用,从而出现像公共资源开发过度、肆意浪费、公共财产受损等产

---

① 张玉磊.困境与治理:非营利组织的市场化运作研究[J].中国农业大学学报(社会科学版),2008,25(4):172.

权拥挤现象。"①虽然非营利组织并不是同时享有剩余利益索取与控制权的"所有人",但这并不能否认非营利组织对于自身财产权的所有权。"公益产权"揭示出非营利组织中的成员不享有组织的剩余利益索取权,但这并不能够成为建构非营利组织财产法律制度的基础。

"公益产权"概念的提出概括了非营利组织产权结构的特殊性,受益权与控制权的分离造成所有者缺位、使用权的受限以及受益主体的虚拟化。"公益产权"以简洁的表述揭示出非营利组织财产不同于营利组织财产的特性;宗旨的公益性导致非营利组织的受益人并不确定;非营利组织在使用财产时要遵守组织章程的规定和捐赠人的意愿,也就是非营利组织的财产必须用于章程规定或者捐赠者指定的公益目的。② 非营利组织的财产由于受到"禁止分配"原则的限制,而不得向其成员进行分配,因此不存在同时享有剩余利益索取权和控制权的"所有人";营利组织财产的目的是为其成员谋取利益,收益要根据法律和章程的规定向其成员进行分配,其剩余财产也应该分配给其成员。公益产权的法律原理是基于公共利益的考虑,非营利组织或提供对普通公众有益的公共物品,或以商品及服务的方式向有特殊需要的群体提供便利。当然,非营利组织也可以满足社会更为高级的公共利益要求。可以说,在提供公共物品时非营利组织能够弥补市场失灵、政府失灵所带来的缺陷,在效率及效应上非营利组织要比营利组织、政府组织更为高效,非营利组织的存在就已经说明价值的多样性,有利于体现社会的民主自由价值。"公益产权"的表述更利于非营利组织吸引社会捐赠。因为"公益产权"这一概念不断向捐赠者表明其捐赠财产的受益者并非某个特定的组织或者个人,而将惠泽社会公众,从而使更多捐赠者愿意慷慨解囊。

奥运知识产权的各项权能都具有公益性特征,这决定了它的产权模式具有公益性。与能够通过市场供求机制的调节达到均衡、实现帕累托最优的私人产品相比,公共产品如果通过市场生产则不能满足帕累托最优的条件。公共产品的非竞争性使增加任何一个消费者的边际成本为零,这样就有消费者不愿花任何代价而选择搭便车,使得私人生产厂商得不到相应费用补偿而不愿提供公共产品,所以通过市场机制往往使公共产品供给效率低下而且产量必然不足,导致市场失灵,社会福利最大化难以实现。在美国经济学家斯蒂格利茨看来,虽然公共产品有时可以由私人部门提供,但公共产品更适合由公共部门提供,因为在公共产品的供给商看

---

① 席恒. 利益、权利与责任:公共物品供给机制研究[M]. 北京:中国社会科学出版,2006:59.
② 金锦萍. 寻求特权还是平等:非营利组织财产权利的法律保障——兼论"公益产权"概念的意义和局限性[J]. 中国非营利评论,2008(1):6.

来,公共部门比私人部门效率更高。这也就是说,如果不让私人供给并不意味着供给量等于零,但如果依赖社会道德机制而不是市场竞争机制,其供给与生产效率必然低下。不过,美国学者罗宾·鲍德威与大卫·威迪逊指出私人市场有效配置资源也会存在失灵的现象,这为以诱导市场更有效运作的配置其他直接资源的辅助机制(如供给公共产品和服务)、纠正手段干预价格机制(如通过税收或补贴)提供了理由,所以"市场失灵"的存在无疑成为政府供给公共产品的决定因素,从中可以找到现代奥林匹克发展中市场化改革的理由。

(二) 公益为主的经营管理模式

重大体育赛事是由大量具有不同准公共产品性质要素组成的极端复杂的准公共产品。因为奥运传播给城市经济发展、文化传播、环境提升等都会带来积极效应,其成果是所有国民都可以享受到的,所以这种产品一旦提供给社会,个人无法排除他人使用与消费,具有非排他性。个体在享有重大体育赛事带来的价值的同时,也不会影响其他人对这种价值的享有,因而对该产品的消费也具有非竞争性。在不同的赛事供给中,公私供给所占的比例不同,结合具体情况,所采取的模式各异。供给重大体育赛事,与一般公私合作供给的准公共产品不同,重大体育赛事的成败对国家形象和举办城市的发展具有重大意义,因此得到政府的极大重视,所以与私人合作供给时,政府的参与程度与监管力度强度随赛事重要性而定。赛事要素的关键程度决定了政府在公私合作中所占的比重,越是关键的环节政府越会重视。虽然在由跨国企业操办的以营利为目的的一些传统型赛事中,政府通常扮演旁观者的角色,不做过多干预,但是在一个相当长时期内,举办奥运会所需的资金主要依靠政府拨款、慈善家无偿捐赠和作为权宜之计的一些小型分散的商业活动。"当奥运会处于小规模、低水平的发展阶段时,这种运作模式或许可以运转,但在第二次世界大战后,奥运会进入快速发展阶段,资源的匮乏便成为影响奥运会生存与发展的主要障碍。"[1]下面以奥运会的投资模式分析奥运知识产权经营管理的公益性特征。

官方主办的政府组织管理模式是将奥运会看成一种纯公共产品,由政府直接举办,政府在赛事举办过程中,充当赛事生产者、需求者、供给者与管理者等多重角色。在第23届美国洛杉矶奥运会之前举办的所有奥运会,基本上都是政府组织管理模式,尤其以1980年第22届莫斯科奥运会为典型代表,政府所投入的总费用为全部的80%。从1948年伦敦奥运会到1980年苏联的莫斯科奥运会,都沿用二战前的模式,以政府行政手段为主要运作方式。"政府直接供给模式"给举办国政府带来沉重的财政负担,不仅赛事所需资金由政府提供,政府同时还直接操办比赛项

---

[1] 易剑东.百年奥运史[M].南昌:百花洲文艺出版社,2008:129.

目。对于举办国而言,以政府投入为主的模式会导致资金规模缺口大、赛事管理所需的专业人才缺乏等问题,这不仅使政府供给效率低下,同时也会给政府带来巨大的经济亏损。1976年加拿大蒙特利尔奥运会的巨大亏损就是这种供给模式失灵的具体体现。组委会的组织工作不力与腐败问题,导致蒙特利尔市政府为奥运会背上了一个长达30年的10亿加元的巨额债单,政府失灵直接导致政府运作模式的失效。如今奥运会出资形式将既不完全由政府出资又不完全由私有部门出资。反对由政府完全出资的原因除了私有部门投资者以外,奥组委收入中来自私有部门的收入(出售电视转播权、赞助)占越来越重要的地位,还由于奥运会主办成本越来越高,如果经费完全出自税收的话,会遭到奥运会反对者更为激烈的反对。

  私人举办的市场组织管理模式的最大特点是市场化与商业化,这种模式适用于市场与经济高度发达的国家。1984年美国洛杉矶奥运会和1996年美国亚特兰大奥运会是这种模式的典型代表。由于美国政府与洛杉矶市政府都声明不为1984年的洛杉矶奥运会拨款,所以组委会不得不提出由私人承办,走商业化的道路,但就是被逼走市场化道路的那届奥运会,却开创了奥运史上的新纪元。在奥运发展史上,洛杉矶奥运会具有里程碑的意义,它开创了体育与商业有机结合的新途径,使得奥运会从由举办国家必须承担的财政负担变身成促进举办国家与城市经济增长的重要推手。但对于像奥运这样具有公共产品性质的赛事活动,如果政府的作用走向另一个极端,完全退居幕后,仅扮演委托人甚至旁观者角色,不发挥作用的话,也会带来一系列问题。1984年洛杉矶奥运会纯市场化运作模式因为巨大的经济回报得到社会认可,但1996年亚特兰大奥运会纯市场化运作模式却遭到一致批评。完全由私有部门出资的奥运会具备机动性强、对环境变化的反应能力迅速、政治上完全独立等特征,有利于快速推进各项工作,但得到主办城市与政府的支持合作也同样重要,这可以从公共产品必须由政府参与供给的理论中找到答案。"由政府参与准备的奥运会优势远远多于弊端,国际奥委会也明确表示,反对完全由私有部门来出资举办奥运会。今后的奥运会将采取混合式的筹资模式。"[①]因此,发挥政府和市场各自的优势,政府与市场共同举办的混合组织管理模式成为现代奥运会的主流模式,这种模式是由公众代表与私人企业组成一个合伙性公司来运作,这种模式又可以根据政府与市场的关系,分为政府为主导、市场为主导及政府与市场均衡型三种类别。汉城奥运会属于以政府为主导型的典型代表、悉尼及雅典奥运会则属于政府与市场均衡型的典型代表,巴塞罗那奥运会却是以市场为主导型的典型代表。

---

① [德]豪格·普鲁斯.奥运经济学[M].黄文卉,译.北京:北京体育大学出版社,2008:21.

任何一种组织模式都有自身的特点与优势,关键问题是国际奥委会要把握好奥运会商业开发的"度",以免对奥运本质产生冲击。政府包办和私人市场运作奥运会的两种组织模式各有利弊,单纯一种力量不足以提供高效优质的现代奥运产品。实践证明,政府与市场相结合是成功举办奥运会的双翼,这种模式正在被更多的奥运会举办国家和城市运用。政府在奥运会的组织和筹办过程中的作用是任何一个非政府组织都替代不了的,这也是赛事的准公共产品性质所决定的。政府是奥运会的承办主体,组委会是部分任务的承担者,这就是奥运赛事这一公共产品供给中政府主导性的体现。政府的参与不仅只承担像场馆建设这样的基础任务,还包括协调政府相关部门、动员社会力量等。政府举办奥运赛事的主导性、市场运作的必要性、动员全社会的广泛性,是奥运成功举办的重要因素。在政府与市场混合的模式中,政府作为赛事的主导者,在赛事全过程中承担管理与协调的作用,这是奥运会成功举办过程中政府重要角色的功能定位。不管私人在奥运会投资中扮演什么角色,都不会改变奥运知识产权的公益性特征。

虽然政府可以解决市场无法解决的供给成本困难,但公共选择理论认为,政府供给公共产品,提供公共服务,也存在效率低下的问题,存在"政府失灵"现象。为了追求自身利益最大化,政府官员会创造"引致需求",导致公共产品供给过剩;政府部门可能存在机构臃肿等现象,导致预算经费浪费;作为公共产品直接提供者,政府部门可能缺乏激励创新动力来降低供给成本与改进公共产品指令,导致公共产品成本过高、质量低劣而价格居高;因公共产品的供给成本过高,造成政府财政压力增大;政府规模扩大与腐败增加,会引起社会公众不满。新制度经济学家普遍认为,不存在固定的公共产品供给模式。公共产品是由政府供给还是私人供给?或者政府与市场混合供给?采取何种供给模式供给?都应根据技术和制度的变化,在具体的约束条件下选择最佳的供给模式。

奥林匹克文化传播是有成本的,个人捐赠和政府资助都是曾经被使用过的模式,但效率都没有达到最优。由于资金实力会影响、限制传播效果,个人利益与政治团体的利益也会对奥林匹克运动产生干扰,如果这样的话,国际奥委会就会丧失其独立性。因此,从某种程度上说,奥林匹克文化传播效益的最大化问题就是国际奥委会财务如何保持独立的问题,国际奥委会是否有能力为奥林匹克运动发展提供持续与稳定的资金来源是其问题的关键所在。"解决这个问题的办法只有国际奥委会通过经营自有资产来获得足够的经济实力,奥林匹克文化的品牌是国际奥委会最大的自有资产,其重要的物化形式就是奥运会。"[①]20 世纪 30 年代,资本主

---

① 孙玉胜.奥林匹克文化传播的经济学分析[D].长春:吉林大学,2008:4-6.

义危机使得政治与经济学家们意识到市场会出现失灵,这促使凯恩斯主义的迅速流行,西方福利国家得以确立与发展,到20世纪80年代,福利国家的体系已经相当成熟,政府与非营利组织之间已经建立起广泛合作关系。①

二、传播主体:公益性国际组织

国际奥委会一直被视为体育领域的"联合国组织"或"世界政府"。可见在这一有着独立秩序的领域,事实上处于主导地位的非政府组织——国际奥委会掌握着极大的权力。在性质上,国际奥委会是一个非政府、非营利的国际组织。一个多世纪以来,它领导着奥林匹克运动,协调着奥组委、各国际单项体育联合会、国家(地区)奥林匹克委员会、国家体育协会以及国际奥委会所承认的如世界反兴奋剂等机构和其他组织。

(一)非政府国际组织的公益传播机构

作为奥林匹克知识产权的权利主体和奥林匹克知识产权所有人,国际奥委会拥有奥林匹克的知识产权,不同于一般意义上的个人或者集体的知识产权,这集中表现在其权利来源的特殊性上。根据国际组织间的国际法主体资格"缔约国授权论"理论,国际奥委会是依据各成员国共同协商,通过组织宪章而设立的国际组织。因此,从主体资格上讲,国际奥委会的地位并非来自组织本身,而是由各个主权国家间的法律文件而形成的《奥林匹克宪章》来确立的。"各国在加入国际奥委会并签署《奥林匹克宪章》之时,必须首先明确承认国际奥委会对奥林匹克标志知识产权的主体权利。"②从严格法律意义上讲,国际奥委会仅仅只是瑞士境内成立的一个国内法主体,由于其影响力广泛逐渐发展成为一个非政府间的国际组织。基于一定的国际惯例,这种得到签署国广泛承认的权利需要充分尊重。但需要强调的是,国际奥委会并不是一个国家间组织,所谓的"宪章"既不是法律,也不是国际条约,没有法律效力。国际奥委会得以在奥运会的组织与商业开发中贯彻自己的意志,很大程度上是通过与奥运会主办城市的合作,这种合作主要通过《奥林匹克运动会主办城市合同》加以保障,但最终的保障实现要通过主办国的国内法来解决。

对于国际奥委会在法律上的地位,国内外有几种不同的观点。有的认为国际奥委会是一个不享有国际法主体资格的国际组织;有的认为它是一个享有国际法主体资格的非政府组织,是一个享有国际人格的非政府组织或一个承担国际法义

---

① 耿长娟.萨拉蒙对非营利组织理论的新发展及其启示[J].江南大学学报(人文社会科学版),2014,13(4):35.
② 冯玉军,黎晓园.奥林匹克标志的知识产权保护初探[J].法学论坛,2007,22(4):40.

务但不具备国际法主体资格的民间组织;有的还认为它将来会成为拥有国际法主体资格的非政府组织。虽然对国际奥委会是否算是国际法意义上的法律主体的地位问题认识不一,但从它在国际社会发展的作用来看,在一定范围内国际奥委会可以被认为具有国际法的主体资格,不但具有国际人格而且还享有国际法人地位,国际奥委会是一个国际性的非政府组织(Non-Governmental Organization,NGO)和非营利的法人组织。顾拜旦极力促成的国际奥林匹克委员会是一个具有法律地位和永久继承权的法人团体,不以营利为目的,其主要宗旨是使体育运动为人类的和谐发展服务,以提高人类尊严,公益性特征明显。

萌芽于19世纪末至20世纪初期的国际奥委会和其他国际体育组织,都是在现代体育尚处于业余阶段时发展起来的。这一时期的体育组织一般都有结构松散、运作机制非市场、组织成分不规范、组织行为多基于道德而非法治、非专业的业余人士操控运作等基本特点。民间组织经常被视为独立在国家和市场外的第三域。不过,这种独立并不是隔绝与对抗,多元合作已经成为现代社会治理理念的关键,从现代社会的治理格局来看,民间组织的作用不再局限于拾遗补缺,在与政府、与企业部门的合作中,承担了政府与企业所不能或不愿承担的大量工作,其作用越来越特殊和重要,甚至成为社会创新的主力。尽管如此,但相对于政府与企业组织来说,民间组织的志愿性行为使得成员的管理更加困难,为了动员组织成员的集体行动,不仅需要形成成员之间的共意,而且还必须通过各种方式建构一个能够相对稳定并能持续运转的联盟网络,使组织具有一定的秩序结构,法国社会学家拉图尔曾为之提出了"行动者网络"的概念。如果说在最低的公共准则基础上成员的意见还比较容易保持一致,那么奥林匹克运动面临的却是相反的情况,它是一个建立在最高公共准则上的理想。不过,只要人们合作起来开展有意义的行动,就会产生一定的关系与秩序,浮现出特定的结构,进而可能形成组织或联盟。网状结构是组织或群体的核心概念之一,指自由联系形成的循环沟通模式,以区别于传统组织的等级制度。"这种网络是开放的,即所谓按照'分布式的行政控制'而建构的'无界网络',以区别于传统的受中央控制的'有界网络'"。[①] 这种网络模式强调互动、流变与过程,它完全不同于传统的如科层组织一样的社会实体,再加上就如拉图尔所说的行动者不仅包括具有能动性人的因素,而且还包括如技术装备的非人因素,因此赋予了该网络模式一定的持久性。奥林匹克运动之所以能够战胜各种困难得以发展,最主要的是该组织的公益性特征模式。

任何组织或联盟的建构都需要参与者有意识地持续自发性参与,如果没有这

---

① 谢静.公益传播中的共意动员与联盟构建——民间组织的合作领域生产[J].开放时代,2012(12):118.

种自发性的建构,组织或联盟就难以形成,更谈不上持续。从行动的角度来看,要想合作更为持久,行动更加有效,组织与联盟的作用就不可忽视。公益传播的社会背景是基于公民社会的语境,其传播主体相互作用、相互融合,共同构成多维的价值体系。在拉图尔看来,由于组织与群体在不断调整与形成的过程中,人类应该用网络而不是固定结构的眼光来看待社会,不应该把社会看作一个实体,社会应该是一个由各种异质性行动者构成的联合体。这个联合体的行动者不只是人类,而且还有科学技术等非人类因素。任何事物只要它能够制造差别,从而导致事物的状态发生变化,它就可以被认为是一种行动者。在这里,之所以强调非人类行动者的重要性,是因为这种行动者加入了不同时间与地域的人类行动与制度规范,使得行动者网络的互动行为不再局限于此时与当下,使行动者网络具备宏观行动者(组织、群体、社会)的特性。"作为一种人类活动产生的非人类行动者,网络总凝结了一定的制度和行为,当它加入到某一网络时,就把以往的制度与行为嵌入进来,使得这一网络超越了当下的情境,具有了一定的持续性与稳定性。从传播的观念来看,这种非人类行动者也属于一种媒介。"①

(二)组织成员的"逆向代表制"公共体系

现代奥林匹克运动能在百余年时间内,在全世界范围内产生巨大影响,一个重要因素是它拥有独特的传播载体,而作为有200多个成员国的国际体育组织,国际奥委会能够实现自己独立经营、能够顺畅保障组织各种公益性经营活动,这与国际奥委会的制度设计分不开,"逆向代表制"是这种制度设计的代表。"逆向代表制"是一种自上而下的非政府组织的结构形式,即最先建立国际性的组织机构,该机构通过认可国内组织加盟的形式组成国际网络,在这一网络中国内组织被视为非政府组织在该国的代表。"逆向代表制"的核心内容是:"国际奥委会委员不由各国家和地区委派,而由国际奥委会自己选任;委员是国际奥委会在各自国家和地区的代表,而不是他们的国家和地区在国际奥委会中的国家和地区的代表,其职责是忠诚于奥林匹克运动这种独特的组织制度。"②国际奥委会通过"逆向代表制"遴选委员,这使国际奥委会在基本制度设计上与大多数非政府组织、联合国等国际性的官方组织存在着根本区别,这最大程度地确保了国际奥委会在领导奥林匹克运动中的独立性。

《奥林匹克宪章》对国际奥委会委员选拔有明确规定。国际奥委会委员选自社会每一个行业,从政府首脑到企业家、律师,再到体育管理者和奥运会冠军。在组

---

① 谢静.公益传播中的共意动员与联盟构建——民间组织的合作领域生产[J].开放时代,2012(12):123.
② 庹继光.奥林匹克传播论[M].成都:巴蜀书社,2007:74.

织上,国际奥委会、国际单项体育联合会、国家奥委会被称为国际奥林匹克运动三大支柱,后两者必须首先得到国际奥委会的承认,才能加入奥林匹克大家庭。虽然从性质上讲,国际奥委会是个人俱乐部式的组织,甚至顾拜旦最初的12名同事都是他自己指定的,用顾拜旦的话讲,他们不是被选出来的,而是自我补充,而且权力不受限制。顾拜旦规定每一个委员是国际奥委会派驻其国家的大使,而不是他的国家在国际奥委会的大使。如今,国际奥委会总部设在瑞士洛桑的日内瓦湖边,130名国际奥委会委员由一个超过250多名员工组成的专业管理机构所支持。1908年,《国际奥委会的地位》正式颁布,国际奥委会在这个具有宪章作用的文件中强调:"参加国在国际奥委会的成员应被本国体育组织、协会视为国际奥委会的代表,因而不能接受上述组织、协会给予的可疑款项,以免影响其投票的独立性。"[1]虽然经过多次修改,现行的《奥林匹克宪章》依旧保持着这样的规定。在这里,顾拜旦提到的"自我补充"的原则与"逆向代表制"是国际奥委会最重要的组织原则,用意都是保护国际奥委会的独立和稳定。这一制度使国际奥委会可以自主传播其理念,而不受其他因素干预,也确保了在市场经济盛行的社会中,国际奥委会能根据自身的发展要求,利用奥林匹克的知识产权特性,独立开展经营活动,确保其公益性免受伤害。

(三)市场机制下新公共组织管理模式

在国际政治和体育经济发展中,国际奥委会不断调整组织管理模式以适应社会发展,促进自身革新。由于奥林匹克的发展规模和影响力日益增大,奥林匹克组织管理也日益规范。"在体育营销上进行了大胆改革,国际奥委会开发了出售电视版权与品牌营销等独特与有效的奥林匹克营销模式,使得国际奥委会在激烈的全球化市场竞争中站稳脚跟;通过以国际奥委会为中心把全球体育组织连接一起,形成了一张覆盖五大洲的体育网络。"[2]1908年伦敦奥运会实施了标准化规范管理;1913年顾拜旦为国际奥委会设计了会徽、会旗,进一步丰富了现代奥林匹克运动的理念,其核心内容是蓝、黄、黑、绿、红五个环环相扣的彩色圆环。国际奥委会刚建立时只是一个完全贵族化的私人俱乐部,而在成立之初的国际奥委会中起决定作用的是由少量精英组成的核心,他们用贵族化的或者说前工业化时代的方式管理着工业化时代的国际体育。[3]现在的国际奥委会作为一个有着巨大影响力的超级规模的组织,尽管没有营利的需要,但在其内部治理中,必须借助来自企业领域

---

[1] 李辉.新世纪国际奥委会法律地位的改变[J].体育与科学,2002,23(6):17.
[2] 任海.奥林匹克改革与国际奥委会的组织转型[J].体育文化导刊,2007(12):41.
[3] 赵德勋,何振梁.基—萨改革国际奥委会管理模式的实质[J].体育与科学,2008,29(2):21.

的成功管理方法与手段,如理事会制度、财务管理制度、绩效评估制度、独立签约人制度以及激励机制等,只有这样才能改善国际奥委会组织的内部治理,才能保证这个超规模组织系统正常运转。"于是自20世纪末期以来,国际体育组织的一个重大变化就是在管理方面实施公共组织的企业化管理,由原有的业余社团型,向现代企业的公司型转化。"①

随着世界体育产业的急速发展,曾被社会普遍视为娱乐领域的奥运会,现在已经被看作是可以在一定程度上影响相关国家经济走势和社会心理的重大社会事件。尽管奥林匹克组织是一个为了实现奥林匹克人文价值而存在的公益性社会组织,不是以获取利润为目的的企业组织,但从职业化的角度来看,国际奥委会是当今世界最为职业化的组织之一。这种公益性社会组织在西方工业社会向后工业社会或信息社会转变的过程中,也开始了自己的组织转型。市场机制在公共部门中发挥着越来越重要的作用,传统的公共行政学理论及实践模式越来越不适应社会的发展。事实上,奥运会本身就是按照商业化的模式来组织和运作的。为了解决奥林匹克组织内部管理与体育社会发展实践之间的冲突,从20世纪后期开始,国际奥委会及其他一些国际体育组织就自发开始组织转型。虽然奥林匹克组织自建立以来就不断调整,但特别是自国际奥委会创立至70年代,国际奥委会的管理模式是封闭式的,与外部环境接触的机会很少。如果说在现代奥林匹克运动复兴的时候,顾拜旦设立的这种精英化管理模式,还能确保国际奥委会与奥林匹克运动的生存,但随着工业化社会的发展,这种管理模式已不能适应时代和奥林匹克运动自身的发展需要。国际奥委会通过不断调整自己的管理模式,在适当保留成立之初的外壳的情况下,最大限度地采用了工业化社会的管理模式。1981年西班牙银行家萨马兰奇担任国际奥委会主席后,面对奥林匹克运动的发展困境,萨马兰奇对奥林匹克运动的组织管理进行了大刀阔斧的改革,奥运组织的企业化转型得以实现。

近几十年来,重塑政府、再造公共部门和新公共管理理论,是西方发达国家公共行政改革出现的主流理论,其中以新公共管理影响最大。新公共管理理论主张公有部门可采用被私营部门成功运用的管理方法,在公共服务领域中引入市场竞争机制,打破政府的绝对垄断,通过鼓励服务行业领域的私人投资与经营,提高公共服务效率与质量,实现缓解政府财政困难的目的。萨马兰奇在长达21年的国际奥委会主席任期内,通过许多措施实现组织的自我转型:一是在1981年取得了法人资格,结束了国际奥委会长达87年的法律真空状态,这使得

---

① 任海.论国际奥委会的改革[J].体育科学,2008,28(7):23.

国际奥委会能够以独立的市场主体参与各种活动和事务。二是第一次设立了专职主席,并建立了专业的行政与管理团队,这就为国际奥委会的日常运行提供了保障。三是职业化转型,国际奥委会走出业余主义的禁区,这使得奥运会成为世界上运动竞技水平最高的综合性体育赛事,为参与市场竞争提供了可能。奥运组织的变革以及奥林匹克全球化发展,深刻地影响到奥运知识产权的发展。奥运知识产权的公共性与垄断性的矛盾冲突与20世纪70年代末以来社会公共组织的管理模式发生的重大变化不无关系。原来比较保守的组织管理模式逐渐转向更灵活、以市场为基础的企业管理方式,这种"新公共管理"(New Public Management)的国际思潮更强调商业管理的理论、方法、技术及模式在公共组织管理中的应用。伴随着这种管理方式的变化,体育赛事组织的管理模式也发生了重大调整,这种模式也更适合体育赛事产品的商品化、运动员的职业化、资源运作的全球化新趋势。伴随竞技体育从业余娱乐转为职业化产业的特征,国际体育组织在业余时代所形成的业余模式已经无法适应体育赛事的组织管理,以市场机制来运作大规模的体育赛事及其相关的各种文化附加值,毫无疑问需要更专门的知识、技能与方式。

三、传播内容:大众文化产品

经过一个多世纪的努力,奥林匹克运动以一种至高无上的信念将人们集聚在一起,沟通不同的文化形态,形成奥林匹克一体文化,成为当今世界独一无二的具有巨大能量的文化形态。现代奥林匹克运动体现的是工业文明时期人类的生存与生活方式,体现的是工业文明时期的文化特性。从现代奥运的兴起来看,科技带动下的生产力提高为其提供了必要的物质条件,文艺复兴、宗教改革与启蒙运动三大变革,为现代奥林匹克扫清了思想障碍,资产阶级的教育改革实践则为其奠定了现实基础。经过一个世纪的发展,现代奥林匹克运动已经成为具有独特内涵的文化产品。

(一)大众文化的公共性传播

布坎南在萨缪尔森等人的研究基础上,首次提出了俱乐部产品理论,他提出在纯公共产品和私人产品之间有一种准公共产品或混合产品,它或者是一种扩大了受益范围的私人产品,或者是一种限定了受益范围的纯公共产品。倡导公共福利,强化公益目标会推动准公共产品向公共产品、私人产品向准公共产品的转化;而注重效率、注重投入产出则会推动准公共产品向私人产品、公共产品向准公共产品的转化。"在世界文化史上,大众文化的兴起是20世纪以来最为瞩目的文化现象之一。大众文化依托大众传播媒介渗透到了社会生活和文化的方方面面,动摇了精英文化和高雅文化几千年来高高在上的地位。"①从现代奥林匹克发展看,商业化使得奥运传播获得巨大经济支持,科技让奥运传播获得巨大的托升力,而文化真正让奥运传播成为具有独特内容的传播载体。"现代奥运会的产生与发展离不开科技、经济、思想等其他社会文化的支撑,正是借助于它们的力量,现代奥运会才逐步走向繁荣。"②百年奥运史也是一部科技发展史,从1896年顾拜旦先生倡导举办的第一届奥运会至今,奥林匹克运动与科学技术实现了完美的结合,使一届届奥运盛会更加精彩纷呈,创造了奥运史上的灿烂文明。科学技术不仅是工业文明的象征,也是工业文明的重要支柱。科学技术不仅给人类生活带来福音,也打造了现代体育运动的光辉形象。

在世界经济全球化和一体化的发展过程中,现代通讯与大众传媒的作用日益突出,在它们所塑造的拟态世界里,跨国公司的发展及其营销方式发生了巨大变化。人性化的需要显示出其在市场营销中的巨大作用,以公益性为基础的奥林匹克运动的商业价值被很多急需开拓全球市场的企业所认识,奥运文化产业的潜能开始为社会所认同。萨马兰奇及时把握了时代提供的这一机遇,在奥运会这一项被人们视为公益事业的领域,成功地引进市场机制,开创了体育领域的公益事业市场运作的先河。因此,奥林匹克运动发展所依赖的经济支持彻底发生了改变。在现代奥林匹克最初的几十年,奥运会举办所需要的费用主要是依靠慈善性捐赠和政府行政性拨款,但引入市场化手段后,奥林匹克发展所依赖的经济基础就变为自我的商业性开发,奥林匹克运作模式呈现出独特的商业化特征。奥林匹克借助市场化的运作机制迅速发展,在经济全球化的裹挟中,很快地进入了全球运营状态,随着经济全球化的发展成为有巨大需求的全球性文化产业。"奥运会作为这一产业的文化精品,第一次有了可以依靠其自身力量从市场中获得足够的经济资源的可能。于是,以奥运会及奥林匹克标识营销为基础,国际奥委会对奥运会运行机制发生了根本性的变化,建立起市场导向的运作方式。"③

从奥运竞技媒介载体的形成与大众文化交易特点分析,奥林匹克作为主要传播媒介的运作形式来自奥运传播中的"势"。借奥运赛事转播的"势",奥林匹克运动获得巨大赛事转播的商业利益。电视转播权已经成为国际奥委会主要收入的来源之一。由于稀缺性的奥运赛事越来越吸引受众观看,利用奥运赛事转播媒体来插播商品广告,已成为企业营销竞相采用的手段。媒体与企业都会借助奥运传播

---

① 王家宏,等.文化视野下的奥林匹克[M].北京:北京体育大学出版社,2007:35.
② 李宏斌.现代奥运会的伦理困境及其化解[D].长沙:湖南师范大学,2008:1.
③ 任海.论国际奥委会的改革[J].体育科学,2008,28(7):22.

进行营销,并在此过程中获得超值的经济回报。需要特别说明的是,各大电视转播机构纷纷斥巨资购买奥运赛事转播权,这充分体现了奥运媒介载体"势"的经济价值。依托奥运竞技媒介载体的"势",奥林匹克运动形成了无形资产交易与博彩竞猜等活动。奥运无形资产交易包括奥林匹克五环标志、奥运会徽标、吉祥物等使用权转让等。国际奥委会通过授权企业生产带有奥林匹克标志的产品而获得巨大收益,被授权企业也通过与奥林匹克联姻增加其产品的社会渗透力。奥运期间发行的彩票和奥运博彩竞猜等活动,是通过奥林匹克的"势"而衍生出来的文化活动,是奥林匹克运动重要影响力的延伸。运用奥运竞技媒介载体的"势",吸收企业赞助是奥运营销的重要手段。由于国际奥委会不允许企业在奥运赛场内做商业广告,电视转播和奥运无形资产的许可使用又受诸多限制,这造成企业对奥运载体"势"的利用需求的稀缺性。

奥林匹克运动成了一种大众文化的狂欢,每一次奥运会都是大众文化的庆典。国际奥委会凭借奥林匹克形象开展奥林匹克市场开发,在一定程度上,奥林匹克形象是连接奥林匹克社会效益与经济效益的桥梁。根据体育媒介理论,奥运自身便是一个巨大的传播载体。奥运会作为一项综合性的运动赛会,满足了各类"运动迷"对各类运动项目最新成绩与发展需求的关注,而这种注意力的聚集无疑会产生巨大经济效益。为了利用具有全球影响力的奥运传播载体扩大影响,不少企业以奥运赞助单位的形式参与其中,实现相应的经济目标。有些企业甚至不顾国际奥委会相关规定,采用隐性营销的手段来搭奥运便车,以扩大影响和提升知名度。这从另外一个侧面说明奥运媒介载体的价值。从上述分析可以看出,奥运会不但处在媒介包围之中,而且还以媒介的方式存在着,在传播领域应用奥运媒介,通过规范化的媒介经营操作,可实现奥运传播的最佳效果。通过这种媒介载体"势"的作用,奥运传播成了一种公共性大众文化产品。

(二)跨文化的公共性体育传播

在现代大众媒体的作用下,奥林匹克运动已经发展成为全球性的文化内容,作为当今世界上最具影响力的综合性体育赛会,奥运会代表世界体育文化的主流,鲜明的象征、浓郁的艺术及丰富的内涵都体现了奥林匹克文化的特征。奥林匹克精神被视为体育的核心,是奥林匹克运动全球化发展的动力源泉。体育文化作为人类文化中的一部分,是通过一切体育现象与体育生活展现出来的特殊文化现象。身体语言是体育的基本表达方式,使得体育文化具有很强的共通性。体育文化的体能符号特性能使不同人群直接理解其中的意义,达到有效交流的目的,体能符号作为一种流动的、有机的表达方式,可得到直接的回应,产生长远的效应,因此,体能符号的交流成为一种有价值的交流。体育文化的交流与融合需要一个互动平台,在当前环境下,奥运会仍是体育文化交融的最佳平台。现代奥林匹克运动的发展折射出不同文明相互了解、交流、融合、进步的过程,没有取代只有互补。体育文化具有最广泛的社会基础,是世界上普及程度最高的一种文化形态,体育文化具有普世性文化的重要内涵。"它体现了娱乐和游戏的魅力,符合人性的基本需求;体育活动彰显了浓郁的竞争精神,符合时代的特点;体育文化本身具有通约性,它是一种体能符号,通过非语言、文字的方式加以传播,使不同人群直接理解其中的意义,并可直接给予回应,达到互动效果,实现有效交流的目的。"①

按照文化传播的规律,一种文化形态的发展速度与水平要取决于其他文化形态与它的碰撞、交流与融合程度。假如它能获得更丰富的文化资源,那它的发展就会越迅速和健康。奥林匹克最初的成功就在于它打破了欧洲大陆的体操派与英国竞技运动派之间的门户。奥林匹克运动的普遍性只有通过文化的多样性才有可能达到。促进奥林匹克运动在全球的发展不应当视为一种单一文化简单的空间扩张,它是一个多种文化互动的过程。奥林匹克运动所推崇的绝不是一种标准的现代化或文化的单一化,更非欧洲化或西方化,未来的奥林匹克运动是多文化和跨文化的。奥林匹克运动既丰富了各民族的体育文化内容,又促进了融汇各民族优秀体育文化精粹的国际体育文化的形成,其致效的原因在于传播的功能。奥运会最重要的目标之一就是吸引更多的民众参与体育运动。多样化的体育形态,可以适合多样化的社会群体,可以满足人们多样化的需要,从而大大扩充体育人口。从严格意义上说,所有的体育活动都是奥林匹克运动的组成部分,奥林匹克运动是对大众而言的,其目标不仅仅是让少数人去争取金牌,而是为所有人提供机会,让不同年龄和性别的人们都能参与体育锻炼。奥林匹克运动会是一种以特殊形式,以体育运动的方式进行的全球化活动,它充分体现了全球化所具有的重要特征:从空间上讲是指奥林匹克运动的普遍性问题,从时间上讲是指奥林匹克运动的持久性问题。

现代奥运一百多年的历史成为近代社会的缩影。单就奥运本身来说,它从偏重精英的运动转向了公共运动,从体育竞技变成了资本狂欢,从囿于一隅走向展示国家实力与形象的舞台。就如已故前国际奥委会主席萨马兰奇所言,体育不但没有精英文化独特的疏离感,反而显示出大众文化的亲和力。体育文化作为大众文化的独特形式,体现出人类的社会文化需求。无论是作为健身娱乐还是作为赛事观赏,体育都表现了人类对新生活方式与新生活哲学的追求。作为一种生活哲学的奥林匹克文化,借助体育这种方式在世界范围内取得了前所未有的成功。奥林

---

① 庹继光.奥林匹克传播论[M].成都:巴蜀书社,2007:205.

匹克运动是一个具有鲜明的社会公益性和巨大的市场开发潜力的国际性赛事活动。从国际奥委会对奥运传播的管理来看，因为受到各种限制，奥运传播资源是有限的，但事实上奥运传播涉及奥林匹克运动所有方面，奥运传播资源在一定程度上又是无限性的。奥林匹克文化资源的存在形式是以精神形态为主，以物质形态为辅，它的公益性决定了它的社会价值，也正是这种公益性的特征和四年一度的稀缺性，决定了它的商业价值。相对于社会的需求来说，奥运资源的有限性导致其稀缺性，它使得奥林匹克文化在一定条件下具有较高的经济价值。"奥运资源作为人类共同的遗产的同时又具有无限性，其作为精神产品能在任何条件下满足任何人的精神需要。"[1]

四、传播手段：公共性技术

奥林匹克运动不仅是现代科技发展的被动受益者之一，同时也是促进现代科技发展的一种原动力，奥林匹克运动已成为科技展示的窗口。如果从科技角度对一百多年的现代奥林匹克进行研究的话，会发现现代科学技术与奥林匹克运动发展之间有着密切关系。

（一）奥运知识产权与三次科技革命

科学技术是社会文明的象征，是社会进步的标尺。科技进步带给全人类的社会福利体现了科技文明的公共性。熊彼特在他的经济发展理论中首次系统提出了"技术创新理论（Innovation theory）"。1912年在《经济发展理论》一书中，他第一次提出"创新概念"，后来又在其专著《经济周期》中全面论述了创新理论。他认为"创新"是建立一种新的生产函数，使得"生产要素"与"生产条件"实现以前从未有过的一种新的结合。熊彼特的创新概念主要属于技术创新范畴，随着技术创新出现的知识产权制度，必定会随着技术创新的发展而发展。作为一种对技术创新的激励机制、保护机制、引导机制与加速机制，知识产权制度反过来也会促进技术创新发展。技术创新理论从技术变革与推广的角度来解释经济的发展。随着工业革命的兴起，尤其是人类进入近代社会以来，科学技术的作用日益显现，科技的发展决定了人类社会的发展，其作为"第一生产力"的价值和意义愈发凸显。与传统的财产权制度相比，伴随着科学技术与商品经济发展而出现的知识产权制度，尽管只有几百年的历史，但影响巨大。作为知识产权体系的重要组成部分的版权制度，其产生和发展与人类科学技术的进步密切相关。一定程度上，版权制度本身就是科技发展的产物。印刷术的发明导致对作品大量节省费用的复制成为可能，这也就

---

[1] 雷选沛.北京奥运经济运营与管理研究[D].武汉：武汉理工大学，2006：74.

产生了版权保护的必要。在版权制度发展的早期,印刷术的发展直接导致了"复制权"的产生,而这种控制他人复制行为的专有权利,在版权制度后来的发展中,被证明是最重要的权利之一。公众接触作品的途径与形式的多样化,直接导致了权利人采取技术措施来保护其版权作品。

从科技传播史看,以牛顿经典力学的建立为契机,以蒸汽机的发明与广泛使用为标志的第一次科学技术革命使奥林匹克运动的复活成为可能。第二次科技革命促进了现代奥林匹克的诞生与兴起,以电磁学理论及电力技术为基础,以电力和内燃机的广泛使用为标志的第二次科技革命,引起了当时欧洲主要资本主义国家生产关系的显著变化,自由资本主义过渡到垄断资本主义,农业社会基本过渡到工业社会,人类进入了电气化时代。1892年法国社会活动家、教育家顾拜旦倡议恢复古代奥运会,举行现代奥运会;1894年在巴黎成立了国际奥林匹克委员会,并于1896年在古代奥运会发源地雅典举行首届现代奥林匹克运动会,中断了近1500年的奥运会得以恢复。"从1896年雅典第一届奥运会到1936年第11届柏林奥运会,是现代奥林匹克运动从诞生到完善的发展阶段,正好与人类历史上的第二次科技革命发生与发展时代重叠。"[1]特别值得一提的是,在第二次科技革命时期,垄断资本主义促进了世界市场的形成,加速了体育的国际化趋势。以信息技术为代表的新技术被称为现代科技革命,又被称为第三次技术革命。计算机技术所带来信息技术的飞速发展,正在使全球经济增长方式发生根本性变化。在这个阶段,现代奥林匹克运动已经与技术融合为一体。"技术不再仅仅是奥林匹克运动发展的一种支持力量,而逐步地形成了自己的奥运科技体系,由辅助、支持转变为自主行动的力量,并依据自身的逻辑自主地发展,从而最终成为一种统治。"[2]在第三次科技革命推动下,信息生产方式发生巨大变化,当代新闻传播媒介向着报刊、电视、互联网等多种传播媒介相互补充、相互促进的多元化方向发展,这对奥林匹克运动产业化发展起到了巨大的推动作用。

在现代奥林匹克的发展过程中,科学技术发挥着巨大的作用。伴随着科学技术在世界范围内的扩展,体育也得以广泛传播。交通运输与信息技术的发展,促进了国际体育组织的形成以及体育国际交流的发展,奥林匹克精神也得以充分传播。作为世界上迄今为止规模最大的人际交流活动,奥运会的巨大组织规模与激烈竞争程度都决定了它必须依赖科学技术。在历届奥运会上,各举办国都不遗余力地发挥科技力量的作用,将世界一流的科技成果应用到奥运会中,为奥运会成功举办

---

[1] 方媛.论科学技术革命与现代奥林匹克运动的发展[J].中国体育科技,2003,39(1):16.
[2] 董传升.科技奥运的困境与消解[D].沈阳:东北大学,2004:36.

提供智力支持与技术保障。同时,从奥运需求出发,把奥运对科技提出的需求转变为科技发展的新动力,推动本国科技发展与科技水平的提高。"在一定程度上说,要不是现代科学技术的发展与介入,现代奥林匹克运动就不会遍及到世界各国,现代奥运盛会也就不会成为规模宏大的全球文化事件。"[①]现代体育赛场是现代科技的一个巨大的实验室,所有相关的理论和假说,有关的发明制造都必须在运动会上得到验证。在现代奥运会的发展变革中,不管是比赛场馆、运动器材、运动服装,还是通信设备、训练条件、交通条件与安全保卫系统等,都印上了现代科技的印记,也正是借助现代科技的力量,现代奥林匹克运动成为了世界文明体系中一道惊艳世界的风景。体育竞赛的巨大需求反过来成为科学发展的重要引擎,而奥运技术的公共性也就得到了体现。

(二)奥运媒介技术革新与奥运共同体构建

知识产权总是伴随着技术进步而不断发展。在知识产权起源的历史叙述中,资本主义与印刷媒介被认为是决定性力量。著作权因印刷技术的广泛应用而诞生,并伴随传播技术的进步而扩张,著作权法在技术变革中被推着前行。尽管不能否认文化及其相关的意识形态,特别是社会经济条件对著作权形成所起的作用,但无论如何传媒技术的发展都是著作权形成与演变的物质前提。由于英国出版特权的废除,以保护作者权利为名义,由书商发动的一场保护其垄断地位的无情运动,最终促成了1710年英国第一部现代著作权法《安娜女王法》的诞生,有期限地将唯一印刷的权利授予了作者与手稿的受让者。至此,依附于出版审查制度的出版特权演化为以作者为核心主体的著作权。虽然由出版者发起的这场运动所产生的结果是建立作者权利的著作权而不是出版者权利,但是出版社对复印权的诉求显然比作者要强得多,作者获取报酬的主要方式是出售手稿而不是现代意义上的版税,这也说明著作权从其起源就是由传播技术推动的结果,而这种推动贯穿了整个著作权的演变历史。邻接权制度确立的进程也是传播技术发展与推动的结果。知识产权的创造与运用既离不开科技传播的推动,也有助于科技传播事业的发展,现代信息技术带来了传播权的勃兴。随着科学技术的成熟与发展,传播者与受众都渴望有价值的新信息与知识。因此,传播知识产权的需求与依赖也与日俱增。科技传播的各种媒介载体以及传播的信息也应当得到相应保护,信息内容本身受技术发展影响并不大,而信息的处理与传输则极大地受到技术发展的影响。"相对于保护物质(能量)的归属与流转为主要内容的各种传统私权而言,保护特定智力创造成果信息的知识产权是极特殊的一类私权,即使在以判例法为特点的普通法系国

---

① 杜利军.北京奥运会的科技需求[J].电子政务,2002(8):18.

家也为知识产权制订了大量的成文法,而在其他的私权领域,判例则仍是主要的法律渊源。"①

麦克卢汉认为一种新媒介的出现总会带来传播内容(讯息)的变化,一种媒体的兴起也意味着人的能力获得一次新的延伸。麦克卢汉的媒介即讯息理论强调媒介对信息传播的重要影响,波兹曼进一步认为媒介不等于信息而是对信息的重构,媒介不仅影响而且决定了信息传播。虽然在波兹曼看来媒介不能被简单地理解为媒介技术,但它却根源于媒介技术,是以媒介技术为核心的某种环境或生态,媒介发展的每一次大突破与变革几乎都是在新的媒介技术推动下实现与完成的。"媒介技术使得信息传播突破了时空限制,并以更加直观、丰富的符号方式加以展现,为大众提供了远比现实世界更精彩的信息世界,让人置身其中并心甘情愿地依赖其中,这种对媒介的依赖是媒介技术发挥其强大工具价值的基础。"②有学者甚至认为是在新闻界的坚决支持与热情报道下,第一届的雅典奥运会才能够成功举行。从媒介技术来看,现代奥林匹克运动的繁荣和崛起同广播电视技术的发展密不可分。1936年德国首次尝试用电视对奥运会进行转播报道;1964年日本首次用卫星电视对奥运会进行了全球直播;2008年我国首次用高清电视对奥运会赛事进行全程转播。可以说,奥运会不但是一场象征和平与友谊的体育盛会,更为国际一流电视媒体搭建了转播报道平台,展示了最先进的广播电视与网络技术,是展现信息传播能力的竞技场。

从现代奥运的兴起与发展来看,不管是竞技水平的提升还是赛事组织的规模化,都与科技提高带来的生产力发展不无关系。百年现代奥运发展历史证明,作为现代奥林匹克运动存在方式之一的科学技术,是现代奥林匹克运动发展最重要的驱动力之一。从第二次世界大战之后,尤其是进入20世纪80年代以来,奥林匹克运动发展迅猛且规模空前,奥运传播平台已经成为世界各国竞相展示实力与形象的重要窗口,国际社会都认为奥林匹克运动场上的竞争最终体现的是国家科学技术力量的较量,现代奥运会已经成为现代科技的实验田及展示台,科技奥运与知识奥运时代已经来临。回顾作为人类社会重要现象的奥林匹克运动,它与人类三次科技革命有着千丝万缕的联系,每次科技革命都给奥林匹克运动的发展带来了重大的影响。从奥林匹克产生于技术进步所推动的工业化大生产时代,可以推断出其兴起与工业化大生产有着必然的联系,与技术发展有着内在关系的逻辑统一性。正是在技术所提供的物质基础上,现代奥林匹克运动的

---

① 郑成思,朱谢群. 信息与知识产权[J]. 西南科技大学学报(哲学社会科学版),2006,23(1):5.
② 王爱玲. 媒介技术:赋权与重新赋权[J]. 文化学刊. 2011(3):70.

兴起才具备了可能性。①

第二节 奥运知识产权传播过程中的准公共性产品

奥运赛事作为向全社会提供的产品，是一种公共消费品。收视率全球最高、转播机构收益最高、最能体现电视转播技术和艺术水准的奥运会电视转播是国际奥委会收入的最主要来源。虽然这种奥运会电视转播权以及伴随大众传媒特别是电视转播而产生的、给运动员带来巨大经济收益的运动员形象权，都具有一定的私权性质，但这两种在传播中产生的奥运知识产权，都具有准公共产品的性质。

一、作为公共资源的奥运电视转播权

转播权的概念并不是从来就有，从技术的角度来讲，它晚于广播电视技术；从法律角度来说，它的性质与地位至今仍然不明确。"体育赛事转播权是基于体育赛事的组织、举办而产生的一种特殊的产权，它包含了所有权、使用权、收益权、让渡权等一系列的产权项。"②

（一）受众最大化及免费原则

电视节目是经济学中典型的公共产品。在电视起源的初期，因为采用的是无线方式传输电视信号，家庭只要有收视天线就能接受电视信号，随着电视媒介技术的进步，出现了有线电视技术和无线信号加密技术，这种技术改变了电视媒体的使用情况，收费难不再是一个难以解决的技术问题。通过公共电视台播出的电视节目依然属于公共产品，但通过收费电视台播出的电视节目因为可以按产品对用户进行收费，这样的电视节目就变成了一种私人产品。作为一种新兴的媒介传播技术，有线技术的电视信号传输更为优良，再加上收费电视台在经济上一般更具实力，因此，在收费电视台的强力冲击下，公共电视台或者被迫为赛事转播付出较高代价，或者像瑞典等国的公共电视台那样直接放弃体育赛事转播。在我国奥运赛事转播被当作免费产品，由国家电视台通过免费的方式向公众传播。从历史上看，在体育赛事转播权作为商品出售之前，体育赛事转播是免费的。欧洲重大的体育比赛一般都是在欧盟各成员国公共电视台的免费频道上转播，但随着商业电视台特别是付费电视台的兴起，公共电视台的市场地位直线下降。虽然媒体间的竞争

---

① 董传升.科技奥运的困境与消解[D].沈阳：东北大学，2004：1.
② 雷晶晶，金雪涛.体育赛事转播权发展与营销的产权模式[J].哈尔滨体育学院学报，2010，25(1)：25.

最终是企业间营利目的之争，但由于电视媒体提供的电视节目具有特殊性，它强大的社会整合与教化功能使得它对社会政策的考虑不可或缺，更何况是既能激发民族自豪感又能跨越语言文化障碍的重大奥运赛事，它更应该尽可能地易于成员国收看。

出现在1936年柏林奥运会上的体育电视转播，由于当时的赛事组织者并不注重体育赛事版权保护，那时的赛事被当成一种公共的资源，由各家电视台自行免费转播使用。相对于其他体育赛事，奥运会并没有给予运动员经济报酬，无出场费而且实行场馆清洁原则，所有经营收入用于发展和支持奥林匹克运动。第二次世界大战后，电视转播权迅速发展，广告商开始重视利用体育赛事转播的间隙投放广告，电视台可以通过免费转播体育比赛并且出卖电视广告时段获得丰厚的利润。由于体育比赛具有很强的稀缺性，为了能够转播或报道这些体育赛事，各家转播机构采取购买播放比赛许可的方式获得播放权，体育赛事转播权也就产生了。随着不断涌入的新转播机构，原本稀缺的体育赛事转播市场就更呈现出以卖方为主导的模式。国际奥委会没有被出价更高的私人电视机构引诱，相反，它坚持奥运会电视信号通过电视台免费播出的原则，坚持《奥林匹克宪章》规定奥运会转播遵循覆盖最大化的原则。电视转播权收益大幅增加，也让国际奥委会大大增加了对各个国家(地区)奥委会以及各单项体育联合会的资金支持。这保证全世界每一个人都能够看得起奥运会，公众追随这一盛事不存在任何经济上的门槛和壁垒阻碍。国际奥委会采取一切必要措施以确保奥运会通过不同媒体全面覆盖到世界上最广泛的电视观众。另外，奥运会的比赛场馆、运动员村都不允许出现任何形式的广告，烟草和烈酒生产商被禁止赞助奥运会。

在体育赛事转播权领域，消费者福利表现在以更低的价格收看更多的赛事转播。"原则上奥运会的电视转播权都会销售给那些在当地范围能够保证最大化覆盖的广播机构。"[①]默多克新闻集团曾打算以20亿美元的高价获得悉尼到北京奥运会的欧洲电视转播权，但萨马兰奇还是支持国际奥委会与欧洲电视联盟达成协议。萨马兰奇表示国际奥委会接受欧洲电视联盟少于默克多新闻集团报价的原因在于国际奥委会能够通过地区电视台接触到更多的受众，尤其是年轻人，这一直是国际奥委会优先考虑的事情，而非简单地接受最高报价。欧洲电视联盟购得奥运电视转播权，对它及其成员、各国公共电视台来说是个难得的好消息，卫星电视运营商由于资金实力雄厚已经威胁到欧盟电视联盟各成员电视台在重大体育赛事上

---

① 洪建平.奥运转播：在经济和技术之间[J].传媒，2008(4)：70.

的垄断地位。① 在德国,联邦最高法院认为体育赛事组织者在赛事组织、财政责任、经济风险上承担了责任,所以通过判例确立了赛事组织者对赛事拥有转播权,这解决了赛事转播权所有权的归属问题。按照成本-收益原理,由于赛事组织者(赛事承办方及项目协会)与运动员组织(俱乐部及球队等)拥有体育赛事转播权的所有权,那它们在处理体育赛事转播权的使用权转让过程中所产生的收益、运作及成本时,会根据它们所有权的比重进行利益分配与责任分担。"在实践中,比赛的组织者把电视转播权和报道权出售给媒体,但在法律上组织者并没有一个叫电视转播许可权的权利,甚至从根本上来说对体育赛事本身所形成的声、像没有任何法律赋予的权利。"②

(二) 奥运转播技术公共性与标准化

奥运电视转播技术的标准化是奥运知识产权传播过程中的公共性的重要体现。尽管电视转播权的交易历史较长,但电视转播一直没有统一的技术标准,直到20世纪90年代这种状况才得以改变。全球观众的关注与转播商的巨额投入,这对电视转播的质量提出了极高的要求,因为面对的是全球观众,要求奥运会转播商必须保证提供高质量的电视信号,不管奥运会在世界的什么地方举行,转播采取的标准必须一致,提供的电视信号质量也要求一致。为了完成奥运转播,东道主国家单独承担转播的方式难以完成如此重任,这迫切需要一个专门组织来对转播进行统筹规划,制定统一的标准,提供足够的技术支持,这就直接催生了奥林匹克广播服务公司的出现。为了保证奥运会电视信号的质量,2000年底国际奥委会开始酝酿成立奥运会广播服务公司(OBS)。该公司与奥运会组委会采取合资公司的运作方法,由当地奥组委与OBS出资成立新的公司,联合国内外经验丰富的电视转播专业人士,为奥运赛事及相关活动提供广播与电视转播服务。在电视转播技术提升与电视受众收视要求提高的双重因素作用下,奥运会的广播电视公共信号制作模式在1992年巴塞罗那奥运会之后发生了重大变化,国际奥委会将原来主要依靠主办国电视转播机构承制公共信号的模式,转变为由多国的电视媒体联合共同完成奥运会广播电视的公共信号制作模式。

1936年柏林奥运会的组织者们将电视这种新的媒介形式引进了奥运会。1948年奥运会再次在伦敦举办,时值第二次世界大战结束不久,伦敦面临巨大经济压力,组织者开始把电视转播这一新的传播方式看作潜在的资金来源。为转播

---

① [英]麦克尔·佩恩. 奥林匹克大逆转[M]. 郭先春,译. 北京:中信出版社,2008:44.
② 徐康平. 试论体育比赛的知识产权化——从电视转播权交易谈起[J]. 北京工商大学学报(社会科学版),2008,23(4):109.

奥运会而付费，英国广播公司(BBC)将此看作非常危险的先例，并坚持要避免这一局面的出现。毕竟，印刷媒体的记者和摄影师们并不需要付费。在漫长的争论之后，伦敦奥组委最终说服了BBC支付1 000几尼(旧英国金币，1几尼等于1英镑1先令)。"由于门票销售超出预期，伦敦奥运会组委会最终稍有盈余，他们选择不去兑现BBC的支票。虽然BBC省下了1 000几尼，但是创下了为一届赛事电视转播付费的先河。"①到2008年全球电视转播权收入达到了30亿美元，奥运会的电视转播地域范围也达到220个国家和地区，全球电视观众接近40亿，这让奥运会成为全世界电视转播覆盖面最大的盛事。20世纪50年代，国际奥委会面临财政危机，国际奥委会想通过出售奥运会电视转播权来弥补运作成本，因为电视机构认为体育赛事应该当作新闻供公众知晓，而不是一种简单意义上的商品，出售电视转播权的想法在当时遭到各家电视机构的强烈抵制，抵制的最终结果就是澳大利亚墨尔本奥运会在电视转播权销售方面的失败。不过，这种联合抵制的现象很快就被国际奥委会打破，国际奥委会通过对《奥林匹克宪章》的修改，在其第49条中明确了电视转播权的性质，奥运会赛事直播具有娱乐性，国际奥委会是奥运转播权唯一的拥有者，它可以授权奥组委销售奥运赛事的电视转播权，并与组委会对其在收入上进行分成。《奥林匹克宪章》第49条还对各家电视台的奥运会赛事报道要求进行了明确规定，奥运会转播权正式形成。

奥运会的广播电视信号制作模式从主办国独家制作变为多国联合制作，极大地提高了奥运体育赛事转播水平。"整个奥运会的电视转播由多个国家电视人员共同参与制作，从多个国家租用电视转播设备，同时向全球征集电视管理人才组成团队制作信号。"②国际奥委会对奥运会公共电视信号的制作有严格要求，镜头拍摄必须平视、切换不准太快等都有明确的规定。公共信号作为国际奥委会提供给各家电视播出机构的"原生"电视信号，需各家电视台根据自己的播出要求进行加工。目前，奥运会的电视公共信号制作在电视组织机构、技术设施组成、规格、技术制作方案、不同项目制作团队成员、讯道与话筒机位、镜头画面构成等方面都实现了标准化，其制作理念与运作体系都比较成熟。总之，在统一标准的框架平台之上，广播电视公共信号制作展示着各个国家的电视制作机构的实力与电视制作人员的综合素养，也体现了奥运知识产权在技术层面上的公共性。

二、作为人格商化的运动员形象权

形象权是作为自然人对本人人格要素进行商业开发而获得、可继承与转让的

---

① [英]麦克尔·佩恩.奥林匹克大逆转[M].郭先春,译.北京:中信出版社,2008:254.
② 卢群,赵兴玉.奥运电视转播发展历程及技术发展现状(上)[J].广播与电视技术,2008,35(3):46.

财产权。据此可以得出运动员形象权是指运动员将体现自己身份的个性特征进行商业性使用,从而获得经济回报的一种权利,是运动员商业价值的体现。

(一) 公开传播的运动员形象权

尼莫认为原本没有任何经济价值的个人形象,如通过权利人自己的努力劳动使之形象在公众中被广泛传播,那该自然人的人格形象特征便具有吸引他人对其进行商业化利用的价值,自然人的形象在被开发利用的过程中就会获得一定经济回报,而自然人应当对这种利益享有财产的权利,从而控制这种财产的价值。一般来说,形象传播范围越大,它作为信息载体的可能性也就越大,这就意味着形象的市场价值的开发潜力越大。需要说明的是,一个人的形象特别是名人形象,不仅会产生私人价值,而且还会产生重要的社会价值。一般认为,对知名运动员人格权进行限制的理由是为了维护社会公共利益和满足公众兴趣的需要,媒体和大众在形象制造过程中的创造性作用不能被忽视。"对知名运动员的人格权进行限制的目的在于保护公众的知情权,既然名人的姓名或肖像已经广泛出现在新闻媒体上,已经是暴露在公众面前,再多一些未经许可的使用也不会对他们造成什么精神伤害。"[1]公开形象权作为一种无形财产权具有财产权的一切特征,它可以被许可、转让、继承,受到侵害按财产权给予救济,同时权利人也必须承担财产权人的一切义务。知名运动员作为自然人是享有民事权利的民事主体,但他又属于公众人物,有其自身的特殊性,其人格权利行使要受到一定限制,在人格权的保护上适用不同的规则。

与一般民事主体相比,知名运动员人格权有其特殊性,主要表现在它的公共性上。一是知名运动员人格权的公共性。在一定程度上,知名运动员的人格权因为社会公众知情权要受到相应限制。由于知名运动员的人格权是个体的局部利益,社会公共利益与公众的知情权则是宏观的整体利益。从某种意义上说,社会公共利益与公众的知情权大于知名运动员的人格权,无论从维护公共利益、满足公众的知情权还是加强社会监督的角度,法律都有必要对知名运动员的人格权作出必要的限制。二是知名运动员的形象与大众传媒关系紧密。知名运动员主要通过大众媒体为社会所熟悉,知名运动员的人格权商业化利用主要通过大众媒体报道才能实现。知名运动员由于从大众媒体获得了广泛利益,所以必须承担媒体对其与公共利益有关的隐私进行报道的义务,这不能被认为是运动员人格权遭受侵犯。三是知名运动员人格权具有商业使用价值属性。对知名运动员来说,形象权是一项重要的无形资产,运动员作为权利主体可以对包括姓名、肖像等在内的

---

[1] 宋萍.论运动员形象权和人格权保护的协调[J].山东体育学院学报,2011,27(3):10.

人格权利实施控制、商业使用、许可商业利用、排除他人妨害及寻求法律救济等权利。对知名运动员人格权利的经济价值形成有贡献的主体享有对知名运动员人格权利优先使用的权利,即同等条件下,他们具有比其他被许可商家优先使用运动员人格标识的权利。由于我国运动员培养模式的特殊性,我国运动员利用形象权所获得的商业收益应在运动员与其他投资主体间,依各自投资贡献进行分配。四是知名运动员形象权经常与重大体育赛事联系在一起,不但影响范围大也更容易遭受侵害。

分析明星形象的形成过程可以发现,尽管明星形象与个体的自身努力、控制与塑造不无关系,但媒体与公众在其中起到的作用不容低估。虽然公众没有能力使媒体形象按照自己喜好的方式呈现,但公众可以从媒体中选择符合自己情感与价值标准的形象,在一定程度上说,公众是最直接、最积极地参与知名形象塑造全过程的。在一个崇尚言论(出版)自由与商业自由的国家,不仅民众享有评论政府的自由,那些精明的商人同样享有"做言论自由的生意"的自由,而且这些权利无一例外都应该受到法律的严格保护。① 由于群体的特殊性,知名运动员具有运动员与公众人物的双重特点,根据美国的一些判例进行分类,体育明星属于有限目的公众人物,被划入自愿类公众人物,体育明星作为各项运动的出类拔萃者,他们的工作训练与娱乐生活都会引起公众的兴趣,言行举止对社会公序良俗有着深刻影响,与社会公众利益联系紧密。美国法院认为公众人物的形象之所以应该受到法律的保护,是因为他们知名度的获得并非轻而易举。"他们都是经过一系列的奋斗而功成名就,他们的姓名、肖像和生活故事等都包含着他们的辛勤劳动"②。从中可以看出,公共性是奥运传播中运动员形象权的重要特征。

(二)运动员形象的特殊产权属性

运动员的形象权作为一种垄断权或独占权,在权能上可以分为形象利用权和形象禁用权。形象利用权是积极权能,即权利人对各类形象进行商品化利用的权利。形象禁用权是消极权能,即权利人排除他人擅自将自己的各类形象进行商业化利用的权利。③ 形象权作为一种固有或绝对权,它的一大特点就是具有排他性的专有使用权,在没有得到权利人许可的情况下,其形象都不能被其他人使用。"知名运动员作为公众人物放弃了或者说被限制了援用隐私权等人格权保护自己的权利,但这种放弃也是有底线的,因为放弃和限制本身就是一个利益平衡的结

---

① 高荣林. 出版自由与个人形象权[J]. 国际新闻界,2012(2):82-84.
② 刘红. 商品化权及其法律保护[J]. 知识产权,2003,13(5):26.
③ 吴汉东. 形象的商品化与商品化的形象[J]. 法学,2004(10):87.

果。"①形象权人对自己形象独占性的专有使用是指,对自己的形象,形象权人在不违反社会公序良俗的情况下可以进行开发与利用,以获得财产收益与精神满足;另一方面,对自己的形象,如果未经自己授权而遭到使用,形象权人可以起诉自己形象使用的专有权遭受侵害,有权禁止自己形象被他人非法使用。形象权作为一种绝对权,除了对形象权的专有使用外,其内容还包括对形象利益的支配,形象权属于一种支配权。由于形象具有吸引公众注意力与信赖感的属性,在商业化的条件下,这种注意力与信赖感可转化为经济利益,这使得形象不仅对形象权人自身,而且对他人乃至整个社会都具有利用的价值。"形象支配权就是权利人对这种形象利益具有的管领和支配的权利。权利人可以采用合法方式,许可、授权他人使用其形象,并获取应得的利益。"②

由于运动员形象要素构成的特殊性,在分析运动员形象时应区分好个人要素与运动员特征要素,并根据两者在运动员形象要素的商业价值中的作用进行分配。运动员形象的个人要素是指与运动员个人有关的肖像、姓名、别名、声音等形象特征,没有通过任何直接或间接方式与他所在的运动队或所从事运动项目相互联系;运动员要素是指与运动员个人有关的形象特征通过一定的方式涉及与展示他所在的运动队及从事的运动项目,形象特征主要包括姓名、别名、声音、肖像、体育动作等内容。运动员形象权存在"个人要素"和"运动员要素",这是由运动员形象权的人格特征决定的。当一个普通的自然人运动时,其肖像和动作等仅代表自己个人信息;如果该自然人运动时,他身上带有明显的身份标识如身穿特定运动服装等,那他的肖像、动作等则传达了运动员的信息。相比较"个人要素"而言,"运动员要素"能产生更大的商业价值,这主要是因为"运动员要素"传递"优胜""第一""拼搏""健康"等良好信息,适合商业利用。一般情况下,"个人要素"则没有办法传递这样的信息。对运动员形象要素商业利用所获得的物质利益,如果是其中的个人要素的商业利用,则物质利益应归其个人所有;如果是其中的运动员要素,则应根据投资主体在运动员的竞技能力培养过程中所发挥的作用来决定,从而确定在物质利益分配中所应获得的比例。

"形象权虽然保护自然人的形象利益不被他人非法侵占,但不可否认,形象权人也有可能滥用权力,形成符号垄断,阻止社会公众对形象符号的正常使用。"③形象权的属性与人们对知识产权、无形财产权的认识有密切联系,毫无疑问,知识产

---

① 宋萍.论运动员形象权和人格权保护的协调[J].山东体育学院学报,2011,27(3):9.
② 杨立新,林旭霞.论形象权的独立地位及其基本内容[J].吉林大学社会科学学报,2006,46(2):56.
③ 马波.论美国形象权限制制度[J].内蒙古大学学报(哲学社会科学版),2010,42(6):100.

权是无形财产权的一种,但需要进一步确定的是形象权与知识产权的关系。"现行知识产权定义中最为流行的是'智力成果'说,但对此理论界仍存在争议,其缺陷在于'智力成果'既不是知识产权的研究对象,也不说明知识产权的法律功能,'智力成果'仅说明的是知识产权的形成过程。"[①]作为新兴学科,知识产权研究范畴还不是很明确,随着对知识产权研究的不断深入,其概念还在不断重新被界定的过程中,因此形象的商品化权归属仍有许多不确定的因素,但总体来说,形象商品化权是一种以积极性为主、消极性为辅的综合性权能。积极权能包括形象的独占使用权、转让使用权与许可使用权三种。形象独占使用权是指对形象商品化过程的权利可以独占使用,形象的转让使用权是指在法律规定范围内可以将形象商品化权转让给他人的权利,许可使用权是指在合理使用范围内可以将形象商品化权许可他人使用的权利。形象商品化的消极权能主要是指形象的禁用权,在没有经过形象权人的转让或许可授权后,禁止擅自使用形象权人的形象的权利。与传统人格权理论中对于姓名、声音、肖像等人格要素的权利只涉及精神利益不同,形象权还包含着商业价值,这种不同于肖像权、隐私权等人身权利的无形财产权,被认为是一种新型的知识产权,加强对它的研究更加有利于运动员形象商业价值的开发与保护。

我国运动员的形象权是指我国现役运动员,主要是指在全国单项体育协会中注册的运动员,对自己形象特征可以商业使用的权利。我国曾经发生过刘翔诉《精品购物指南》报社案。[②] 在该案中,报社解释说报社刊载的刘翔形象新闻照片是按新闻照片标准,通过合法途径从一家图片公司付费购买的,而且该照片是奥委会下属官方机构摄制,不应算是侵犯刘翔的形象权。该案例提出了合法取得的照片是否就拥有合法使用形象权的问题。这个问题表现在法律上就是以作品形式存在的肖像的著作权与肖像权本身之间的冲突与协调问题。对于一件肖像作品来说,它既涉及肖像权又涉及著作权,肖像权人根据《中华人民共和国民法通则》拥有肖像权,著作权人根据《著作权法》享有著作权,如果一个主体享有这两项权利的话就不会产生矛盾与冲突,但如果两项权利分别归属于不同主体的话就会产生冲突。"肖像权人要行使其肖像制作权、使用权、维护权,著作权人要行使其人身权(署名权、发表权、修改权、保护作品完整权)和财产权(使用权和获得报酬的权利),不同主体

---

① 李诗鸿.论商品化权[J].江淮论坛,2005(6):59.
② 虽然该案例的判决中是引用肖像权与著作权来认定,但从中还是可以看出形象权与其他人格权利之间的冲突。

就同一客体行使权利,自然产生'冲突'。"①对于肖像权人与著作权人不是同一主体时,在他们各自行使合法权利时,谁有优先行使权利的机会或在行使一种权利时是否需要征求另一方权利人的同意,这其实只是两种权利在权利形式的竞合而已,并没有本质意义上的矛盾。肖像权的目的就是维护公民人格尊严及完整的精神利益,属于一种绝对的人格权,就算肖像作品的著作权人在没有得到肖像权人许可的情况下,也不能使用及处理肖像权人的肖像。著作权作为法律赋予著作权人的专有权,任何人不得随意剥夺其依法对其作品享有的权利。不同的权利主体拥有的权利也不同,两种权利应该处于平等地位,谁也无法代替谁。对于第三人在使用涉及肖像权人和著作权人的肖像作品时,应该同时征得肖像权人与著作权人的同意。在奥运传播过程中的运动员形象权是由国际奥委会与运动员签署的具有法律关系的各种合同,这种合同关系的法律形式体现为所有运动员都分别签署的符合《奥林匹克宪章》和《奥林匹克运动反兴奋剂条例》规定的所谓"报名表"。《奥林匹克宪章》第49条规则的附则对报名表的内容作了格式化的规定,报名表必须包含运动员参赛资格条件的文本和由运动员签署的声明。

就体育运动员形象权来说,它是指个体运动员或由此组成的运动队有权利享有自己形象的商业化利用,这里的形象包括运动员(队)可区别于其他民事主体人格特征的外在姓名、身体形象等,需要说明的是,体育运动员形象权主体不但包括自然人,还包括法人与其他组织。尽管形象权主要维护自然人的形象商业利益,但对于法人与其他组织的形象,法律也同样予以保护。另外,由于形象权的财产属性,随之产生的许可、转让制度等也会使得法人与其他组织可能成为形象权的主体。就体育立法与司法实践来看,体育运动员形象权的概念由欧美体育产业发达国家首先采用,虽然"image rights"被伊恩·布莱克肖用来定义体育运动员形象权,但这位英国体育法学者认为体育明星形象权绝不只限于对运动员肖像的商业利用,体育明星形象权还包括更大范围内运动员人格的商业利用。不管怎么定义体育明星形象权,体育明星形象权的内容应当是明确的。体育明星作为明确的法律主体,他拥有控制任何表明自己身份形象要素被商业使用的权利。对于形象权定义的宽泛性,在欧洲国家的运动员形象许可协议中都有明显的体现,协议中有一项"权利许可"(grant of rights)条款,允许自然人拥有将自己人格要素用作多种用途的权利。至于体育明星形象权客体,一般是指除自然人面部形象外,还包括形体特征、侧影与背影等身体形象内容,这与肖像权中的肖像不同,肖像主要指个体五

---

① 周召勇,万小丽.国家运动员肖像权的法律探析——刘翔肖像权案引起的法律思考[J].天津体育学院学报,2005,20(5):38.

官(正面或侧面外貌)再现在一定物质载体上的视觉形象,而法人与其他组织形象权的客体,则是指他们的综合社会形象。

第三节　奥运知识产权传播过程中的公共性成因

奥林匹克知识产权是伴随奥林匹克运动的壮大逐步发展起来的,它实际上是在具体奥林匹克活动中形成的系列知识产权的总和,可以被视为一种包含特殊精神权利的特殊财产权。一般来说,全人类都应该是它的享有者,但现行的《奥林匹克宪章》规定,除主办国在奥运会期间和稍后一段时间享有一定的奥林匹克知识产权外,实际上国际奥委会是它唯一的所有者。虽然传播中奥运知识产权有很多市场化手段,但作为一个公益性国际组织,国际奥委会在操作时一直秉持公共性运作模式。从公共组织的市场化发展来看,奥林匹克运动是具有明显公益性的社会运动。

一、知识产品的公共性

无论是奥运电视转播权还是运动员形象权都是奥运传播中重要的知识产品,是一种具有强烈公益性色彩的公共品。保罗·萨缪尔森是最早对私人产品与公共产品的区别作出明确说明的学者之一,他在1954年第11月号的《经济学与统计学评论》(Review of Economics and Statistics)中发表《公共支出的纯理论》(The Pure Theory of Public Expenditures),对公共物品作出了严格的定义。在随后60年代,美国正式产生了公共物品理论,公共物品理论把社会产品分成公共物品与私人物品,后来又分化介于公共物品和私人物品间的准公共物品。"根据萨缪尔森的定义,纯粹的公共物品是每个人消费这种物品不会导致别人对该物品消费的减少,即公共物品具有消费的非排他性与非竞争性的特征。"[①]早在1959年尼尔逊教授就讨论了知识产品的公共性质;1962年著名经济学家阿罗在讨论信息经济学时也对知识产品的公共属性进行了论述;美国经济学家考特和尤伦在他们的经典著作《法和经济学》中对知识产品的公共属性做了较系统而深刻的阐述,他们认为知识产品在消费中具有某种程度的非排他性、非竞争性,巨大的有益外部性、创造性、历史继承性、边际收益递增性、非消耗性等特征。到20世纪80年代,许多经济学家指出知识产品具有公共产品性质,但并不是纯免费供应产品,也不可以任意转移与传播,因此还具有私人产品的性质。知识产品具有一定的排他性;知识产品的

---

① 席恒.利益、权利与责任:公共物品供给机制研究[M].北京:中国社会科学出版社,2006:21.

消费者需要支付费用;知识产品中隐含着知识。因此,知识产品就具有公共物品和私人物品的性质。①

根据经济学理论,产品或服务可以分为私人物品或公共物品两类。萨缪尔森认为:"公共物品的数量是公共的(非对抗及非排他),而付款意愿是私人的,私人物品的价格是公共的,而数量是私人排他的。"②私人物品是指该物品的使用或消费具有个人排他性,公共物品在消费或使用上是不排他的,也就是说,一个人对某个公共物品消费并不减少或排斥他人对这一公共物品的消费。"重要的是公共性物品的自然或技术属性排斥某些人使用或消费公共性物品一般是不可能的,或者说排他的费用是高昂的,还有一种介于纯私人物品与纯公共物品之间的物品或服务叫'俱乐部产品'。"③由于公共物品具有非排他性与非竞争性两大特征,所以对公共物品的消费不可分离,也就是说,公共物品的产权难以界定,从而也就难以为市场竞争者提供产权条件。公共产品实际上就是指这样一种商品,其效用不可分割地影响到整个公众,而不管其他任何个人是否愿意消费。公共物品的产生,是因为一个社会中人们的公共利益和公共需求。有需求才会产生供给,供给与需求作为市场的两个方面,供求机制是市场经济最基本的机制。对于公共物品而言,公共物品需求的判定比较困难。有些公共物品的需求受到地方性或局部性的影响。而且由于需求的多样性与差异性,每一个个体对公共物品的需求程度怎样,无法用一个统一的标准来判定。"公共物品的供给问题源于人们的共同需要和公共利益。由于社会生活中公共利益的普遍存在,因而需要通过公共物品来满足人们的公共利益,实现公共价值。也就是说,公共物品是人类公共利益的载体。"④公共物品自身就提供了这样的可能性,公共物品的利益集团可以利用它来从事各种活动,从而获利并以此维持生存。按照供给特征,公共物品一般由公共组织集团提供,目的是满足公共需求、实现公共利益、追求公共价值。"在社会现实中,一般有掌握和管理公共物品本身、从公共物品运转过程中获益的两种利益集团。"⑤

作为上层建筑的知识产品是思想的反映。知识产品有非竞争性与非排他性,这是知识产品被经济学家当作公共产品的一大重要原因。"非竞争性是指一个使用者对知识产品的消费,并不减少它对其他使用者的供应;非排他性是指使用者不能被排斥在对该物品的消费之外。"⑥这就在形式上保证了"知识产品"可以被"共

---

① 李杨.知识产权的合理性、危机及其未来模式[M].北京:法律出版社,2003:85-90.
②③ 陈昌柏.知识产权经济学[M].北京:北京大学出版社,2003:33.32-33.
④⑤ 席恒.利益、权利与责任:公共物品供给机制研究[M].北京:中国社会科学出版社,2006:9,45.
⑥ 安丽红.知识产权与公共利益探析[J].法制与社会,2008(8):210.

同受益",同时决定了公共产品成为"公共利益"的物质表现形式。知识产权法中存在不同的"公共领域",可以说"公共领域"在有关知识产权立法中早已存在。如世界上第一部著作权法——《安娜女王法》就设定了一个"文学艺术的公共领域",其具体内容主要表现为:第一,新作品要想取得著作权的必备条件就是要创作,只有这样才能够确保出版商没有权利收回现有的作品;第二,著作权的保护有时间的限定,这样就可以对抗出版商提出永久性享有著作权的主张,以便保障在一定期限后作品可以被社会自由地利用;第三,在印刷出版与出售方面,著作权人享有一定的权利,他会受到"著作权穷竭"的约束。这种公共领域可以理解为不受知识产权保护,可以自由利用的领域。① 保护期年满后,对知识产品的利用就属于公共领域范畴。不过严格意义上讲,知识产权的公共领域仅限于受保护的知识产权中那些可以被自由使用的内容。

"公共领域"在知识产权制度中的确立是为了均衡知识产权人与在知识产品的利用与传播过程中的各利益主体间的利益关系,是实现精神财富有效与公正分配的重要表现。社会提供了授予思想以产权的三种不同的制度:"专利制度建立了发明和其他技术进步的所有权;版权制度授予作家、艺术家和作曲家以所有权;商标制度确立了有不同特征的商业标志或符号的产权。"②在《与贸易有关的知识产权协议》的总则中,对知识产权的私权与公共物品属性都进行了论述,而且在其序言中明确承认各国保护知识产权体系潜在公共政策目标,包括发展和技术方面的目标。其中,第7条规定:知识产权的保护和实施应有助于促进技术革新、技术转让和传播,有助于技术知识的创新者与使用者相互利益,有助于社会与经济福利及各种权利与义务的平衡。③ 在《世界知识产权组织表演和唱片条约》与《世界知识产权组织版权条约》等与知识产权保护有关的公约中,一个重要目的就是保证作者权利与社会公众之间的利益平衡。在这些公约的序言中,都将保护包括表演者、唱片制作者等作者权利与广大社会公众的利益,特别是公众在教育、研究和获得信息的利益之间的平衡当作一个重要目的。④

二、奥运公共文化的传播属性

体育领域一直是公共事业市场化运作的先河,现代奥运会是工业文明时代的产物,体现工业文明的文化特质,与工业社会的各种文化元素有着千丝万缕的联

---

① 冯晓青.知识产权法的利益平衡原则:法理学考察[J].南都学坛:南阳师范学院人文社会科学学报,2008,28(2):93-94.
② [美]罗伯特·考特,托马斯·尤伦.法和经济学[M].张军,等,译.上海:三联书店,1988:185.
③④ 董云.知识产权权利限制的理论与实践[J].人民论坛,2013(2):80.

系。"体育搭台,经济唱戏"是现代奥运经济的本质,以资本为主导的经济体系在当今世界经济生活中占有主导性地位,这种运用商品价值规律来支配一切市场的经济化体系,力图把包括奥运会在内的一切社会文化活动都纳入到市场体系中来,使之成为文化产品,在满足社会观赏与娱乐需要的同时,获得利润回报。文化中渗透经济与商品的要素,文化的经济化就是指文化进入市场、文化进入产业,使文化具有经济力,成为社会生产力中的一个重要组成部分。"将文化的商品属性解放出来,这就增加了文化的造血功能,使文化进入良性循环的发展机制。"① 现代商品生产中,文化因素一个显著的作用就是增加商品的文化含量与文化附加值。提高对文化、艺术的无形投入,努力借助文化为企业创造形象。如果把奥林匹克当作一个市场主体,这个全球唯一的大型综合体育赛事无疑具有良好的文化经济价值。体育运动已经不再仅仅是游戏,在商业力量的推动下,体育已经越来越成为一种产业。奥林匹克运动在媒体特别是电视媒体的操纵之下成为巨大的市场,成为全球商家眼中的蛋糕。奥运传播中所展现出来的奥林匹克文化,由于具有独特的文化内涵可以转化为商品,这种转化除了公众的需求外,还有一个重要的原因就是文化产品具有的双重价值,即经济价值与精神价值。文化产品的特点是精神产品物质化,奥林匹克产业模式的核心产品是奥运会,作为一种文化产品,奥运会除给人们带来精神消遣的社会效益外,还与其他物质产品一样能够带来巨大经济回报。不过需要说明的是,这种经济效益主要是依靠奥林匹克文化价值催生的。"奥林匹克标志的营销实际上是奥林匹克文化附加值的销售。奥林匹克产品属于精神产品,其文化的附加值是极其珍贵的。赞助商们的各种物质产品与服务会由附加了奥林匹克标志而增值。"②

奥林匹克运动的产业化就是采用经济手段,通过市场机制来运作一个公益性的体育事业,使之成为文化产业。围绕奥运传播进行的各种经济活动是以无形的文化、知识、艺术和精神服务活动为主要特征的产业。一种产品从其物的属性来看具有使用价值,从文化的角度来看其还具有满足人们精神需要的功能。从奥运满足不同人的需要来看,奥运文化资源的存在形式是以精神形态为主,以物质形态为辅,这一特点决定了奥运传播中许多文化资源的开发与利用,这不仅为了满足人们的物质生活需要,而且还以满足人们精神需要为目的。奥林匹克运动三级营销结构中的赞助商、供应商与经销商之所以愿意参加奥林匹克活动,让自己企业与奥运传播发生关系,就是知道奥林匹克文化的丰富内涵会给企业

---

① 金元浦. 文化生产力与文化经济[J]. 上海社会科学院学术季刊,2000(1):136-144.
② 任海. 论奥林匹克运动的产业化[J]. 体育与科学,2001(2):1.

带来巨大的营销空间。举世闻名的奥运品牌及这个品牌中具有的文化附加值是一般活动难以企及的。奥林匹克标志就是这个世界品牌的商标,是国际奥委会的独有标志,是区别其他品牌的一种标记,而知识产权保护首先就体现在对商标权的保护上。奥林匹克组织不是企业组织,企业以获取利润为目的;奥林匹克组织是非营利社会组织,是为了实现奥林匹克的人文价值而存在,是一个公益性社会组织。

  奥运的商业化体现了当今世界文化经济的特点,竞技运动成为全球具有巨大需求的文化产业。奥运会作为这一产业中最为重要的文化产品,它借助于一定的物质载体,以商品形式出现在世界范围的流通领域中,通过市场规律获得相应的经济价值回报。"本质上决定奥林匹克文化产品的经济价值不单是奥运会这个物质载体,更多的是奥林匹克文化中的丰富思想内涵与审美价值。当然在交换中,奥林匹克文化内容载体的'质'也很重要,也会受制于经济规律。"①奥运与经济的互动发展,不仅为奥运传播与发展开辟了丰富的财源,也为体育文化经济树立了运作的榜样。正是通过商业化的运作,奥运会才成为了当今世界最有影响力的文化活动之一。虽然有专家总结奥林匹克运动产业化的结果是由多种因素综合作用的结果,但奥运传播的产业化本质还主要源于奥林匹克运动的文化品质。这些促成奥林匹克运动产业化的因素包括:通过对奥林匹克的属性认识的突破,国际奥委会对奥运会的"职业化""市场化"改革;专业机构与人员加入国际奥委会的组织与管理;国际奥委会联系世界上200多个国家(地区)的国家奥委会,组成了全球庞大的奥林匹克营销网络,使得奥林匹克产业化运作形成得天独厚的优势;社会发展对精神文化需求的日益强烈,跨国公司全球化营销,为奥运营销提供了良好的物质条件与适宜的外部条件。在奥运传播实践中,奥林匹克运动实施的品牌战略,使得与商业无关的奥林匹克社会形象变成了商业社会中价值连城的世界品牌,成为商家不惜重金使其产品与之联姻的对象。按照文化产品的市场规律,维护与加强奥林匹克的非商业性文化价值,是奥林匹克赞助商们最需要的奥林匹克运动商业价值所在。进入市场的奥林匹克是一种特殊的文化商品,对其商业价值的开发与营销也应不同于一般的商品。国际奥委会一方面通过提高奥运会的观赏性与娱乐性不断满足大众媒体转播与报道的需要,从而直接向大众媒体出售奥运会的观赏价值与广告价值;另一方面通过奥林匹克的良好社会形象,向商家出售它特有的品牌价值。这就是传播中奥运知识产权获利的原因所在。

---

  ① 董杰.奥运会对举办城市经济的影响[D].北京:北京体育大学,2002:85-86.

三、民间公益组织自治特点

非营利组织的兴起深刻地改变了整个世界,它们在世界经济与社会生活中起着越来越重要的作用,被誉为 20 世纪最伟大的社会创新。国际奥委会的产生有着深厚的社会基础。美国西北大学经济学家韦斯布罗德(Weisbrod)教授在对慈善、表演艺术、医疗保健和教育等行业进行观察与分析的基础上,发现了几乎每一个非营利性行业所提供的产品都具有一定的公共性,而这一点在以捐赠为主要资金来源的非营利组织中表现得尤为突出。"Weisbrod 教授认为非营利组织的存在是混合经济体系对政府在提供公共产品方面某些缺陷的一种反应,也即非营利组织在该体系中充任着弥补和矫正政府失灵的角色。"[1]根据社会学原理,各种社会组织组成了公民社会的基本结构,而作为社会组织基本特征的社会资本,是政治民主与经济繁荣的重要基础。从世界各国社会发展历程来看,现代化与城市化的一个重要标志就是现代组织的出现。"人们从传统封建束缚中解脱,个体更为彻底地摆脱包括阶级、组织等在内的工业社会中的各种束缚,以更为轻盈的身体再嵌入新的社会关系之中。"[2]随着经济发展日益壮大,包括事业组织、公益组织与慈善机构在内的各种志愿组织将在社会中普遍存在,它们为社会提供免费或收费的公益服务,社会成员愿意消费(购买)他们提供的公益服务。因此,各类志愿组织的运行机制是一种志愿性公益机制。如果把代议制政府和官僚政治当作 18 世纪、19 世纪最伟大的社会发明,那么就可以说,因有组织的私人自愿性活动而形成的大量的公民社会组织代表了 20 世纪最伟大的社会创新。[3]

自 20 世纪 70 年代末以来,"新公共管理"国际思潮迅速兴起,社会公共组织的管理模式发生了重大转变,逐渐向更灵活的以市场为基础的企业管理形式转变,强调商业管理理论、方法、技术及模式在公共管理中的作用。科斯定理认为,在交易成本大于零的现实世界,不同的产权初始界定会带来资源配置的效率不同,权利的重新界定也会带来对经济效率的影响。因此,产权的初始界定会对经济效率产生影响。产权的界定操作主要包括产权结构与权利束价值(价格)等,缩小未明确界定的产权操作主要包括产权结构、权利束价值(价格)等,缩小未明确界定、处于模糊状态下的产权集合(即"公共领域"),可以增加能够用于市场交换的产权集合。

---

[1] 郭磊,陈立齐.非营利组织的经济理论:演进与评述[J].经济学动态,2012(6):147.
[2] 谢静.公益传播中的共意动员与联盟构建——民间组织的合作领域生产[J].开放时代,2012(12):115.
[3] 张玉磊.困境与治理:非营利组织的市场化运作研究[J].中国农业大学学报(社会科学版),2008,25(4):170.

通过细分产权可以重构产权集合,形成更为优化的产权结构,产权主体将获得比之前更有效的资源配置,收益也会递增。"奥林匹克的产权也包含着若干权利束,将权利束面向需求者细分,重新界定产权,每项权利都具有相应的价值,将其出售给特定需求者,可以实现每项权利的价值,并且在需求者之间引入竞争机制,每项权利的价值将实现最大化。"①体育知识产权的核心资源体现在竞技体育领域,其知识产权主体可以分为原始取得主体、转让和继得主体。体育知识产权是一种权力型为主的知识产权。

罗森堡以美国为案例,把美国独立战争之后非营利组织事业的演进过程分成四个阶段,相应地把非营利组织筹资的模式分为四种,即 20 世纪初期之前的民主互助模式、工业革命阶段的慈善赞助模式、经济萧条阶段的人民权利模式以及当代市场竞争阶段的商业经营模式。如果说在民主互助模式、慈善赞助模式、人民权利模式三个阶段,通过富人捐赠、政府资助、私人互助等方式,非营利组织还可以筹集到维持运转的资金的话,那到了激烈的市场竞争环境中,要想维持自身生存与发展,非营利组织就必须改变传统的资助模式,通过自筹资金的方式来解决资金自给不足的问题。自 20 世纪 80 年代以来西方政府改革浪潮不断推进,政府在财政支持方面的减少,民间个体从社会中获得的捐赠下降,非营利组织发展导致的竞争加剧,市场经济环境中企业化经营管理模式的推崇,面对这种社会环境的深刻变化,非营利组织必须对资源日益稀缺的现实作出回应以便缓解组织运行效应的压力。社会条件与现实需求,决定了非营利组织必须进行市场化与商业化运作。为了保障自身的生存与发展,他们必须改变传统的运作机制,调整发展策略,借助市场化机制开辟财源,与企业、政府及其他非营利组织进行竞争。

"1894 年 6 月 23 日,国际奥委会在法国巴黎正式成立,成立的背景是在 19 世纪资产阶级改革的初期,竞技活动在世界范围内广泛传播,国际体育交往迅速扩大,迫切需要建立国际综合性的体育组织。"②各个国家(地区)奥委会,他们负责管理在自己国家和地区的奥林匹克运动,并派本国和地区的代表队参加奥运会;各大运动项目单项联合会负责管理奥运会上各项目比赛的技术层面事务。在奥运传播过程中,国际奥委会的作用至关重要。国际奥委会是奥林匹克文化在全世界范围内传播的推动者,又是奥林匹克运动的最高权力机构,还是奥运会组织者和相关权

---

① 黄志平.奥林匹克运动会市场开发模式研究——第三方付费营销战略视角[J].生产力研究,2011(1):108.
② 陈彬,胡峰.论奥林匹克知识产权保护的法律依据——国际法和国内法的双重视角[M]//中国法学会体育法学研究会.追寻法治的精神——中国法学会体育法学研究会 2005—2010.北京:人民体育出版社,2011:260.

益的所有者。作为一个行为主体,国际奥委会继承和发扬奥林匹克文化,对奥林匹克文化的完善和发展起着主导作用。因此,要研究奥林匹克传播及其知识产权特征,对国际奥委会的组织行为进行研究自然就是一项重要的内容。作为总部设在瑞士的非政府间国际组织,奥林匹克组织被视为全球最大的非政府组织(NGO)之一,它以协会的形式得到瑞士联邦议会承认,是一个具有法人地位的非营利性、无限期的国际性组织。经过一百多年的发展,国际奥委会在国际社会生活中的作用逐步上升,其影响力早已超过了绝大多数政府间国际组织。截至2014年12月,国际奥委会共拥有205个成员国(地区),即便如此,国际奥委会仍然不具备国际法主体地位,它更多的是在《奥林匹克宪章》的法律框架内自治。作为非政府间国际组织,国际奥委会的主要任务是与国家(地区)进行合作。

在由奥运传播的官方机构、奥运赞助商以及非奥运赞助商与运动员、民众组织组成的三方利益结构中,奥运官方机构由国际奥委会、奥组委、各国家(地区)奥委会、国际(家)单项体育联合会四大组织组成。"从传统的组织理论来看,成员构成越是异质、分散,互动和有效关系维持就越困难,成本越高。但是,在社会运动中由异质群体构成的大型网络,由于存在多个同质群体作为次级网络,大大提高了网络的关系密度。"[①]作为领导奥林匹克运动的最高管理机构,国际奥委会永久性享有奥林匹克知识产权。奥组委由主办国国家奥委会成立,它是临时机构,专门负责奥运赛会期间的组织与管理工作,具有法人地位,享有法律权利,也必须承担相应的法律义务。作为奥林匹克运动各种活动的直接承担者,国家(地区)奥委会是该国家(地区)唯一合法的奥林匹克运动组织者,领导奥林匹克运动在该国家(地区)的开展。在与奥运相关的商品和技术方面,作为奥运组织体系中的官方机构与利益主体的国际(家)单项体育联合会协会,有权进行开发并获得相应的知识产权,但他们没有权利用奥林匹克五环图案标志、奥林匹克徽记等,没有权利开发"奥林匹克"相关词汇标识。

从奥林匹克运动的发展与管理的历史来看,国际奥委会是依靠非政府间的协议创立,是通过个体与民间体育组织协议建立的非营利性国际机构,它的目的是促进国际体育运动交流与发展,属于国际上非政府间国际组织范畴。"'非政府性'是国际奥委会区别于公共领域中政府的一个根本属性,它是独立自主的自治性组织,不是政府的下属机构。它是基于某种共同需要而组成的民间的社会组织,不可能

---

① 谢静.公益传播中的共意动员与联盟构建——民间组织的合作领域生产[J].开放时代,2012(12):125.

行使政府的权力。"①对于一个组织是否属于非政府间的国际组织,要有一些特定的判定依据,个人或个人团体是该组织建立的主体,该组织在国家间应保持相对独立性、遵循法律,该组织的目标是追求公共利益而不是私人利益,该组织的活动范围是跨越国界的国际行为、拥有自己的组织机构等。非政府间国际组织大都是由各国民间团队、联盟与个人通过国际合作方式建立起来,属于非官方的国际联合体,主要目的是促进政治、经济、科学技术、宗教、文化、人道主义与其他人类活动的相关领域的合作与交流。因此,非政府间的国际组织往往由各国自然人或法人,根据国内法的规定自愿成立或者加入,属民间性质。国际奥委会在政治、经济上的构成是国际性的,独立于各国政府;同时活动范围是跨国的,设有总部与常设机构,享有总部所在国的法人资格。它是非营利社会组织,自主经营,以服务于国际社会的公共利益为宗旨。不过,国际奥委会作为非政府间国际组织的特殊之处在于,从1984年的洛杉矶奥运会之后,它已经转变成一个营利的非政府间国际组织。国际奥委会通过六个主要市场开发计划获得收入,分国际奥委会与奥组委两个层面进行管理。国际奥委会管理电视转播权、奥林匹克全球合作伙伴计划(TOP 计划)、国际奥委会官方供应商以及特许计划,奥组委在国际奥委会的指导下管理国内赞助、票务、国内特许计划。国内赞助通常由奥林匹克运动会合作伙伴、赞助商与供应商组成;国内特许计划则由奥林匹克运动会标志特许商品计划、纪念币计划与纪念邮票计划三项内容组成。②

四、不以营利为目标的市场经营原则

1981 年国际奥委会取得法人资格,结束了国际奥委会长达 87 年的法律真空状态,奥运会向职业运动员开放,走出业余主义的禁区,加入文化市场竞争,开发出独特而有效的奥林匹克营销模式;通过品牌营销与出售电视版权,在激烈的全球市场竞争中站稳脚跟;以国际奥委会为核心形成了覆盖五大洲的全球体育网络,奥林匹克运动成为世界上的偶像组织。国际奥委会这样一个民间公益组织,与商业社会艰难相处并最终倾情拥抱,以自己的方式保留尊严与特征,在自己的核心价值上绝不妥协。"在这个过程中,为体育产业营销奠定了许多最基本的规则,这其中所体现的平衡运作堪称杰出。"③虽然国际奥委会已经建立起全球同行业里等级最高、当今世界上最有力的 TOP 计划,使得奥林匹克面貌呈现一片光明,但在奥林匹

---

① 陈南华.寻找非营利组织存在的理论根据[J].福建论坛(人文社会科学版),2005(10):122.
② 黄志平.奥林匹克运动会市场开发模式研究——第三方付费营销战略视角[J].生产力研究,2011(1):107.
③ [英]麦克尔·佩恩.奥林匹克大逆转[M].郭先春,译.北京:中信出版社,2008:XIV.

克运动的思想与宗旨上,奥林匹克依然是一项公益性的社会运动。多年以来,国际奥委会一直奉行《奥林匹克宪章》的宗旨,采用非商业化的运作模式,但20世纪80年代以来,在席卷全球的经济化浪潮中,奥林匹克运动根据社会环境的变化,将世界各国(地区)密切地联系在一起,第一次赋予地球村落以实际意义。

"非营利性是国际奥委会区别于市场经济中以利润为目的的企业的一个根本特征。以实现一定范围内的公共利益为目的,即便经营过程有了剩余,其剩余也不得在组织成员之间进行分配,只能用于NPO自身的发展。"[1]虽然有学者认为公益性的公共组织不能拥有自己的营销管理,他们认为作为非营利组织就不存在市场、营销、价格等方面的问题,不能给公众以经商与牟利的印象,但随着近年来市场化的改革与发展,不少公共组织的领导人逐渐意识到如果想公共组织在不断变化与充满竞争的现实中立于不败之地,营销管理是必不可少的手段。"营销管理是公共组织管理的核心环节之一,只有建立起面向需求、面向受益者、面向市场的健全的营销体制,实施积极创新的策略性营销管理,并在公共组织和管理的全过程中坚持营销导向,公共组织才能在不断变化和充满竞争的现实中立于不败之地。"[2]在《非营利组织管理》一书中,赫兹琳杰也对非营利组织的商业化经营进行了阐述,她认为:"在注重商业利益的市场环境中,非营利组织的经营性行为会很容易被民众接受。通过市场化的手段,非营利组织可以寻找到提供社会产品与服务的新方式,这样就不会让受益者产生过度依赖心理。同时,通过市场化行为,非营利组织可以寻找解决维护组织可持续发展的钥匙。"[3]此外,非营利组织可利用的资金来源正在向更商业化的海外关系倾斜,竞争对手也会促使非营利组织考虑将商业性融资作为以前传统资金来源的替代品,这也是非营利组织进行市场化经营的重要原因。

在一定程度上说,非营利性只是用来界定非营利组织的性质,强调这类组织的运作经营不是以谋取利润为主要目的,但这并不表示对该类组织开展任何经营活动进行限制。因此,非营利组织并不是不可以经营公益资产和追逐利润,而是不能只为了经营利润而任意消费资产。现实中人们经常认为既然非营利组织不以营利为目的,就不能开展经营性活动,但公益产权理论消除了这种误解。在市场经济中,与企业一样,非营利组织也可以被认定是一个经营主体,只不过它的经营对象是一定形式的公益资产,而不是个人私有财产而已。非营利组织接受社会的委托运作、管理与分配一定的公益资产,不仅要确保公益资产不至流失,还要最大限度

---

[1] 陈南华.寻找非营利组织存在的理论根据[J].福建论坛(人文社会科学版),2005(10):122.
[2] 任海.论国际奥委会的改革[J].体育科学,2008,28(7):22.
[3] [美]里贾纳·E.赫兹琳杰.非营利组织管理[M].北京:中国人民大学出版社,2000:133-136.

地提高公益资产运作、管理与分配的效率。当然,保值增值公益资产的方式有多种,但市场化运作与经营肯定是其中最为主要的方式之一。效率框架与西方国家非营利组织的市场化趋势相一致,反映了非营利组织的矛盾本质。一个国家与市场竞争的场所是公共和私人利益交汇的空间,是个人与社会力量交织的领域。所以,非营利组织既要像市场那样运作,因为它是私人和独立的,又要像政府那样运作,因为它必须服务于公共利益。① 非营利组织的具体含义表现为:一是组织目的不是为了营利。非营利组织是为了实现某种公益或一定范围内的公益,其宗旨并不是为了获取利润,而是谋求自身组织的发展壮大。二是禁止分配原则。虽然非营利组织可以通过一定形式来开展经营性业务活动,从而获得收入或者利润,但这些收入不能作为利润在成员之间进行分配。三是非营利组织资产不准转变为私人财产。任何非营利组织都需要妥善管理与合理经营好公益性资产,尽量提高它的使用效率,从而很好地履行公益性组织的宗旨承诺和公共责任。非营利组织只要在公益宗旨与资产、利润非分配性的原则前提下一样可以进行市场化运作。"如果说'志愿失灵'理论说明非营利组织进行市场化运作具有必要性的话,那么公益产权理论就为非营利组织进行市场化运作提供了理论上的可行性。"②

与市场中的营利组织不一样,非营利组织不以营利为目的,他们是以开展各种志愿性的公益或互益活动为主要内容的非政府组织。美国约翰·霍普金斯大学研究非营利组织的权威萨拉蒙(Salamon)教授从五个方面概括了非营利组织的基本属性:非营利性、非政府性、组织性、志愿性和自治性。虽然国际性非政府组织是由个人与团队成立的民间组织,其主要目的是协调各国的同类型组织间的活动,不能行使国家权力,但由于它代表了不同方面的利益,并有其自身的组织机构,因此往往成为国际组织的对话伙伴,对国际关系会产生重要的影响。联合国经济及社会理事会1290决议,给国际非政府组织的定义是,一个国际非政府组织必须具有代表性并被承认有国际地位,它代表一个覆盖世界上不同地区、相当数量国家的特殊领域中的大多数人,并表达他们的主要观点。在瑞士法律法规中并没有专门就非政府组织制定严格规定,只是《瑞士民法典》第52条第1、第2款中对团体组织以及有特殊目的的独立机构的性质、法律地位进行了规定。团体组织经商事登记后,即可取得法人资格,如公法上的团体组织与机构,不是经济目的的社团、宗教财团、家庭财团不需要上述登记也可取得法人资格。根据以上的规定,国际奥委会只是一

---

① 谢静.公益传播中的共意动员与联盟构建——民间组织的合作领域生产[J].开放时代,2012(12):121.
② 张玉磊.困境与治理:非营利组织的市场化运作研究[J].中国农业大学学报(社会科学版),2008,25(4):172.

个非政府和非营利性的国际性组织,属于上述规定中的公法上团体,因此不需再进行专门的商事登记就自然可获取法人的资格。但由于国际奥委会的特殊地位及重大影响,瑞士联邦议会(Swiss Federal Council)于1981年9月17日专门作出决议,特别确认了国际奥委会的法人地位。从国际法主体的概念及发展轨迹来说,国家虽然是国际法的主要主体,却不是唯一的主体。不属于国家性质的团体,如果它享有国际法上的某些直接权利、权力及义务,在一定程度上这些团体也可以被看成是具有国际人格的国际法主体。从构成要件来看,要想获得国际法主体资格就必须能够独立参与国际关系,在国际法上直接享受权利与承担义务,并且能够独立进行国际求偿能力。"由此可见,具有国际法主体资格要有三个条件:一是独立参加国际关系;二是能直接承受国际地位上的权利和义务;三是有独立进行国际求偿的能力。"[1]

根据公共经济学的理论,采用免费供给公共服务并不是最好的方式,因为这样会导致对公共服务的过度消费。"提供市场手段,并克服政府提供公共产品必然带来的弊端,这是科斯经济学的典型应用。"[2]因为非营利组织主要提供"准公共产品",而这种产品具有不完全的竞争性与排他性,所以它可以按照受益原则向受益者收取一定的费用,以此补偿部分生产的成本。非营利组织通过对其公益服务收费,既可以扩大经费来源,还可以减少在享受服务过程中公众极易选择的"搭便车"行为,减少公共资源的浪费现象,提升公益资源的配置率。尽管对非营利组织能否从事经营活动创造收入这一问题还存在争议,但非营利组织只要其收益用于公益的目的,而不是将其收益分配给其成员,它就可以从事一定程度的收益事业或附带营利性事业。在承认非营利组织可以从事一定的营利活动的同时,应明确其所必须遵守的"禁止分配原则"。这个原则是确保非营利组织"非营利性"的重要阀门,它要求非营利组织的剩余利润不在分配之列,所有的剩余收益都必须留在非营利组织内部,用于支持组织从事其章程所规定的业务。[3]

---

[1] 卢兆民,董天义.国际奥委会的法律属性[J].体育文化导刊,2008(2):51.
[2] 文礼朋.TRIPs体制与中国的技术追赶——知识产权经济学的再探讨[M].北京:社会科学文献出版社,2010:1.
[3] 金锦萍.寻求特权还是平等:非营利组织财产权利的法律保障[J].中国非营利评论,2008(1):4.

第三章
奥运知识产权传播过程中的垄断性

垄断是指特定主体通过内部积累或外部扩张,在经济活动中采用经济或非经济手段,凭借其雄厚的经济实力对特定市场实行排他性控制的行为,限制与阻碍了其竞争对手的状态,这实质上是一种限制竞争的市场状态。因创造、创作与创新产生的知识产权,最早其实是一种与王权相关联的特权。从1474年威尼斯共和国制定世界第一部专利法、1709年英国制定第一部版权法《安娜女王法》、1857年法国制定第一部商标权法为标志,一些发展较快的国家便陆续实行了以保护知识产权为主要内容的知识产权制度。① 作为人类社会特别是科技经济发展到一定阶段的产物,知识产权制度是保护人类智力成果的重要制度,在建立市场经济秩序过程中具有重要意义。只有社会发展到一定阶段,智力成果在人们生产与生活中有广泛需要,并较多地参与流通与交换时,其商品属性与财产性质才逐步为人们和社会所承认,形成了无形财产的概念,进而涉及其保护问题,其中得到法律确认与保护的这一部分无形财产就是知识产权,相应的法律保护制度就是知识产权制度。②

按照社会组织理论,在组织中享有"绝对权威"的人一般是那些掌握经济资源的人,他决定着资源的使用和分配,由此也许会产生导致组织内部决策过程非民主化与非透明化的"专断"现象。"社会组织没有像政府一样的官僚层级制,也没有像企业一样明确性的利益诉求,特别是缺乏自身监督和问责机制,容易出现组织管理和监督不善。"③虽然顾拜旦在现代奥林匹克运动创建之初就为奥林匹克运动设定了"非职业、非政治、非商业"的三"非"原则,但这三"非"原则随着奥林匹克运动的发展已经失去了原来的意义。1972年慕尼黑奥运会上,东欧职业运动员叱咤赛场,宣告奥运会"非职业"原则被打破;1980年莫斯科奥运会前苏联入侵阿富汗,本

---

①② 崔民海,张莉,马玉敏.知识产权的演进[J].科技信息.1995(9):27.
③ 唐德龙,高阳,首一苇."志愿失灵"与社会组织管理体制改革[J].中国民政,2013(10):27.

届奥运会遭到许多国家抵制,这让奥运会"非政治"原则遭到极大挑战;虽然20世纪70年代奥运会依旧扼守"非商业化"原则,但由于比赛项目不断增多、组织规模越来越大、场面越来越奢华,对技术、服务、安全等因素要求越来越高,承办城市承受着越来越沉重的经济负担。1984年洛杉矶奥运,尤伯罗斯利用商业手段让处在危机中的奥运会再次焕发活力,随后利用商业手段寻求发展,成为奥运会主办者的一个重要思路,奥运传播"非商业化"得到国际奥委会的修正。

由于知识作为资源的核心组成部分在经济生活中发挥重要的作用,知识的权力正在代替财富的权力成为主宰世界的力量。知识产权的垄断性是指知识产权是一种垄断权、专有权与独占权。本质上说,知识产权是国家公权力赋予的一种合法垄断的权利,给予知识产品以私有的垄断性产权避免了知识的"公共地悲剧"与"搭便车"行为。"当某一法律主体依据一定的智力成果获得知识产权这一权利后,其他法律主体在同一法律效力范围内,不可能再就相同甚至类似的智力成果获得相同权利,其实质基本上是指竞争者为阻止其对手销售自己的产品或商品,而拥有的垄断顾客的一种权利。"[1]知识产权的垄断表现形式可概括为以下四类:一是知识产权垄断中的标准限制;二是知识产权垄断中的联合限制;三是知识产权垄断中的拒绝交易;四是知识产权垄断中的许可限制。[2] 知识产权作为一项知识产权人所专有的垄断性权利,它使得社会中某些群体或者组织可以凭借其垄断地位获取超额利润,而其他群体或组织却不拥有获取这一财富的特定权利。因而知识产权也被看作是权利、财富与信誉的象征。

第一节 奥运知识产权传播过程中的垄断性表现

现代奥运传播以文化垄断为核心,形成传播与生产重要主体,并以其为支点进行垄断延伸。与经济寡头的垄断相比,奥运传播凭借雄厚的财力支持与先进技术,创造了世界公认的文化意识、价值观念,吸引着全球关注,并有目的地呈现一场被不同国家视为政治博弈的游戏,特有的文化壁垒成为奥运会垄断形成的核心要素,垄断更加明显。[3] 相比于一系列传统国际知识产权公约,奥运知识产权有其特殊性。因此,对奥运知识产权的垄断性研究有利于对奥运知识产权传播过程进行分析。

---

[1] [日]富田彻男. 市场竞争中的知识产权[M]. 廖正衡,等,译. 北京:商务印书馆,2000:12.
[2] 吕明瑜. 知识产权垄断呼唤反垄断法制度创新——知识经济视角下的分析[J]. 中国法学,2009(4):22.
[3] 崔志雷,郭龙飞. 现代奥运会"寡头"垄断现状和发展态势探究[J]. 体育研究与教育,2012,27(5):12.

一、奥运传播的自然垄断

在社会经济领域,垄断的产生是一个很复杂的问题,经济学家一般把垄断的成因归结为以下三个方面:第一,一个厂商由政府赋予它某种市场特权而成为垄断者;第二,厂商因具有生产某种所必需的技术或生产某种特殊物品的唯一权利而成为垄断者;第三,由于自然因素或产业本身特点而形成的自然垄断。① 一般来说,现代社会的垄断是指资本主义社会中的一种凯斯经济现象,但垄断并不只是资本主义社会所独有的经济现象。垄断是指生产高度集中于一些生产者,包括所有价格严重偏离边际成本的情况,也表现为寡头市场。"垄断是市场竞争与生产集中到一定程度的必然结果,作为一种经济组织或者经济现象,垄断有双重作用。一方面它有利于实现规模效益促进生产力发展;另一方面它又能削弱与排斥竞争,使市场失去活力。"②垄断的意义在于市场主体的少数甚至唯一,对供给进而对价格实现控制,竞争则呈现相反的情形。垄断是作为竞争的对立面而存在的,表现为对竞争的限制或阻碍。垄断没有实现帕累托最优,也就没有实现社会福利水平最大化。垄断不仅表现为实质性的限制竞争状态(垄断状态),而且更多或完全地表现为实质性的限制竞争行为(垄断行为)。垄断不仅可以是单个企业行为,也可以是两个及以上企业间的联合与默契行为。垄断可以是企业或其他市场经营主体通过经济手段,追求或滥用垄断地位行为的经济性垄断;也可以是非市场经营主体通过非经济手段(超经济手段)从事垄断行为的行政性垄断。③ 现在,奥运传播沿着市场化和商业化的发展思路,在恪守公共性目标的基础上,不断应用奥运知识产权保护获得的巨大收益推动奥运全球化传播,奥运知识产权传播也呈现出由公共性到垄断性的变迁,这种变化从奥运电视转播权的归属变化也可以看得出来,这种变迁过程其实体现了奥运传播的自然垄断属性。

奥运电视转播的发展很好地体现了奥运知识产权从公开性到垄断性的发展轨迹。人类在20世纪20年代发明了电视,在奥运电视转播的萌芽阶段的1930年代至1940年代,电视转播技术开始在体育界应用,1948年BBC为拍摄伦敦奥运会而付费。1950年代至1960年代是奥运电视转播权争议和犹豫阶段,由于国际奥委会固执地坚守非商业性的奥林匹克理想,这导致1950年代的国际奥委会、奥组委的财政难以为继、几近破产。虽然出售电视转播权可能会成为解决国际奥委会财

---

① [美]保罗·A.萨缪尔森.萨缪尔森词典[M].陈迅,白园良,译.北京:京华出版社,2001:248.
② 李冬梅.知识产权的垄断与反垄断思考[J].大连海事大学学报(社会科学版),2003,2(3):15.
③ 王先林.知识产权与反垄断法——知识产权滥用的反垄断问题研究[M].北京:法律出版社,2001:60.

政问题的良策,但当时国际奥委会对赛事电视转播权营销的态度仍然犹豫不决,不愿意打破原有奥运赛事电视免费转播的现状,这使得刚萌芽的世界体育赛事电视转播权市场无法得到更大的发展。① 在奥运电视转播的初步探索阶段的1970年代至1980年代,由于时任国际奥委会主席基拉宁的大力倡导,从1972年慕尼黑奥运会开始,国际奥委会进一步明确了电视转播权的商业价值,积极主动参与电视转播营销谈判与费用分成。1984年洛杉矶奥组委开创的奥运会商业经营模式,使得该届奥运会的电视转播权销售收入达到了3.6亿美元,呈现几何级数增长。随后,从1988年汉城奥运会开始,国际奥委会逐步掌握电视转播权销售的主动权,奥运电视转播权垄断进一步加强。20世纪90年代以后,奥运电视转播权迎来了大发展的繁荣阶段,从1992年以后,国际奥委会进一步明确转播权的权利归属。国际奥委会取消了奥组委在电视转播权谈判问题上的部分权力,使奥运会承办权与电视转播权销售相分离,在电视转播权销售谈判与收入分配中,国际奥委会逐步掌握了更大自主权。在1995年10月的国际奥委会执委会上,确定了奥运电视转播权的分成比例:赛事组委会为49%、国际奥委会为51%。奥运电视转播从免费到高额的交易,实现了奥运电视转播权从公共性到垄断性的变迁。

1958年,国际奥委会在《奥林匹克宪章》中第一次明确提出了电视转播权问题,对奥运赛事作为"新闻"与"娱乐"的区别进行了界定,规定了奥运赛事电视转播权利所属。其中第49条明确规定作为娱乐产品,奥运赛事的现场直播权利必须获得国际奥委会的许可,经由组委会出售,按既定的方案对所获得的利润进行分配;在电视或电影等播放奥运新闻时,新闻类节目在24小时之内可以插播相关内容不能超过3次,每次插播内容不能超过3分钟,每次之间至少要相隔4小时,这样国际奥委会可以从出让包括电视转播权在内的一些权利来获得推动奥林匹克运动的经费。国际奥委会通过对电视转播权有关条款的修改,确立了国际奥委会作为转播权营销主体的地位,也体现了奥运知识产权垄断性变迁的过程。国际奥委会从1958年开始制定电视转播权的相关条款,每隔不久就会对电视转播权经营与收益分成比例等内容进行修改与调整,国际奥委会通过立法,逐步确立和保护国际奥委会在奥运电视转播权中的主体营销地位。对于奥运知识产权的开发与利用,《奥林匹克宪章》规定,包括利用奥运会从事商业经营在内的一切权利,都无条件地归属国际奥委会,该规定为高额电视转播费奠定了基础。这样一来,国际奥委会成了奥运电视转播权的真正销售主体,意味着国际奥委会在电视转播权销售与管理方面

---

① 马骁.奥运会电视转播权及网络转播权的法律分析[J].电子知识产权,2003(4):48-51.

的垄断地位建立了起来,也标志着国际体育赛事电视转播权销售进入到快速发展的繁荣阶段,充分体现了奥运知识产权由公共性向垄断性的转变。

二、传播权力的强制性

基于奥林匹克运动发展的需要而产生的奥运权力,在现代奥林匹克运动生存与发展过程中,一直发挥着积极的主导作用。在垄断资本的作用下,被商品化的文化发挥着重要作用,"奥运权力的有效运行保障了奥林匹克大家庭全体成员的平等地位与民主权利,协调和处理了奥林匹克运动过程中出现的或可能出现的争端和纠纷,使奥林匹克运动由大变小、由弱变强,成为举世瞩目的人类文化活动之一"[①]。所谓权力一般包含政治上的强制力量与职责范围内的支配力量,也可以从公共权力与私人权力两个角度理解,在公共与私人的权力中,人们更多地关注公共权力。公共权力是指在公共管理过程中,政府或其他公共组织用来维护社会秩序、增进社会利益、处理公共事务的影响力。现代奥运的公共权力主要是指奥林匹克运动运行与管理过程中,由国际奥委会行使并掌管用来处理奥林匹克运动公共事务,协调不同主体间利益的支配性力量,它能够用来维护公共秩序,增进公共利益。奥运公共权力属于以非政治组织形式出现的一种机构性权力。作为国际奥委会管理奥林匹克运动的必须手段,尽管奥运权力本质上是一种非政府的机构性权力,但同其他公共权力一样,它来自公众的权力让渡。可以说体育社会成员的授权才形成了奥运权力,体育社会成员将自己部分权力通过各种方式让渡给国际奥委会,让国际奥委会代为行使这种权力,从而使得奥运权力成为一种社会公权力。它具有与其他公共权力类似的特征与作用。

从权力运行的角度看,奥运权力不仅是保障奥林匹克运动得以有序发展的必要条件,也是奥林匹克运动自然发展的必然结果。奥运权力与其他权力一样,强制性是其天然属性。奥运权力的强制性表现在作用范围上的普遍性,作用方式上的排他性以及作用时间结构上的连续性与传承性等方面。虽然与政府、个人权力组织制定的规则章程或形成的某项决议、决定相比,奥运权力在特定时期与范围内至高无上,任何个人权力在奥林匹克运动范围内都必须服从奥运公权力。不过,奥运权力的连续性与传承性又使得奥运权力的社会化步履维艰。"这种权力一旦形成就获得独立性,并按自身的规律运行并凌驾于体育社会大众之上,与体育社会大众

---

① 李宏斌.驾驭奥运权力"烈马"——现代奥运权力异化及其消解[J].天津体育学院学报,2012,27(2):103.

相分离。这就使得奥运权力与体育社会大众之间势必存在一种作用与反作用的关系。"①奥运权力的强制性决定了权力掌握者存在权力扩张与聚敛的可能,这种可能在空间结构上表现为打破原有(实有)权力界限与范围。从历史进程来看,国际奥委会毫无争议地使用奥运权力,这取决于以下一些保障。

国际奥委会在《奥林匹克宪章》中规定:无论是使用现存或将来出现的任何方式、手段或机制,奥运会是国际奥委会的专有财产,与其相关的所有权利和数据归国际奥委会所有,特别包括但不限于比赛的组织、开发、转播、录制、重放、复制、获取或散发的全部权利。同时,还进一步指出国际奥委会是奥运会"电视权"的所有者,并且负责在全世界范围内分配这一权利,而且把这一权利根源写进《奥林匹克宪章》。尽管有学者对国际奥委会作为非政府组织制定强制性的规定提出质疑,并认为这些规定在法律上并没有多大的效力,但由于国际奥委会及其所组织的奥运会具有不可撼动的垄断地位与影响力,这些"规定"几乎在整个国际市场中都被予以承认。显然,国际奥委会不是一个国家间组织,所谓的"宪章"既不是法律也不是国际条约,没有法律效力,但在对自己组织的比赛进行商业开发的时候,其他体育运动组织也以国际奥委会为榜样。国际奥委会在奥运会的组织与商业开发中,能够贯彻自己意志的重要原因是通过与奥运会主办城市的合作,这种合作主要是通过《奥林匹克运动会主办城市合同》加以保障,但毫无疑问,最终还要依靠主办国内法来解决。②

三、外部性的垄断运行

自20世纪中叶开始,现代社会进入到一个消费时代。与生产相比,消费的重要性不断显现,它不仅对经济领域产生了重大影响,同时也给人类带来了不同的文化体验。麦克卢汉、德波、贝尔、哈贝马斯等社会学者用"媒介时代""消费社会""景观社会""后工业社会""后现代社会"等称谓来说明当代社会特征与变革。消费社会的一大核心就是消费欲望的制造,大众传媒是社会欲望制造的主要手段。不管是消费社会的形成与发展,还是消费文化的传播,大众传媒始终与之紧密相连。大众传媒就像一台制造欲望的机器,制造、复制、批发、诱导、催生各种不同欲望,引导不同的欲望消费。在对体育消费欲望的生产与消费中,广告商利用不同的体育主题,通过最为有效的大众媒体,不断地激发公众对体育的消费欲望。公众对体育消

---

① 李宏斌.驾驭奥运权力"烈马"——现代奥运权力异化及其消解[J].天津体育学院学报,2012,27(2):104.
② 徐康平.试论体育比赛的知识产权化——从电视转播权交易谈起[J].北京工商大学学报(社会科学版),2008,23(4):110-111.

费的欲望不断增强是体育得到大众媒体普遍关注的最为重要的原因。在西方的霸权语境中，媒体的高度垄断是其基础，借用经济学中有关寡头的理论，在对美国媒体文化进行长达40多年的研究后，美国社会学家戴安娜·克兰提出了文化产业的寡头垄断模式。世界的全球化与一体化，带来了资本与信息的自由流动，文化信息通过先进的传媒工具与技术手段，在世界各地得以迅速传播，传统意义上的文化传承空间被不断打破，以往基于血缘、地缘与业缘关系的人际交流传播手段难以为继。在欲望扩张与垄断控制中实现自身传播发展的奥林匹克运动，其实就是垄断文化消费的一个缩影。

从奥运传播的媒介特点看，奥运竞技表演的供给内容主要不是技艺本身，而是凭借这种技艺所形成的奥运社会外部性。奥运赛事强大的社会渗透力决定了奥运竞技表演有很强的社会外部性。奥运竞技表演的外部性特点使得体育产业与其他产业形成了一种特殊的承载关系，并产生新的供给与需求关系，从而使得奥运自身也成了一种传播载体。阿尔弗雷德·马歇尔（Alfred Marshall）在其1890年出版的《经济学原理》一书中第一次提出外部性问题，后来经英国经济学家A.C.皮古（A.C.Pigau）等学者发展与完善，外部性理论最终得以形成。根据外部性作用的结果，可将外部性分为正外部性和负外部性。"正外部性使他人减少成本，增加收益；负外部性使他人增加成本，减少收益。"[①]外部性理论认为，"如果有某种物品不能被市场化，或者有某些成本不为买者或卖者单个私人所考虑，则市场对资源的配置就不可能是有效率的。"[②]可以说，奥运传播的媒介功能正是凭借这种社会外部性来体现的，这种社会外部性是一种无形且具有很强社会辐射性的一种"势"。从传播角度理解，实际上这种"势"就是媒介传播活动中所供给的信息，奥运竞技表演市场上的内容供给主要是这种"势"的供给，市场需求方正是想借"势"而为，利用"势"来强化自身商品与活动的社会渗透力。现代奥运会的垄断性表现在以文化垄断为核心的市场运作中形成了辐射状的操控体系。凭借先进的科学技术、雄厚的财力支持、完善的市场运作体系，奥运会已经将垄断战线扩展到上游与下游的各个领域资源中。[③]

奥运竞技表演的社会外部性使得企业或其他营利性组织，为了克服产品市场上的信息不对称，愿意利用这种外部性来"搭便车"，促使它们的社会效应向市场均衡点发展，从而形成巨大的宣传、广告与促销效应，给相关企业或组织带来

---

①② 茅铭晨.政府管制理论研究综述[J].管理世界，2007(2)：139-140.
③ 崔志雷，郭龙飞.现代奥运会"寡头"垄断现状和发展态势探究[J].体育研究与教育，2012，27(5)：13.

巨大经济效益。"在奥运竞技表演市场上演的这种无形而有力的'势'的交易,使得'势'的社会外部性转化成外部经济,这也正是奥运载体能够成为连接企业和市场的重要手段,奥运市场能够成长为世界性巨大市场的真正原因。"① 作为一种价值体现,奥运竞技体育表演本质上属于智力劳动与体力劳动的结晶。当奥运竞技体育表演的社会外部性转化为社会外部经济时,就必须要求与其"搭便车"的企业按照市场规律进行等价交换。根据奥运竞技媒介载体的形成规律与交易特点可以看出,奥运媒介交易形式主要是一种无形资产的交易,它依托奥运竞技媒介载体的"势"而进行。如奥运会会徽、会标等的使用权转让,授权企业生产"标志产品"增加其产品的社会渗透力,在电视转播权的交易中也需要这种外部性体现的"势"。由于现代奥运比赛吸引越来越多的受众,利用转播奥运比赛插播商品广告,已经成为各大厂商竞相争夺的广告形式,这充分体现了奥运媒介载体这种"势"的经济价值。②

第二节 奥运知识产权传播过程中的垄断性内容

在奥运传播中产生的电视转播权与运动员形象权,是一种私权,专有垄断是其主要特征。奥运电视转播权的高价值原因与体育赛事电视节目的特点和国际奥委会的专属垄断有关。体育赛事的电视转播节目有以下特点:一是屏幕画面呈现赛场上的即时情况,使观众产生如临赛场的感觉;二是赛事转播过程中随时插入的相关信息,有助于观众全面了解赛事情况,提高观众欣赏水平与兴趣;三是电视转播中采用的一些特殊电视制作技巧,可以满足观众不同的审美要求,观众从中获得娱乐的享受。③ 奥运传播中的运动员形象权被严格控制与国际奥委会组织传播的高度垄断有关。

一、高度垄断的电视转播权

在奥运传播的知识产权中,电视转播权的垄断性表现突出。根据产权的一般特征,产权内容应该包括使用权、所有权、转让权与收益权等。"体育赛事转播权的产权主体通常指的是体育组织者(项目协会及比赛协会方)和运动员组织(俱乐部、

---

①② 李传武,赵歌,王建强.体育媒介的理论溯源及与传统媒介关系的研究[J].体育科学,2007,27(1):88.

③ 马骁.奥运会电视转播权及网络转播权的法律分析[J].电子知识产权,2003(4):47.

球队等),主要以体育组织者为主,其可以根据自己的思路自由出售转播权。"[1]需要进一步说明的是,体育赛事转播权的使用权,不仅包括体育产权主体对转播权的使用,同样也包括转播体育赛事的转播机构对体育转播权的使用。

(一)电视转播权的垄断性传播

虽然体育赛事电视转播权在法律界定上存在着争议,但不论法律表述如何,有一点可以肯定的,除法律另有规定外,未经所有者许可,任何人不得以营利为目的实施其权利。它是一种垄断权益,具有法律所赋予的独占性或排他性。"体育赛事转播过程中,赛事转播商需要有很高的转播技术要求,享有某一体育赛事在特定区域内的转播专有权和优先权,这或许是电视转播商或网络转播商的最佳途径,为此他们需要向体育赛事组织者支付数量不菲的转播费用。"[2]职业体育的特殊运作方式在很多方面都不同于普通的商业部门,就某个具体的运动项目来说,其在特定地域范围内的球队数量及所提供的相关比赛、运动产品等必然是有限的,有时甚至是唯一的,几乎具有天然的垄断性。"根据著名新制度经济学家巴泽尔的观点,体育产权的形成过程是体育产品由一种不稀缺的状态逐渐到稀缺状态的过程,即体育产业化、市场化不断发展的过程。"[3]一般来说,国际体育组织按区域在世界范围内将体育赛事转播相关权利授权给被授权方,无论赛事主办方的被授权方还是其他第三方,在没有得到赛事主办方同意的情况下,均不得参与赛事转播相关的一切经营与商业活动。按照授权时间,转播权可分为独家授权期限与非独家授权期限,像世界杯独家授权的期限是当年年底,奥运会是赛后一年时间。国际大型体育赛事主办方主要采用合同权利来保护转播权。赛事组织者通过合同同参赛队伍队员、比赛场馆、转播机构乃至现场观众约定转播权所有权与经营权,同时赛事主办方就现场任何录音录像制品、摄影作品的经营权问题与现场观众合同约定,最大限度地保护主办方的转播权益。这些约定往往写在比赛门票上或购买须知中。

从电视转播权的收益角度看,电视媒体垄断也是大型国际体育赛事的一大阻碍。按照经济学的理论,如果电视媒体能够在赛事转播权的开发中自由竞争的话,这样不但可以提高赛事组织者的收益,还可以增加赛事转播的供给,进而提高赛事提供的社会福利。不过,由于在反垄断过程中存在成本问题,这些目标难以实现,反电视媒体的垄断并不是件容易的事情。反垄断实现福利最大化的关键是反垄断目标定位是否清晰。如果反垄断目标定位模糊的话,反垄断机构会加大反垄断的

---

[1] 雷晶晶,金雪涛.体育赛事转播权发展与营销的产权模式[J].哈尔滨体育学院学报,2010,25(1):25.
[2] 黄世席.欧洲体育法研究[M].武汉:武汉大学出版社,2010:120.
[3] 黄海燕,曲怡.我国体育产权的交易方式及发展趋势[J].上海体育学院学报,2006,30(2):21-24.

力度与深度,这样就会导致媒体增加反垄断成本,其利益就会遭到挤压,结果就是媒体提供的社会福利减少。另外,反垄断权力机构自身也存在利益问题,在信息不对称的情况下,就会导致大型国际赛事电视转播权开发时出现非理性因素,从而给媒体与赛事造成负面影响。体育运动有其内在规则,只要符合"相称性"原则,体育赛事就将不构成对竞争的限制。因为大型体育赛事具有天然的卖方垄断性,而电视媒体一般都是处于买方的垄断现状,借鉴博弈论与福利经济学的理论进行分析可以得出以下结论:"体育赛事承办方与电视媒体的博弈产生的交易成本越多,则赛事承办方利益损害越大,电视媒体利益损害越少;体育赛事承办方与电视媒体的博弈产生的交易成本越少,则赛事承办方利益损害越小,电视媒体利益损害越大。"[1]由于反电视媒体的垄断成本较高,对电视媒体进行反垄断比较困难,所以减少博弈成本的双方合作有利于赛事的承办方。在这种情况下,要想实现有效开发赛事的电视转播权,其关键是在社会福利最大化过程中减少反垄断成本。

奥运电视转播权是一种特殊的商品,在世界范围内它是完全被垄断着。由于不同市场买方的需求弹性、价格弹性不同,价格也不一样。电视转播权作为一种垄断性权益,具有归属效能,电视转播权的使用权、转让权、禁止权、受益权和市场开发权,具有明确的许可他人通过有线或无线向公众传播体育赛事的权利的利益内容。"产权的让渡权是体现产权完整性的最为重要的组成部分,其目的是为了获得利润。"[2]尽管欧美体育产业发达的国家在司法实践中对体育赛事转播权的法律性质也还存在争议,但他们对体育赛事转播权的法律性质的研究较早,形成了诸多有启发性的观点,其中代表性的观点有美国的"版权"学说、荷兰的"准入权"学说、英国的"娱乐服务提供"学说、意大利的"企业权利"学说、法国的"体育赛事转播权存在"学说等。国内学者对体育赛事转播权的法律性质认定:"契约权利"学说、"商品化权"学说、"表演者权"学说、"非表演者权"学说等。[3] 体育赛事转播权的收益权不仅包括产权主体(体育组织者和运动员组织)对于体育转播权的收益,还包括体育赛事转播商对于赛事的转播收益。在实践中,赛事组织者把电视转播权与报道权出售给媒体,但从法律上讲,组织者并不拥有一个叫电视转播许可权的权利,其

---

[1] 王平远.大型体育赛事电视转播权有效开发探讨——基于福利经济学和博弈论的视角[J].体育科学,2010,30(10):28-29.
[2] 雷晶晶,金雪涛.体育赛事转播权发展与营销的产权模式[J].哈尔滨体育学院学报,2010,25(1):25.
[3] 张玉超.体育赛事转播权法律性质及权利归属[J].武汉体育学院学报,2013,47(11):41-42.

至对于体育赛事本身所形成的声、像都没有任何法律赋予的权利。① 但赛事转播权属于赛事组织者已经形成了国际惯例,其内容包括体育比赛的组织者拥有对比赛进行商业开发的一切权利。"包括许可进行电视转播、报道的权利,电视媒体付费以取得转播权,取得转播权的电视台独占进行转播或转播权再转让,并最终通过广告收入与付费电视收入获利。"②1956年墨尔本奥运会,在电视转播权转让的问题上,电视转播机构与赛事组委会出现了第一次大争议,由于谈判没有达成一致,使得奥运会在包括美国在内的一些国家没有转播,电视转播商不能理解为什么同样作为媒体,无线广播电台可以以新闻的方式享有免费转播奥运会的权利,这次争议也直接导致了奥运赛事被视为娱乐节目被国际奥委会写进《奥林匹克宪章》。

(二) 电视转播权垄断性交易

在市场经济中,如果一种商品只有一个买主,就称为买方垄断或者下游垄断。如果一种商品只有一个卖主,可称之为卖方垄断或上游垄断。大型体育赛事因供给的稀缺性,具有天然的卖方垄断属性。在电视转播权交易中,如果只有一家电视媒体能购买某一体育赛事的转播权,该电视媒体就具有买方垄断性质。因此,电视转播权买方垄断是造成体育赛事承办方与实施广告策略的商家收益损失的根本因素。③ 在市场开发中,确定相关产品市场的主要方式是寻求需求替代性,通过需求替代性来选择确定消费者心目中的产品替代物,继而确定相关产品市场。对体育赛事转播安排、协议进行评估,确定它是否违反了有关反垄断的法律法规,这是合理界定电视转播市场的重要环节。"在转播权的购买者看来,一种转播形式是否可以替代另一种转播形式,决定了这些不同的转播形式是否属于同一个相关产品市场。"④付费电视转播作为一个相对单独的市场,它与依赖广告资助的一般公共电视台不同,两者的营利的商业关系差别很大。付费电视主要营利模式是依赖节目提供商与付费观众之间的商业关系;公共电视台主要营利模式是节目提供商与广告企业之间的关系。另外,从竞争条件的角度来看,付费电视与公共电视也存在很大的差异。收视率与广告费用的高低是以广告资助为主的公共电视最为关心的问题,通过节目编排满足目标受众的收视需求,进而提高收看费率则是收费电视台主

---

① 徐康平.试论体育比赛的知识产权化——从电视转播权交易谈起[J].北京工商大学学报(社会科学版),2008,23(4):109.
② 徐康平.试论体育比赛的知识产权化——从电视转播权交易谈起[J].北京工商大学学报(社会科学版),2008,23(4):110.
③ 王平远.大型体育赛事电视转播权有效开发探讨——基于福利经济学和博弈论的视角[J].体育科学,2010,30(10):24.
④ 陈锋.美国与欧盟法下的体育市场开发与反垄断[J].北京体育大学学报,2006,29(4):438.

要关心的问题。"因此,RPC得出现行体制具有稳定性和简易性特点的结论,这样有利于公共利益。对于独家转播协议,RPC认为它不仅不阻碍竞争,相反起到了促进的作用。"①

不同的体育组织对营销模式的运用也不同,他们会采取组合营销的策略实现自身利益的最大化,奥运赛事的电视转播权交易模式也是多种多样。(1)集中竞买。集中竞买分为单届赛事电视转播权与多届赛事转播权集中竞买两种方式。单届赛事转播权集中竞买是指体育赛事组织者将当届体育赛事集中统一销售,转播商通过竞价购买的营销模式。组织者通过这种模式将一届赛事使用权集中销售,不但降低了分别出售的成本,更为重要的是,这样就强化了赛事产品的稀缺性特征,加大了电视转播机构之间的竞争,最终提高了赛事产品的价格,赛事组织者也可从中获得更多的利润。多届赛事转播权集中竞买是指体育赛事组织者将多届体育赛事转播权的使用权重新组合,集中形成统一的单一产权产品进行销售。多届集中竞买可以极大地降低单届出售需要的谈判成本与价格下降的风险,提高赛事主办方的利润收入。对于电视转播机构来说,由于处于弱势地位,不想错过连续几届体育赛事的转播权,就不会顾忌风险,接受赛事主办方多届销售的模式。(2)打包与分类销售。体育组织将体育赛事分为直播权、录播权以及体育报道和赛场花絮等内容集中出售。这种方法不仅可以满足转播机构对稀缺赛事转播的需求,还可以提高体育赛事转播权利用率,使体育组织的收益率实现最大化。在赛事转播权销售中,赛事组织者为了防止市场前景不被看好的赛事转播权难以交易或各家电视台需求不足的局面,他们将体育赛事分成几大部分,转播机构可以任意选择自己感兴趣的部分进行购买,这种出售有效缓解各家转播机构购买所有赛事带来的经济压力,同时也将电视转播机构或是观众并不感兴趣的比赛转播权以较高的价格竞拍,可以大大增加赛事组织者的转播权收益。

总之,排他性销售是奥运赛事电视转播权垄断交易的主要手段。"排他性销售指权利人将转播权只销售给某一个转播商或转播商的联合体,其他转播商无法再享有这种权利,这是一种被广泛接受的商业模式。排他性销售的方式可保证转播权销售收入的最大化。"②与一般非排他性销售相比,由独家转播商支付的费用往往要高于多家转播商支付的费用总和。在体育赛事转播初期,因为转播机构较少,为了谈判方便,体育赛事转播商只将转播权出售给国内的电视转播机构,但由于体育赛事的快速发展,国际转播机构不断参与到体育电视转播权的竞争行列中,这导

---

① 裴洋.反垄断法视野下的体育产业[M].武汉:武汉大学出版社,2009:236-237.
② 陈锋.体育赛事转播权销售的反垄断问题初探[J].天津体育学院学报,2009,24(4):326.

致体育组织与各家转播机构谈判的交易成本不断上升,在没有时间与精力同各国转播机构谈判的情况下,体育组织只好选择与中介机构进行合作,将所有的转播权或者部分转播权的使用权交给中介机构出售,并从中分成,因此出现了以下交易模式。一是独家协议。转播商将体育赛事转播包装成自己的商品,并对其进行分配。对于这个拥有独家转播权的转播商,它不仅扮演转播者的角色,同时还扮演着中间商的角色,它可以将自己拥有的独家转播权继续出售,从而获得利润。二是共同开发。为了减少转播权出售的不确定性,体育赛事组织者往往选择与转播机构合作,共同开发转播权。赛事组织者通过将所有权过渡给电视转播机构,自己从中分成。通过这种方式赛事组织者不但降低了转播权出售过程中的收益风险,更重要的是,这样的话也节约了转播权出售过程中的成本。"对于转播机构来说,选择同体育组织共同开发体育比赛转播权,不仅可以优先获得体育转播权的使用权,同时也可以通过共同开发,来降低自己与体育组织之间的谈判成本。"①

一般来说,卡特尔的管理模式是通过对生产同类产品的不同生产者的控制,导致生产者的质量竞争与改革动力下降,从而实现垄断管理模式。"随着体育赛事电视转播权成为职业体育联盟/协会及其俱乐部重要的经济来源,合理解决电视转播权的交易中出现的反垄断争议就具有特殊的现实意义。"②如果把体育赛事看作一种服务产品,那这种产品是由各家俱乐部联合生产的,如果俱乐部单独销售电视转播权,不但无法体现联赛的整体价值,而且还会增加谈判成本。从实践来看,集中出售转播权价格往往要高于俱乐部单独出售价格的总和。集中出售转播权对提高联赛质量、培养后备力量都大有好处。同时,这也会支持业余体育运动发展,最终会使广大消费者受益。此外,集中出售的收入会在各家俱乐部之间进行较为平均的分配,这样就可以保持各家俱乐部间实力相对平衡,从而保证整个联赛有持续的吸引力。如果想从各家俱乐部单独出售的转播权收益中,提留一部分组成"资产池"以便资助一些弱势的俱乐部,从英国天空广播公司(BSkyB)、BBC和英超联盟提供的证据都表明,这一方法很难行得通。因为小俱乐部赛事的转播权对于媒体的吸引力不大,而大俱乐部则不愿意将已放到口袋里的钱再掏出来。"知识产权是权利人对法定的智力成果所享有的人身权和财产权的总称……信息传播的速度越快、传播的范围越广,信息产生的规模效应越大,这对知识产权保护所遇到的困难就越大。"③

---

① 雷晶晶,金雪涛.体育赛事转播权发展与营销的产权模式[J].哈尔滨体育学院学报,2010,25(1):23-27.
② 裴洋.反垄断法视野下的体育产业[M].武汉:武汉大学出版社,2009:188.
③ 陈益君,张军.网络信息传播的知识产权保护制度研究[J].情报学报,2001,20(5):561.

（三）新媒体转播权的垄断性延伸

"网络效益"（network effect）又称"网络外部性"（network externality）。"它是指某种产品对一名用户的价值取决于使用该产品的其他用户的数量，或消费者消费某产品所获得的效用会随着购买这种产品的其他消费者的数量增加而不断增加。"①按照网络效应产生效果的方式可将其分为"直接网络效应"与"间接网络效应"。"直接网络效应"是由于互联互通的需求而产生的网络效应；"间接网络效应"则与其互补性产品有关，是信息产业所特有的现象。网络效应产生的最直接效果是能够实现正面反馈，当某种产品初投放市场时，可能会受到不利因素制约与影响，市场增长较为缓慢，用户规模不大。在这种情况下，技术爱好者或高收入群体，因为对价格不敏感，是此阶段产品的主要用户，此时的网络效应就难以实现。当某种产品的直接网络效应表现充分时，用户就可以享受规模经济带来的好处，也就是说用户获得的平均收益或价值将随着规模的增加而提高，而只有一位用户的网络几乎没有价值。伴随用户的增加，产品对用户的价值就会增大，网络的外部性就会随之出现。而且，随着用户规模的不断增加，在利益与效益的示范中，越来越多的人会发现及认可产品的意义，于是就选择购买该产品，该产品的网络效应开始显现。当用户的数量实现一种临界的容量后，该产品就会正式进入大众市场，随后会进入超常的发展阶段，从而形成巨大的产品市场优势。以色列经济学家奥兹·夏伊（Os Shy）也曾分析过"网络效应"的现象，她在《网络产业经济学》（*The Economics of Network Industries*）中提到，"当一种产品对用户的价值随着采用相同的产品或可兼容产品的用户增加而增大时，就出现了网络外部性。"②

人类在生产与使用信息产品时，其主要目的就是进一步收集并再次交流信息。由于信息交流与网络规模的关联密切，因此，互联互通就成为信息产品生存的内在要求。"网络作为一种新兴的传播工具，它提供了一种前所未有的信息传播途径。这种传播途径的出现将影响原有的信息创造者、信息使用者以及信息提供者之间的利益平衡。"③以无线手机和互联网为代表的新媒体技术的迅猛发展对体育赛事转播权市场界定带来了新的问题，它们能否独立于电视之外构成新的转播权市场成为问题的关键。早在1995年4月11日，亚特兰大奥运会组委会联合国际商业机器公司（IBM）推出了奥运网站，该网站向公众介绍奥运赛事的37个场馆及立体图像与赛程安排等内容，同时还提供与奥运有关的影像文件。美国全国广播公司

---

① 吕明瑜.技术标准垄断的法律控制[J].公安研究，2009,1(8):52.
② [以]奥兹·夏伊.网络产业经济学[M].张磊,等,译.上海:上海财经大学出版社,2002:38.
③ 陈益君,张军.网络信息传播的知识产权保护制度研究[J].情报学报,2001,20(5):564.

(NBC)拥有1996年亚特兰大奥运会的独家电视转播权,在做好电视转播的同时,他们也通过互联网对赛事进行了转播,将奥运会的文字、视频等信息发布到互联网上,这使得网友能够免受时间及地域的影响,第一时间看到赛事报道,这次也是互联网第一次被引进到赛事组织管理系统与电视转播中。互联网在1996年仍处于发展初期,无论在基础设施、网络环境还是内容提供等方面,都还只能算是一项新技术,大多数人对互联网一无所知。大众更青睐于通过传统媒介观看奥运盛会,但亚特兰大奥运会运用网络进行赛事转播的做法具有划时代意义,由此开启了奥运网络传播的新时代。

在2000年悉尼奥运会上,国际奥委会不但加强了自己官方网站的建设,还积极支持由悉尼奥组委与IBM公司联合开办、以奥运会为主题的网站;同时授权NBC开办主要面向美国体育爱好者,以报道奥运会为主要内容的网站。除了上述几家网站外,其他任何网站都没有得到国际奥委会的授权,任何有关悉尼奥运会的动态画面及声音资料都不允许刊载,网络赛事转播更是被严格限制与禁止。此外,NBC网站播放的录像还只能是电视节目中已经播放过的内容,为了保证电视直播的优先性,网站上的视频节目内容是前一天的赛事录像。与此相类似,任何广播电台对比赛项目的转播也不能上网。2000年12月4日,在洛桑召开"运动与新媒体"大会,国际奥委会第一次公开表示,在盐湖城冬季奥运会上,将给网络转播提供方便,这是国际奥委会面对压力作出的一种让步。[1] 虽然2002年盐湖城冬奥会前夕,国际奥委会向10个国家17家体育网站发放了33张采访证,这与以前封杀网络的决定有了很大进步,但国际奥委会明文规定网络记者不允许使用电视画面、不得在比赛场地采访运动员。这意味着网络媒体在奥运赛事的传播中只是作为传统媒体传播内容的"二传手",从而将网络媒体局限在一个有限传播范围内。[2] 这一阶段,虽然互联网已全面渗透奥运会,但网络媒体还没有正式被国际奥委会所接纳,网站记者还不准参与奥运会的正式报道,不但网络直播奥运赛事被绝对禁止,就连动态画面与声音资料的使用都被严加控制,网络的报道内容都是"图文直播"与"聊天短信互动"等。

2004年国际奥委会第一次同意十多家广播公司通过在线方式转播雅典奥运会,这对奥运的新闻转播来说是一次重大突破。欧洲广播联盟的一个政府广播公司团体拥有这次奥运网络转播权,为了保护广播转播合同的丰厚利润,本次网上直

---

[1] 马骁.奥运会电视转播权及网络转播权的法律分析[J].电子知识产权,2003(4):48.
[2] 万晓红,杨万杰.北京奥运:网络媒体跃升为主流媒体的重大拐点[J].广州体育学院学报,2009,29(1):32.

播的时间长度受到严格限制,转播奥运会节目的网站必须采取技术手段以屏蔽本国以外观众看到这些节目。在雅典奥运会上,国际奥委会已经正式接纳了网络媒体,对网络报道内容的限制也逐步放开,第一次利用网络进行了大范围奥运视频直播,但网络直播的形式与内容还大受限制。"网络直播的方式及范围依然被严格限制,再加上网络传播的技术尚不成熟,网络媒体还处于电视媒体的阴影笼罩下,奥运会网络传播发展十分缓慢。"①在北京奥运会上,国际奥委会第一次给予互联网、手机电视等新媒体与传统广播电视媒体一样的地位,国际奥委会第一次吸纳新媒体转播机构,使其正式成为独立的转播机构,参加奥运会的转播体系,从此新媒体在奥运赛事转播中有了自己的位置。央视国际网络有限公司于2007年12月与国际奥委会正式签约,独家享有北京奥运会在中国内地及澳门地区800小时的新媒体赛事视频报道权,协议还规定对所享有的奥运新媒体转播权,央视国际网络有限公司还有权对其进行分授,但获得分授权的机构却不能向第三方进行再分授、转让或转移分配相关内容,它们只能在本网站上使用获得授权的相关视频。就这样,央视国际网络首次正式成为北京奥运会的官方互联网与移动平台的转播机构。就奥运会来说,除了与之相关的所有奥运赛事外,包括开幕式、闭幕式、测试赛、圣火采集及火炬传递等音(视)频节目,它们都属于国际奥委会知识产权的重要组成部分,对它们的新媒体传播都应该得到国际奥委会的授权。国际奥委会在北京奥运会上第一次尝试向转播机构授权新媒体转播权,这不但对奥林匹克事业的推广具有开创性意义,而且还为奥运会筹集资金提供了新的渠道。

  国际奥运会决定将奥运会转播权相关的所有权利捆绑在一起,一个地区的转播权获得者将作为唯一的监管者,直接控制该权利的分发。"新媒体权利"(包括互联网、宽带、电讯服务)能够提供的潜在资金量,一时还不足以使得这一块权利从电视转播权上剥离,进行单独销售,互联网上任何缺乏传播地域一致性的传播行为,都侵犯了国际奥委会和其他区域持权转播机构的知识产权,被明令禁止。"从反垄断法视角考察,拥有独家垄断地位的权利人制订的价格具有强制性,独家销售的定价机制也往往存在垄断嫌疑。在西方市场经济发达的国家,竞争法一向是对抗知识产权滥用的有力武器。"②"而如果这一块权利从电视转播权上剥离的话,不同形式的媒体广告销售焦点之间会为了同一眼球、同一块美元的广告费展开争夺,无法扩充任何新的资金来源。"③互联网作为人际交往的手段所引发的变化,概括起来

---

① 王晓东.奥运会网络传播发展的历史回顾及前景展望[J].武汉体育学院学报,2006,40(5):37.
② 张新萍.体育赛事新媒体转播中侵权行为及法律规制[J].天津体育学院学报,2013,28(2):168-169.
③ [英]麦克尔·佩恩.奥林匹克大逆转[M].郭先春,译.北京:中信出版社,2008:47.

大致有"零"和"无限"两个方面的特征。零是指信息传递的时间与成本为零,信息传播的国家间疆界为零;无限是指互联网触角可以伸及到无限,用户和数据库提供的信息无限,而要使这两大特征变为现实,其涉及的技术困难与制度困难是不言而喻的。"知识产权是权利人对法定的智力成果所享有的人身权和财产权的总称……信息传播的速度越快、传播的范围越广,信息产生的规模效应越大,这对知识产权保护所遇到的困难就越大。"①信息在网上传播时受到的阻力越小,信号所包含的信息价值损失就越小。所谓"阻力"不仅是指信道与噪声形成的阻力,还包括中转环节上发生的扣压、延时、收费、拥挤、版权限制等"制度费用",这是因为信息的价值具有时效性。"参与同一项信息处理过程的个体越多,信息的社会价值或经济价值增长就越快,这是因为'信息'往往通过主体间的交往来获得价值增值,信息的绝大部分价值主要来源于大量个体分享信息所产生的规模效益。"②

二、组织传播垄断下的运动员形象权

形象权是指人们对自己的形象进行商业性使用的权利,是形象权人拥有的禁止他人未经许可,为商业目的而使用其姓名、肖像或者其他辨别身份标志的权利。在形象权的形成与发展史上,1953年的"海兰"案具有里程碑意义,它使得形象权在美国普通法中得以确立。形象权被定义为一种财产权,从传统的隐私权中独立出来,是一种新的知识产权。形象权涉及了美国社会深深坚持却又相互抗衡的两种信念:人们必须能够使用社会形象以自由地相互交流思想和概念;但同时个人必须免受那些削弱其能力的行为危害,以保证他自身向其所选择的职业投入金钱与努力。

(一)赛场清洁原则与运动员形象禁止商业使用

国际奥委会通过严密的组织机构关系控制着运动员的形象权。组织传播研究中有一个影响深远的"结构—关系"模式,其包含"结构"与"关系"两个基本假设。组织世界都是由一连串的组织关系通过各种形式形成的,而每一种组织传播行为又都成为组织关系的一部分,而且每种关系又会通过各种方式与其他组织传播关系产生一定的关联。③《奥林匹克宪章》与《奥林匹克运动会主办城市合同》对奥运场馆都有"场馆清洁"原则的要求,各国国家奥委会与城市组委会都要采取必要的措施,在报道奥运赛事的电视镜头的范围内,奥林匹克场馆内外或在观看奥运赛事的观众视野之内不得出现宣传与广告。在奥运期间,该城市与其他举办奥林匹克

---

①② 陈益君,张军.网络信息传播的知识产权保护制度研究[J].情报学报,2001,20(5):561.
③ 胡河宁,胡昭阳.组织传播的几种理论及其讨论[J].中国人民大学学报,2008,22(2):140.

赛事的城市与场地的上空不得出现宣传与广告。同时,对运动员形象的运用,国际奥委会也有着明确的规定。"一方面,国际奥委会通过控制运动员的准入而获取所有参与奥运会运动员的肖像,并限制运动员本人的肖像使用权。另一方面,国际奥委会采取各种措施以确保国际奥委会及其赞助企业对奥运会运动员肖像的专有使用。"①虽然奥运赛事期间与非赛事期间,国际奥委会对运动员形象权的规制有所不同,但都比较严格。即便在非奥运赛事期间,对运动员的形象权的应用也有明确的规定。如果一家奥林匹克市场开发赞助企业需要利用一个清晰和可被识别的运动员形象,用以支持该企业及企业产品和服务时,那该赞助企业必须先要获得运动员本人及相关国家奥委会的授权许可,即便是祝贺性质的广告也需要征得运动员本人及相关的国家奥委会的同意。只有以下两种情形不需要运动员与相关国家奥委会的同意:一是当运动员形象是用作宣传奥运会或奥林匹克运动,而不是用来为赞助企业或其企业的产品与服务;二是广告中所使用的运动员形象无法清晰地辨别。而在奥运会期间,对运动员形象权的规制就更加严苛,严格禁止未经权利人或授权方事先书面许可,而将参与奥运会运动员的形象用于任何形式的商业宣传、市场项目或广告。只有奥林匹克市场开发赞助企业在满足了众多严格限制条件的前提下,才有可能获得授权并被许可使用运动员形象。

任何传播行为或关系都可以成为了解整个组织传播方式,甚至是了解社会组织的重要方式。罗杰斯曾指出:组织传播不同于其他形态的人类传播,因为其发生在高度的组织结构里。过去的组织学者把主要焦点放在结构上而不是传播行为上,传播学者通常都忽视了组织结构的传播。② 在1998年日本长野冬奥会后,国际奥委会对运动员的形象权的管理有了突破。在同时满足以下三大条件的情况下,参加奥运会(包括冬奥会、青奥会)的运动员,在奥运会期间可将本人的姓名、形象及运动表现用于广告的目的:一是当运动员形象用于赞助某个与奥运会有关的市场开发企业时,不仅要获得该运动员所在国的国家奥委会、肖像使用地的国家奥委会的事先书面许可,同时该企业还必须是肖像使用地的国家奥委会的赞助企业;二是组委会明确同意在奥运期间,主办城市可以使用该运动员的形象;三是无论在什么情况下,使用时不能与运动员在奥运会上的运动表现有关。③同时,国际奥委会对赞助企业在奥运期间发布祝贺性质的广告也有新的突破,前提条件也是需要满足下面三个条件:一是不但要求合作企业是形象使用地的国家奥委会及单项体

---

①③ 徐志军,周玲.奥运会运动员肖像使用规则评析[J].政法论坛(中国政法大学学报),2007,25(3):135,136.本处的肖像也就是本文所述的形象。

② [美]埃弗雷特·M.罗杰斯.组织传播[M].台北:台湾编译馆,1983:27.

育组织的赞助企业,同时还需要获得运动员所属的国家奥委会、形象使用地的国家奥委会及运动员本人事先书面的同意;二是组委会明确同意该运动员的形象可以在奥运主办城市使用;三是祝贺性质的广告不能包含暗示运动员支持该企业或该企业的产品与服务的内容,只是祝贺运动员的体育表现。①

罗杰斯将组织传播定义为发生在组织内部、组织之间以及组织与环境之间的传播活动。传播是组织的核心,没有传播就没有组织。组织的共意动员和联盟构建都需要凭借传播行为来实现,经由传播而组织。基于"传播—组织"的理论模式,罗杰斯深入研究了传播与组织的基本理论,细化了对组织传播的核心内容的研究。罗杰斯认为传播就是把观念从信息的发出者传到受播者,并试图以之改变受播者行为的过程;组织是为了达成共同的目标,在一个稳定的体系里的相关人员,通过职能分化与劳动分工而形成。传播是组织的血液,发生在组织的所有活动中。实际上,媒体运行本身就具有传播中的经济发展功能,是组织通过服务来实现营销的传播过程,是组织满足媒体需求,搭建传播通道,减少传播噪音的过程。艾森伯格与谷多尔提出了组织传播的"平衡模式"。他们认为传播作为创造与约束之间的一种平衡行为,同社会理论中个人与社会的关系紧密相连,并且认为组织传播就是个不断调节个体创意与体制约束之间矛盾的"平衡"过程。

国际奥委会是通过控制参赛准入,要求运动员签署相关法律文件的方式来实现对运动员形象权的使用限制或运动员本人对其形象使用权的限制。国际奥委会要求每位参加奥运会的运动员在填写参赛报名表时作出书面的承诺,奥运会期间在国际奥委会的授权下,以推广奥林匹克运动为目的,运动员将被摄影、摄像或以其他方式记录。除此之外,国际奥委会还通过对新闻记者与电视转播商,对运动员、教练员、官员、观众的约束来控制刊载有运动员形象的照片、胶片等传播载体,确保垄断使用运动员形象权。在国际奥委会的电视转播协议中明确规定,由转播商拍摄的单边胶片著作权都要求转让给国际奥委会,国际奥委会通过注册程序及奥运会门票背面明示的限制性条款等办法,约束运动员、教练员、官员、观众等拍摄照片。作为一种带有一定目的与取向的人为体系,结构是由深藏在组织内部的各要素形成的组合形式。组织话语、权力与意识形态不但渗透在组织结构中,而且它们还沿着组织传播结构的网络边缘不断扩散,以对组织传播特征的控制暗示着管理者的价值与信念,并在想象性的合法关系中显示其价值与信念。"由于组织中的人都是个别的、特殊的和独一无二的,组织传播就演变成了特殊人物、特殊情景和

---

① 徐志军,周玲.奥运会运动员肖像使用规则评析[J].政法论坛(中国政法大学学报),2007,25(3):136.

特殊处理的人际关系传播。"①

(二) 运动员形象权的私权特征及其垄断性

就运动员形象权的发展来看，它是在运动员知名形象商品化过程中产生的一种特殊的私权形态，它不是人格意义上的一般形象权，而是具有财产价值的商品化形象权。形象权来源于隐私权，是在隐私权不能满足社会发展需要的情况下出现的产物。隐私权作为一种人格权，保护的是非财产性质的权利，具有不可转让性和不可继承性。现代高度发展的商业社会，使得运动员肖像、姓名、声音以及可识别性特征都可以被商品化。尽管对随着市场经济的发展与社会文明的进步而发展起来的形象权的权利属性还有争议，但不管形象权是作为一种具体的人格权，抑或是作为一种无形财产权，还是作为一种新型的知识产权，这项权利存在的理论依据是明确的，即名人的身份不仅在促销方面有价值，而且名人享有的权益应该得到保护，名人可以制止他人未经许可而商业性地使用其形象。在奥运赛场上的运动员都是经过层层选拔，代表国家或地区奥委会参加的国际顶级赛事的选手，他们或者是已经功成名就的知名运动员，或者是冉冉升起的体育新星，不管怎样，他们的形象中都蕴含着特殊的商业价值。要分析这些运动员形象的垄断性，需要从知识产权的私权特征及知识产权的垄断性等角度展开。

知识产权的垄断性一直是个争议的话题。从主要知识产权类型的历史演进来看，知识产权起源于封建社会的地方官吏、封建君主授予的一种特权，是一种纯粹的垄断权。发生在17世纪、18世纪的西方世界资产阶级革命，对包括该特权制度在内的欧洲各国封建制度造成巨大冲击，使知识产权开始发生变化。"随着近两个世纪的工业化发展，到19世纪，过去更多地由公法支持的特权制度被改造成私法之下的知识产权保护制度，知识产权由此实现了从特权到私权的嬗变。"②因为智力的创造成果在本质上是一种优化的信息，所以知识产权是信息产权的核心部分，而且这种信息中的很大一部分是处于公有领域之中，这并不是进入信息社会后才产生的新东西。"相对于以保护物质（能量）的归属与流转为主干的各种传统私权而言，保护特定智力创造成果这种信息的知识产权是极特殊的一类私权。"③随着知识产权的社会作用越来越大，知识产权的公权化趋势越来越明显。"由于知识产权是一种赋予权利人垄断性地使用知识产品的法定权利，禁止任何人擅自使用该知识产品，从知识产权法促进科技文化发展的社会

---

① 胡河宁,胡邵阳.组织传播的几种理论模式及其讨论[J].中国人民大学学报,2008,22(2):144.
② 孙海龙,董倚铭.知识产权公权化理论的解读与反思[J].法律科学(西北政法学院学报),2007,25(5):79.
③ 郑成思,朱谢群.信息与知识产权的基本概念[J].中国社会科学院研究生院学报,2004(5):41.

目的出发,应该确保公众对享有知识产权的知识和信息予以接近和利用的基本权利,这是知识产权人间接履行社会责任的体现。"①

"知识产权通过为发明、创造者提供受限的垄断权作为刺激因素来鼓励革新,因而是一种合法的垄断,通过利用这种权利,权利人获得超过投入成本的回报,并且增加了社会的利益。"②在完全竞争条件下,消费者剩余和生产者剩余达到最大,而在垄断情况下,与完全竞争相比,存在福利损失三角形。经济学研究如何配置资源才能使社会总福利水平达到最大,当经济不需要帕累托③改进时,资源就实现了最优配置,社会福利水平达到最大,此时称为帕累托最优。帕累托改进是指经济中一种变化,它使部分人的福利得到改善,而其他人的福利保持不变。当满足"第一,对于任意两个消费者两种物品的边际替代率相等;第二,对于任意两个生产者两种物品的边际转化率相等;第三,对于任意两种物品消费的边际替代率等于生产的边际转化率"④三个边际条件时,就实现了帕累托最优,无需帕累托改进。福利经济学第一定律说明,完全竞争的市场满足上述三大边际条件,因此完全竞争的经济能够实现帕累托最优。传统的新古典理论认为市场可以自由进入,即便垄断企业的价格高于边际成本,这样也会引起新企业进入,从而导致竞争消灭垄断。不完全竞争理论则认为新企业存在进入障碍,从而使得垄断能维持下去。进入障碍的存在意味着追逐利润的行为并不必然有利于竞争,也不必然有利于提高资源配置效率。自由放任的市场经济并不必然导致社会福利的最大化,政府需要进行干预。虽然"垄断没有实现帕累托最优,也没有使消费者剩余与生产者剩余之和到达最大,因此反垄断好像就是理所当然的事情。但实际上垄断也会有好处,垄断会产生社会效益,最显著的就是规模经济,规模经济会带来成本节约。"⑤

知名知识产权法学家吴汉东先生在论述作为私权的知识产权时,认为知识产权有"天赋人权""普世之权""法定之权"的特点。同时他还指出:"作为私权的知识产权由国家授予而产生。私人(包括自然人、法人和其他组织)享有的知识产权,即是以法律的名义赋予私有知识财产以相应的权利形态,这种私权形态并不因国家

---

① 杨利华. 知识产权权利限制的特征及其合理性探析[J]. 湘潭大学学报(哲学社会科学版),2004,28(6):39.

② 李扬. 知识产权的合理性、危机及其未来模式[M]. 北京:法律出版社,2003:228.

③ 帕累托效率又称为配置效率,如果某种经济变化的结果可以在不使其他人的境况变得更坏的情况下,使一些人或至少一个人的情况变得更好时,社会的福利就会得到改善,这一衡量社会福利改善与否的标准被称为"帕累托标准"。它出现的条件是:社会无法进一步组织生产或消费,以增进某人的满足程度。[美]保罗·A.萨缪尔森. 萨缪尔森词典[M]. 陈迅,白园良,译. 北京:京华出版社,2001:283.

④⑤ 于立帅. 反垄断的经济学分析——基于哈佛学派与芝加哥学派的分歧[J]. 山东工商学院学报,2006,20(3):16.

授予而具有公权的特征。"① 很多人在对知识产权的认识上有个误区,认为知识产权就是垄断权,知识产权权利的行使就必然导致垄断行为发生,这导致知识产权与竞争法、反垄断法等诸多权利发生冲突,造成这种结果的原因与对知识产权私权属性的过分强调不无关系。知识产权具有公权因素,它与其他权利间的冲突其实就是其公权因素被忽略的结果。经济学对垄断市场发展的判断是基于不确定因素对市场的影响,对"寡头"垄断市场的分析会考虑市场中的"寡头"们内部之间的相互作用。"知识产权在商品经济中的重要表现是一定程度的垄断,这种垄断之所以被法律所规定或者国家所认可是因为知识产权的专有性特征,与所有权一样具有私权的属性。"②依靠信息确立产权的显著经济特征就是这些产权具有垄断性。没有合法的垄断就不会有足够的信息生产,但有了合法的垄断又不会有太多的信息被使用。知识产权作为知识产权权利人所专有的一种垄断性权利,在世界范围内知识产权人都是完全垄断者,不同市场买方需求弹性与价格弹性都会不一样,对其开价也会不一样,这使得社会中某些群体或者组织可以凭借其垄断地位获取超额租金,而其他群体或组织却不拥有这样获取财富的特定权利。

第三节 奥运知识产权传播过程中的垄断性逻辑

尽管垄断是经济学的核心概念之一,但对它的具体理解与概括却并不一致。一般认为,垄断是指"特定经济主体为了特定目的通过构筑市场壁垒从而对目标市场所做的一种排他性控制状态。"③垄断在传统商业中的表现形式主要有经营者滥用市场优势地位,通过垄断协议限制竞争或以行政性垄断限制竞争。"不同的垄断类型的垄断力来源也不同,具有市场支配地位所形成的垄断,垄断力来源于市场份额联合竞争;联合行为经济力量所形成的垄断,垄断力来源于企业控股;由行政保护所形成的行政性垄断,垄断力来源于国家授予的行政力。"④尽管大型体育赛事知识产权有不同于一般知识产权的特殊性,但垄断性特征是其重要属性之一。"奥林匹克知识产权属于知识产权范畴,它既具有知识产权的共性,也有其个性,同时奥林匹克知识产权也是一个动态的概念,随着经济的发展、科技的革新,其行使的

---

① 吴汉东.关于知识产权私权属性的再认识——兼评"知识产权公权化"理论[J].社会科学,2005(10):58-59.
② 董云.知识产权权利限制的理论与实践[J].人民论坛,2013(2):80.
③ 戚聿东.中国现代垄断经济研究[M].北京:经济科学出版社,1999:10.
④ 何万里,王锡杰.当代知识产权垄断新特点及其规制[J].西安工程大学学报,2010,24(6):845.

权利范围与对象也将发生变化。"①作为知识产权的一种,奥运知识产权的垄断特性应是其本质属性之一。

一、知识产权专有垄断性

在英文中与"知识产权垄断"这一概念对应的表达方式主要有两种:一是"Monopolistic Practices Involving Intellectual Properties",即"涉及知识产权的垄断行为",用以描述知识产权领域中的联合行为、掠夺性定价、滥用优势地位行为以及其他反竞争行为等;②二是"Intellectual Properties Antitrust",即"知识产权反托拉斯",用以说明知识产权拥有者行使知识产权的某种行为可能会触犯到反托拉斯法,反托拉斯法的有关规定应当适用于知识产权领域的垄断行为。区别于传统垄断形式,知识产权垄断可从横向与纵向两个维度进行比较。从横向上看,传统垄断形式一家独大,占据整个市场,不存在地位平等的企业相互合作和相互影响的情况,判断的标准要看反垄断中的"关键设施";从纵向上看,传统垄断具有双向性,可以是供应商垄断也可以是销售商垄断。③ 以知识和信息为基础的知识经济是全新经济形态。知识经济时代的垄断集中体现为控制知识的生产与再生产。知识产权垄断市场与一般产品垄断市场不同:一是知识产品的价格要远高于边际成本,这是因为如果该市场上的知识产品具有异质性的话,就很难找到完全的替代性产品。二是知识产品价格相对较高,这是由于知识产品边际成本经常趋于零,与其他类型的财产边际成本相比较,其价格显得更高一些。三是竞争者产品的进入与退出受限。一般地,在垄断的竞争市场上,其他类型产品的进入与退出都是相对自由的,但因知识产品更具排他性,这样就会阻碍竞争者的产品进出。④

从现有的研究成果来看,关于知识产权垄断性主要有三种观点:一是肯定说。这种观点认为在本质上知识产权属于一种垄断性的经营权。与人为极不合理掠夺性的定价垄断不同,这种垄断性基于知识产权的自然属性产生,是由于处在竞争优势地位而带来的自然与合理垄断。二是相对说。这是指知识产权人对知识产品占有是一种人为法定垄断权。与有形财产权相比,这种垄断权的垄断性是相对的。三是否定说。这种理论认为知识产权尤其是专利权被设定为垄断权利是不合适的。⑤ 知识产权作为垄断权的正当性,存在不同的理论基础,而被我国学者广泛接

---

① 张玉超,栗丽.中国奥林匹克知识产权的若干问题[J].体育学刊,2003,10(3):7.
② 吕明瑜.知识产权垄断呼唤反垄断法制度创新——知识经济视角下的分析[J].中国法学,2009(4):21.
③ 何万里,王锡杰.当代知识产权垄断新特点及其规制[J].西安工程大学学报,2010,24(6):847.
④ 蔡晓东,陈敏娟.反垄断与知识产权市场支配力法经济学探析[J].现代经济探讨,2013(3):62.
⑤ 夏旭阳.知识产权垄断性批判:以激励论为重心.西南政法大学学报,2007,9(1):48-49.

受的是"激励论"。"激励论"者认为:"应当授予发明者对知识产品的垄断权,以补偿他们在发明中时间、资金和精力方面的投入并确保他们从其发明创造中获得经济效益,从而鼓励发明创造并使公众从科学发展中受益。"①在19世纪末20世纪初产生的西方管理理论中,激励理论的系统化得到深化。"这种理论把人假设成不同的类型,并且对人的类型的假设经历了'经济人''社会人''自我实现的人''复杂的人'的不同演变,不同类型的人需要不同的激励方式。"

理论上看,知识产权作为一种无形财产权,具有独特的专有性,这也被称为独占性或垄断性,它表明知识产权在本质上是法律赋予的一种合法垄断,也就是说,不经财产权的权利人许可,其他人不能使用或利用它,即知识产权为权利主体所专有,未经权利人同意或法律特别规定,权利人以外的任何人都不能享受或者使用这种权利。知识产权可分为独占权与禁止权。"独占权是指排他地、独占地支配其客体的权利,该类权利主要有著作权、专利权、商标权等;禁止权是指对违反不正当竞争义务进行制裁的权利。"②知识产权作为一种具有专有性的民事权利和无形财产所有权,就其本质而言,是一种全新的特殊权利。它的专有性体现在它是一种被权利人独自享有的无形财产权,这种垄断专有权利受到法律严格保护,没有法律规定或未经权利人许可,任何人不得使用权利人的知识产品,也就是说,对同一知识产品,不准出现两个及以上同样属性的知识产权。知识产权的专有性效率,即排他性方面的特点,主要体现在知识产权人排斥"非专有人对知识产品进行不法仿制、假冒或剽窃"和"知识产权独占权的相对性"两个方面。知识产权的独占性会受到时间与空间的制约,它只能在一定空间与有效期限内才发生效力。"专利权的临时过境使用、商标权的优先使用、著作权的合理使用"等权能都会与知识产权绝对垄断性产生冲突。知识产权的专有性亦称排他性,所谓排他性是指特定客体上的利益,只能由特定权利人排他地实现,即任何其他人均被排除在该客体利益实现的可能之外。

"知识产权的客体是智力成果这种特定的信息,具有共享性。因此,知识产权的排他性建立在对'客体'与'客体上利益'进行区分的基础上。"③允许客体(特定信息)的共享,但同时也要运用法律约束力将特定信息产生的利益,准确地配置给特定主体(权利人),也就是说,非权利人可以掌握某些特定的信息,但不能享受该特定信息所产生的利益,该信息产生的利益只能由特定主体凭借"法律权利"去排

---

① 夏旭阳.知识产权垄断性批判:以激励论为重心.西南政法大学学报,2007,9(1):49.
② 冯玉军,黎晓园.奥林匹克标志的知识产权保护初探[J].法学论坛,2007,22(4),112:39.
③ 郑成思,朱谢群.信息与知识产权[J].西南科技大学学报(哲学社会科学版),2006,23(1):5.

他性地实现。由于信息共享性特点,尽管非权利人掌握了权利人的特定信息(客体),但权利人并不因此失去该信息,因而仍然可以排他性地实现其利益,知识产权的"客体共享,利益排他"得以实现。① 知识产权不仅仅是一个法律问题,更是一个经济问题。知识产品定价带有显著的垄断价格特征。如果价格上涨就会对消费者不利,进而违反了公共福利。对知识产权性质的界定,在知识产权理论界有"权利"说与"政策"说两种。从总体上看,人们对"知识产权垄断"的理解有三个角度:一是知识产权本身属于一种专有权,具有独占与垄断的意思。二是知识产权拥有者滥用知识产权损害公共和私人利益的行为。三是指知识产权人凭借知识产权限制竞争的行为。② "权利"说又可被称为"自然权利",是指知识产权与财产权和人格权一样神圣不可侵犯,具有某种天赋性;"政策"说又可被称为"建构权利",是指知识产权设立是国家为了促进经济发展、增加人类福祉、刺激技术革新采取的一种策略。"这两种理论给知识产权带来不同命运,前者会使知识产权被膜拜而尊于永恒,而后者会使知识产权沦为一种简单的工具从而具有偶然性和阶段性。"③ 尽管如此,知识产权垄断性特点决定了奥运知识产权的垄断性特点。

自从反垄断法颁布后,人们对知识产权与反垄断法之间关系的认识,历经了19世纪末到20世纪60年代、20世纪60年代末到80年代中期、20世纪80年代末期至今的三个不同的阶段。每个阶段对知识产权法的性质与地位的认识不同:第一阶段知识产权法在社会上占据了重要位置;第二阶段社会比较重视反垄断法对知识产权限制的问题,通过对反垄断法原则与规则的延伸,解决知识产权限制竞争的问题,同时根据实际情况,通过制定指南与规章,对知识产权限制竞争问题进行规范;第三阶段反垄断法与知识产权的关系主要表现为功能互补与方法冲突上。促进市场中的企业间竞争,维护市场的自由、公平、有序是反垄断法立法的目的之所在,而给予知识产权所有人一定的经济利益回报,鼓励其进行新技术创新则是知识产权法立法的真正目的。20世纪40年代哈佛学派、60年代芝加哥学派,先后对美国反垄断政策理论与实践产生了重大影响。梅森教授在20世纪30年代在哈佛大学发起的哈佛学派由一批经济学者组成,他们主要围绕市场竞争过程中的市场

---

① 郑成思,朱谢群.信息与知识产权[J].西南科技大学学报(哲学社会科学版),2006,23(1):10.
② 吕明瑜.知识产权垄断呼唤反垄断法制度创新——知识经济视角下的分析[J].中国法学,2009(4):20.
③ 邹彩霞.中国知识产权发展的困境与出路——法理学视角的理论反思与现实研究[D].长春:吉林大学,2008:96.

结构、市场行为及其市场绩效进行研究。① 哈佛学派提出调整市场结构是反垄断最重要的环节,为此,在整个经济的运行过程中,对竞争的保护、垄断的抵制、竞争政策的制定以及市场秩序的维护,都应该是政府需要承担的责任。在政府对市场的干预过程中,政府必须通过自身的力量,调节市场结构至合理的状态,从而保证市场绩效能够达到最佳。哈佛学派与古典经济学不同,它不仅支持政府对市场经济的干预,而且还为政府干预市场提供了理论依据。芝加哥学派在20世纪60年代兴起,它对哈佛学派提出的"结构决定绩效"的理论提出了批评,并逐渐取代哈佛学派占据主流地位。因为芝加哥学派以"效率"为中心,因而被称为"效率学派"。"芝加哥学派认为企业规模扩大和生产的集中与垄断之间并没有必然联系,判断企业行为的原则应该是效率是否得到了提高。从芝加哥学派的角度来看,许多企业规模的扩大都是与效率相关的,因而不应该受到反垄断指责。"②

二、传播资源稀缺导致垄断

稀缺性是经济学中一个重要概念,是经济学的核心思想之一,一般是指生产产品的资源有限不能满足人们的需要,这是人类社会产生以来一直存在的一个话题。"因为稀缺是人类面临的永恒问题,它在人类社会的任何时期、任何地方都会存在。"③美国经济学家曼昆在经济学十大原理中提出理性决策者只在边际利益大于边际成本时才会进行决策行为。经济学的精髓就在于承认稀缺性的现实存在,并据此研究社会如何进行组织以便最有效地利用资源。经济学的使命也是从资源的稀缺性出发,寻找一种有效配置有限资源的机制与制度,使其既能最大限度地促进经济增长又能使财富收入分配保持相对公平。科斯定理也强调在交易成本为正的情况下,人类社会需要对经济发展中极其稀缺的知识资源给予知识产权界定,以激励知识创新与优化知识资源配置。经济学中所指的稀缺并不是指资源与物品的绝对数量,而是指相对于人类无限的欲望而言资源与物品是有限的。因此,稀缺是相对的,同时又是绝对的。

虽然现代很多竞技体育比赛不以商业营利为目的,但从一开始这些赛事就与商业活动联系在一起。奥运经济作为一种具有独特规律的经济现象,还算不上一种特殊的经济发展模式或者经济运行方式,更构不成一种专门的经济学说。与其他经济活动一样,围绕奥运展开的各种经济活动也是人类一种有意识的主动创造

---

①② 沈芳.经济理论对美国反垄断政策的影响[J].上海师范大学学报(哲学社会科学版),2008,37(2):13、14.

③ [美]保罗·A.萨缪尔森.萨缪尔森词典[M].陈迅,白园良,译.北京:京华出版社,2001:148.

过程。作为全球最大的体育赛事主体,奥运经济必然有自己独特的运行模式与特点。1984年美国洛杉矶奥运会商业运作有了成效后,对奥运经济的研究才开始引起世人关注。此前,虽然对奥运经济问题也有研究,但重点是对奥运财务与收支问题的研究,并没有把奥运当作一种经济现象进行研究。20世纪末,学者对奥运经济的研究是从奥运投入与效益、奥运的商业运作(电视转播、市场开发、刺激消费等方面)展开的,这两个既不同又关联的角度的研究使得对奥运经济研究有了纵深感。

知识产权领域的垄断认定中,不仅涉及知识产品或知识产权服务所形成的垄断,而且知识产权本身作为无形财产也能许可与转让,这也有可能在市场上形成严重危害竞争的垄断。"经济学将市场结构分为完全竞争市场、垄断竞争市场、寡头垄断市场与完全垄断市场四种形态。其中,寡头垄断市场与完全垄断市场中的垄断运营者的市场地位,相当于竞争法上所说的市场支配地位。"[1]商业竞争有自由竞争、垄断竞争、熊彼特竞争三种形式。知识产品竞争常常表现为熊彼特竞争模式,常常是由少数甚至单个生产商支配整个市场,呈现出"需求规模经济"与"供给规模经济"效应两个方面的特征。[2]"一方面,知识产权许可以其特有的商业价值对市场竞争发挥积极促进作用;另一方面,知识产权许可也会衍生诸多垄断行为,妨碍、破坏或扭曲竞争,需要对其进行法律控制。"[3]由于在现有反垄断法的垄断评估方法中,对于不同于一般产品与服务的知识产权的产品与服务,既没有针对知识产权自身的规则也没有针对其交易的规则,这就使得对知识产权垄断的认定较为困难。社会对知识产权许可的商业价值给予了充分挖掘、深刻理解、广泛认可、积极利用,但与此不同,人们对知识产权中许可的垄断法律控制则研究较少,这也是知识经济条件下世界各国共同面临的新课题。由于知识产权的价格机制特殊,不同于一般的有形产品,在知识产权的价格机制形成过程中,知识产权的无形性、专有性与价值评估中的机会成本不确定性,都会使得知识产权在交易中的垄断认定变得更加复杂。

奥林匹克运动商业化运作所依托的核心资源,是奥林匹克运动通过奥运会所集聚的注意力资源与经过多年培育所形成的奥林匹克品牌资源。"文化资源总是稀缺的,文化资源既是物质财富之源,又是精神财富之源,并且作为精神财富的因素更为强烈。"[4]奥运作为一种社会文化现象,与其他经济资源一样,它在一定时期

---

[1] 罗先觉,陈艳.关于知识产权与反垄断基本关系的反思[J].自然辩证法研究.2012,28(5):82.
[2] 蔡晓东,陈敏娟.反垄断与知识产权市场支配力方法经济学探析[J].现代经济探讨,2013(3):62-63.
[3] 吕明瑜.论知识产权许可中的垄断控制[J].法学评论,2009(6),158:15.
[4] 董杰.奥运会对举办城市经济的影响[D].北京:北京体育大学,2002:85.

与条件下是稀缺的,相对于社会需求,奥运的文化资源是有限的,这就导致一定条件下的奥林匹克文化具有特定的经济价值。奥运稀缺性主要表现在以下几个方面:一是以奥林匹克标志等为代表的奥林匹克文化,在以营利为目的的商业使用中,受到严格的限制。二是奥运会本身具有稀缺性,每四年才能举办一次,再加上每一届奥运会只能在一个国家举办,相对于要求举办奥运会的国家来说,奥运会具有稀缺性。三是参加奥运会的运动员具有稀缺性,一般来说,"参加奥运会的运动员经过层层选拔,是当今世界上最优秀的运动员代表,世界上没有其他任何一个体育比赛能像奥运会那样吸引如此众多的优秀运动员,这些运动员都代表其各自国家和地区的最高水平,在奥运会上能够取得优异成绩的运动员则可能塑造为超级明星。"[1]

"体育搭台,经济唱戏"是现代奥运经济本质。围绕奥运无形产权的一系列较量的精彩程度,与赛场上的体育竞技一样出色,而商业和产权层面上的奥运经济比体育竞技的影响更加深远。在世界范围内,奥林匹克文化得到普遍认可,也正如此,各行各业都希望通过各种方式与奥林匹克运动发生关联,并凭借与奥林匹克文化的关联来促进经济活动,获得更大经济回报。由于商家对奥林匹克文化的高度热衷与追逐,再加上国际奥委会对奥林匹克标志、奥林匹克格言等产权的使用严格控制,因此,奥林匹克文化具有极度稀缺性。市场化运作的核心资源是注意力和品牌,每四年一度的奥运会是全球范围内最大规模的"注意力经济"。全球相关奥运节目调查的结果显示:"全球五大洲各国奥运电视节目观赏兴趣,随机兴趣几乎全部达到90%以上,而投入兴趣则在45%~75%之间;中国观众的奥运节目收看随机兴趣高达99%,投入兴趣竟高达75%。"[2]在奥林匹克运动经历严重财务危机后,国际奥委会将目光投向奥林匹克文化,即奥运知识产权的市场运作上,通过挖掘奥林匹克运动自身的商业价值来保障与弘扬奥林匹克文化;通过对奥运品牌的培育、保护与合理开发为奥林匹克运动找到了一条可持续的发展路径;通过商业化运作确立了满足自身发展的资金补给体系,国际奥委会之所以能够采取上述措施,使得奥林匹克运动成为全世界最有活力的组织,与国际奥委会深度运作奥林匹克稀缺资源分不开。

体育竞赛进行产业化运营时,其突出特征是其信息经济的特点。体育赛事涉及的受众面较为宽广,其外延基本等同于社会公众。这些公众与大众传媒受众的

---

[1] 董杰.奥运会对举办城市经济的影响[D].北京:北京体育大学,2002:85.
[2] 沈虹.从宣传到传播——谈谈中央电视台奥运及体育营销传播模式的建构[J].广告大观(综合版),2008(6):81.

特点极为类似，不但社会影响广泛，而且商业性较强。由赛事组委会计划安排的体育赛事，合理而有秩序地将比赛信息与广告信息整合传播给现场观众。同时，利用大众媒体将信息大范围地传播给场外受众。奥林匹克知识产权的客体应当是智力的劳动成果，且具有商业价值的专有知识信息。回顾奥运会的商业化过程，正是商业操作使得奥运会成为世界上最有影响的、最重要的文化活动之一。不管人们对奥运会商业化运作认识如何，都不能否认商业化促进了奥运会发展的事实，奥运传播需要通过商业化运作获得发展资金。赞助奥运会是一个企业对自己无形资产的一种投资，通过将自己的品牌与奥林匹克五环标志相联系实现企业无形资产的增值。总的来看，奥运会还是一种世界性的带有社会公共性的赛事活动，而不是一种纯商业性的牟利行为，因此，在一定程度上企业赞助支持奥运会体现了企业的社会责任。当然，对奥运无形资产的投入，贵在累积和持续，回报可能不会一蹴而就。为了给奥林匹克运动构筑一个坚固的经济基础，国际奥委会实施了增加电视转播权的收入与通过吸引商业赞助来开发奥林匹克运动品牌价值的两项财务战略。前国际奥委会新财源委员会主席庞德就曾说，要是从当今的体育中拿走了商业伙伴与商业精神，那就如一个巨大而精巧的用了100年时间加工完善的发动机没有了燃料。"作为私权的一种，知识产权享有获得现代国家反垄断法豁免的垄断权，但这并不意味着知识产权的滥用作为反垄断调查对象的豁免。"[1]现代的反垄断法产生并发展于工业经济时代，在它一百多年历史的发展过程中，针对工业经济时代的市场垄断特点与经济发展要求，反垄断法形成了联合限制竞争行为、滥用市场支配地位、经济力量过度集中三大法律控制制度的经典支柱制度。

三、知识产权信息传播的合法性垄断

信息作为一种产权，在可以自由流动时能够发挥最大的效用。从信息经济学的角度看，如果要对某个经营性主体综合品质进行市场分析与评价的话，其实质就是市场对该主体的结构信息的镜像性反映，这种结构性信息正面内容被映照出来的"镜像"就是商品的商誉。20世纪是知识爆炸的时代，在这一时期人类所创造的知识比以往的知识总量还要多。人类创造知识的活动本身也开始从分散走向集中、从孤立走向组织，并呈现出明显的市场化导向。现代社会最有价值的无形资源之一就是信息，人们把新技术革命称为信息革命，但对信息内容的理解，大多数人认为是通过报纸、广播、电视等媒介了解到的日常经济、政治、文化、社会等有关情况的反映。信息具有公共产品的属性，但与其他商品不一样，信息的消费有着特殊

---

[1] 董云.知识产权权利限制的理论与实践[J].人民论坛，2013(2):80.

的规律。排斥消费该商品的无功受禄现象是有代价的。"在需求方面,消费者对信息的效用事先并不确定,所以在使用它之前是难以决定其价值;但只有在付款后才能获得信息,从而才能决定信息的价值,最后才知道该为信息支付多少报酬。"[①]20世纪80年代,新技术革命席卷全球形成了第三次浪潮,尽管这种前所未有的影响是通过无形财产实现的,但它对人类的影响却是革命性的。从财产及产权法的角度看,第一次浪潮社会中,土地是最重要的财产;第二次浪潮社会中,机器取代了土地成为最重要的财产;第三次浪潮社会中,虽然仍然需要土地、机器这些有形财产,但主要财产已经变成了信息。[②]

约瑟夫·奈把信息分为免费信息、商业信息、战略信息三类,他认为软力量依赖于免费信息的说服力,因为商业信息不易为人们相信,而战略信息则不易为人们所知。知识产品是信息的主要组成部分,因而也成为信息社会的主要财富。"智力创造成果本质上是优化的信息,因此知识产权构成信息产权的核心部分。"[③]信息的生产是有代价的,而信息的传递费用却相对较小,消费者希望成为信息的"搭便车者",只支付这种商品的传递费用。从社会生产方式来看,人类社会经历了自然社会、农业社会、工业社会,目前已经或正在步入信息社会。法经济学一般认为信息流通是社会知识与财富增加的必要条件之一。"建立在信息自由流动之上的现代社会,公众不但可以充分利用流动信息作出有利自身同时也可能有利于社会的决策,而过度保护隐私则会牺牲信息的自由流动与累积,这样就会导致交易成本过高、社会知识创新被遏制的不良后果。"[④]信息主要来源于人类的智力创造性劳动,它的属性是人类智力创造的一种知识财产与相关精神权益。大多数国内知识产权界学者认为知识产权的对象是信息,世界知识产权组织及国外有关著述也多持此观点。知识产权保护的客体是一种信息,这种信息依附于一定载体之上。"信息产权主要以信息学理论为基础,重点关注信息的收集、开发、传播及利用,以平衡信息拥有者、使用者和传播者的人身和财产利益。"[⑤]信息产权包含了广泛的财产性权利,在信息采集加工、存储与传播的过程中,信息直接或间接地表现出财产利益,对其理解可从信息产权主体与客体两个角度展开。从主体角度来看,权利人享有对相关信息合法使用从而获取利益回报的权利,信息权利人享有直接控制与支配其相关信息并不准他人非法侵害的权利;从客体角度来看,在市场交换中,通过对信

---

① [美]罗伯特·考特,托马斯·尤伦. 法和经济学[M]. 张军,等,译. 上海:三联书店,1988:152.
② 郑成思. 知识产权——应用法学与基本理论[M]. 北京:人民出版社,2005:83.
③ 郑成思,朱谢群. 信息与知识产权的基本概念[J]. 科技与法律,2004(2):39.
④ 张维迎. 博弈论与信息经济学[M]. 上海:上海人民出版社,1997:544-554.
⑤ 张振亮. 论信息产权的法律属性[J]. 南京邮电大学学报(社会科学版),2009,11(2):31.

息使用权的转让,信息权利人能够直接获取财产利益,相关信息可以作为信息权利人与市场商业主体进行交易的客体。美国学者波斯纳认为对信息产权的经济价值应当考虑两个因素:第一,信息的本质和来源;第二,交易成本。①

"1984年澳大利亚学者彭德尔顿教授在其专著 The Law of Industrial and Intellectual Property in Hongkong 中对'信息产权'理论做了初步阐释。西方学者于20世纪90年代初开始讨论'信息产权'问题。"②信息产权是信息所有人或其他信息权利人对相关信息在采集、使用、转让、存储、修改等活动中所享有的人身权与财产权。作为信息时代的新型权利形态,信息产权这一"权利束"具有深刻的信息社会特征,其涵盖了信息权利人的人身权与财产权两大方面,包括财产性与非财产性两种权利。"其中所涉及的人身权是指信息权利人的人格权,主要是指信息权利人享有的为维护其独立人格所必须具备的权利,以人格利益为客体。"③最有价值的无形资源就是信息,没有合法的垄断就不会有足够的信息生产出来,但是有了合法的垄断又不会有太多的信息被使用。信息一旦受到知识产权保护,知识产权人就享有某种排他性独占权,排除知识产权人之外的其他人对于相关信息的权利,这样知识产权与信息自由的冲突就不可避免地发生了,其中版权与信息自由的冲突尤为激烈。既然信息产品具有公共产品的性质,在公共产品的信息供给方面,竞争性的市场机制的困难显而易见,因此私人市场会提供一部分的信息产品。面对信息产品交易的市场失效,需要发挥非市场机制的作用,特别需要政府的干预,干预方式可以从政府提供信息、政府对私人信息产品的生产提供补贴、建立与保护信息产权三个方面出发。④

四、奥运知识产权的传播技术垄断化

知识产权制度作为产权制度有机整体的一部分,对技术进步与技术创新的反映和调整最为密切及时。知识产权法律制度的规范总是随着新技术的产生而发展,技术的新发展必然在法律概念中引起变革或增加内容。在版权保护的相关权利中,复制权与改编权等都以传播为依托,在鼓励作品的创作和传播的同时如何保护传播本身的知识产权、尊重他人的知识产权就成了科技传播工作者必须关注的问题。知识产权是技术创新成果权利化的体现,是保护科技优势和开拓市场的重

---

① [美]理查德·A.波斯纳.论隐私权[M]//梁慧星.民商法论丛:第21卷.香港:金桥文化出版(香港)有限公司,2001:350.
② 郑成思.知识产权——应用法学与基本理论[M].北京:人民出版社,2005:82.
③ 张振亮.论信息产权的法律属性[J].南京邮电大学学报(社会科学版),2009,11(2):31.
④ 洪银兴,路瑶.信息产品交易和知识产权保护[J].学术月刊,2005(5):35-36.

要法律手段,拥有更多的自主知识产权与推动、保障技术创新具有不可分割的内在联系。知识产权是一种无形资产,也是经过法律确认的产权,是衡量技术创新的重要指标。知识产权制度是促进技术创新,增强经济和科技竞争力的重要激励机制之一。随着国际知识产权制度的不断完善,知识产权制度对技术创新活动产生了全方位、多层次的深远影响。科学技术的每一次重大创新总是能带来社会生产力的一次重大发展,随着技术的进步,技术创新所提供的推动力日益成为一个企业生存和发展的关键,成为推动生产力发展的最活跃因素。

现代奥林匹克运动会的崛起与繁荣同现代技术的发展密不可分。对技术演变过程的自我增强与路径依赖的研究,首先是由 W. 布莱恩·亚瑟(W. Brian Arthur)提出的,他认为:"一项新技术的采用往往具有报酬递增的性质,由于某种原因首先发展起来的技术通常可以凭借先占的优势,实现自我增长的良性循环,从而在竞争中胜过自己的竞争对手。"①在经济学中有个"锁入效应",这是指在具有"规模经济效应"或"收益递增效应"的社会生产过程中,市场上的经营者都不得不追随"主流",因为抛开已经确立的、构成系统外部效应的现有技术环境,成本会很高,风险会很大,这在经济学上又被称为"路径依赖"。② 这种先天的优势具体表现为以下几个方面:一是规模巨大导致单位成本的降低;二是普遍流行使得学习效应提高;三是众多行动者采取相同技术而产生协同效应;四是在市场上越流行,就越促使人们相信它会进一步流行等等。反之,即便一种技术具有比其他技术更优良的品质,但可能由于进入市场的时机比较晚,导致无法取得足量的追随者而陷入恶性循环,甚至被"锁定"在某种被动的状态之中难以解脱。"语言、文字、报纸与印刷技术共同形成著作权诞生的必备物质前提,而印刷技术则是最后一个物质条件。由于印刷技术与著作权意识的诞生在时间上的接近,无论东、西方知识产权法学者,都毫无例外地认为著作权是随着印刷术的采用而出现的。"③一个世纪以来,奥运会一直是各种通信技术的试验场,它见证了从电报、广播、电视、卫星、互联网一直到最新的融合多媒体通信等现代通信技术发展的全过程,实现了电报传播到新媒体传播的华丽转身。现代奥林匹克运动的发展与电视传播密切相关,奥运会的电视转播也打上了电视产业发展逻辑的烙印,媒介组织的商业化与新媒体技术的变革已经或正在给奥运会的传播带来深远的影响。在一定程度上说,"奥运会的历史

---

① 吕明瑜. 技术标准垄断的法律控制[J]. 法学家,2009(1):53.
② 卢现祥. 西方制度经济学[M]. 北京:中国发展出版社,1996:81—82.
③ 郑成思. 中外印刷出版与版权概念的沿革[M]//中国版权研究会. 版权研究. 北京:商务印书馆,1995:111.

既是一部人类文明发展史,又是一部电视技术进步史。"①体育是电视技术最先运用的领域之一,也是电视技术发展的一个风向标,有什么样的影像技术就会有什么样的电视节目形态与电视传播方式,技术的改变甚至能够带来整个电视语态的变化。"影响电视传播发展的影像技术包括两个方面:一方面是影像摄录技术的改变;另一方面则是影像传播技术的改变。"②

随着科技的进步,体育转播的标准也日益提高。标准起源于工业时代,它是工业文明时代的产物。尽管它不是商品,但却能加速商品的生产与流通,能明显提高劳动生产率与资源转化率,为商品生产的合理化、生产效率的提高以及成本降低带来可能,从而为企业带来丰厚利润。随着商品经济的发展,它在人类社会中发挥越来越重要的作用。随着商品经济的发展和市场的扩大,特别是专业化生产与协作的出现,给标准的应用创造了广阔空间,也对标准提出了客观性要求。如今,标准化活动几乎渗透到人类社会实践活动的一切领域,成为人类社会实践活动不可缺少的内容。③ 传统观点把知识产权看成是体现个体利益的"私权利",而标准由于其适用的统一性,需要将知识产权纳入其中以实现公共利益。在信息时代,"从奥运会各种赛事的信息传递到电子商务等服务都离不开信息技术领域,而支撑信息服务的数字网络、远程音像传输及图像显示等技术的开发与建设则需要大量的国内外先进标准"④。由于广播电视是实现奥林匹克传播的主要手段,因此,历届奥运会的主播机构对各项赛事电视转播的公平性、高质量、标准化格外重视。为此,主播机构在全球范围内寻找对各项赛事有制作经验的电视机构,组成奥运赛事国际性公共信号制作团队,共同完成奥运全部赛事的转播,并应持权转播商的要求,在各个赛场提供单边及其他个性化服务。

在体育赛事转播领域,由赛事主办方、技术商、转播商等形成了一个商业链,他们各取所需,其中技术商通过技术的产品化获取相应的利润。从其发展过程可以看出,媒介技术在奥运知识产权的垄断性方面发挥着重要的作用。从电视摄录技术发展来看,电视转播经历了胶片拍摄、电子影像时代、数字影像时代。"1930年,英国开始在伦敦试播有声电视图像。1936年11月2日,BBC在伦敦郊外的亚历山大宫以一场规模盛大的歌舞开始了电视的正式播出。这一天也被认为是世界电

---

① 卢群,赵兴玉.奥运电视转播发展历程及技术发展现状:上[J].广播与电视技术,2008(3):44.
② 孙振虎.技术革新背景下的电视传播革命——试论改革开放30年来中国电视的变革[J].中国电视,2008(12):22.
③ 张昊,陈雪玲.标准、标准化与体育[J].体育文化导刊,2004(7):6.
④ 宋寅平.筹办北京奥运会中的标准化问题[J].中国标准化,2002(11):21.

视事业的诞生日。"①电视首次报道体育赛事用的是3台庞大而笨重的摄像机。当时转播制作的电视图像质量很差,画面很不清晰。1936年的柏林奥运会在媒体利用上采取了不少里程碑式的办法:第一次使用电视转播技术,使得奥运会在41个国家赢得了4亿观众;第一次采用电传播报,用14种语言向近3 700家传媒发出消息;第一次用纪录片的形式对奥运会进行了完整的纪录,摄制了大型电影纪录片《奥林匹亚》;第一次电视现场直播,架设在柏林各处的25个大屏幕可供当地人免费观看比赛,对许多国家转播实况。20世纪60年代,科学技术与资讯工业飞速发展,黑白电视逐渐在欧美百姓家中得到普及,可为现场转播比赛提供基本技术支持的通信卫星也已诞生,电视直播便在罗马奥运会闪亮登场。1960年第17届罗马奥运会上,首次向全世界电视转播了奥运会的比赛实况。1984年第23届洛杉矶奥运会上,首次采用大型电子信息服务系统,奥运会上第一次出现了"高清摄像机"与"超级慢动作"的设备,当时专门研发的摄像管摄像机拍摄的速度是普通摄像机的3倍,这在世界首次实现3倍速度拍摄的电视转播。1992年巴塞罗那奥运会上,首次使用高清晰度电视,通过卫星向欧洲地区观众转播奥运会盛况。这届奥运会后,国际奥委会成立了一个国际化的专业电视团队,专门制作奥运会公共信号,然后再把这些信号传送给各国电视台。这种做法既可保证电视信号的高质量,也可保证电视画面的相对公正。这些新技术在奥运会上的运用,大大促进了奥运会的信息传播。

从传输发展来看,电视转播先后经历了微波传输阶段、卫星和有线电视传输阶段以及数字传输阶段。1936年第11届柏林奥运会上,组委会安装了闭路电视系统,首次通过广场大屏幕向聚集在公共场所的柏林市民做了实况转播,这是奥运历史上第一次电视转播。1948年二战后的第一届奥运会在伦敦举行,东道主英国BBC转播了这届奥运会。随着50年代黑白电视在欧洲普及,有线直播体育比赛得以实现,1956年的科尔蒂纳丹佩佐冬奥会就是通过有线对赛事进行现场直播。1964年东京奥运会上出现了电视卫星转播,体育赛事转播开始跨越国家的界限,转播技术进入新的历史阶段。随着国外转播商开始参与体育比赛现场转播,这直接导致了电视转播权竞争的加剧。在现代信息社会,消费者对信息投入的注意力数量与程度都有限,可利用的信息数量又极度扩张,再加上产品过剩,这使得顾客注意力成为一种稀缺性资源,与此同时,经常处在隐形与离散状态中的消费者注意力,难以被充分挖掘与有效利用。在这种情况下,如果有一个有效载体能将消费者注意力长时间集聚的话,那就有助于缩小市场营销中供给方搜寻交易对象的范围,

---

① 郭镇之.中国广播电视史[M].上海:复旦大学出版社,2005:22.

进而降低市场交易中信息搜寻与传递的成本,消费者注意力的市场营销价值就能被极大地释放出来,毫无疑问,奥运会就是这样的绝佳载体。奥林匹克运动不是靠直接观众用户,而是靠电视转播、商业赞助、特许经营等间接用户的收费来支撑其运营。奥林匹克运动的市场开发模式就是基于"第三方付费营销战略"来设计与构建的,与第三方交易关系的实现是这种商业模式的关键,这需要向第三方提供能够满足其需求的价值的产品。奥林匹克运动能够向第三方提供的交易价值主要来源于顾客资产与奥林匹克知识产权两个方面,这使得奥林匹克运动的市场开发模式能够在"第三方付费营销战略"中实现,[①]而这种实现必须建立在对奥运知识产权传播过程中的垄断性保护上。

---

① 黄志平.奥林匹克运动会市场开发模式研究——第三方付费营销战略视角[J].生产力研究,2011(1):107.

第四章

奥运知识产权传播过程中的公共性与垄断性冲突

争议往往来源于利益冲突,而厘清各方的权利范围和相互关系则是定分止争的有效途径。在知识产权制度中,一直存在着知识产权人利益保护与社会公共利益的冲突。由于对知识产权私权属性过多的强调,使得公众形成知识产权权利行使就必然全是垄断的错误逻辑,以至于在现实社会中知识产权与诸多权利都发生了冲突。① 法律确认权利存在两种基本形式是对权利进行保护性规定与限制性规定。"对知识产权以合理限制保证了知识产品社会消费效用最大化、边际收益递增最大化、社会福利最大化。"②正如前文所述,对知识产权的限制实质上就是以社会公共利益对知识产权人个体利益的限制。"知识产权应当具有公权因素,知识产权与其他权利之间的冲突实质上是忽略了知识产权公权因素的结果。"③私人产品与公共产品的经济区别已为产权安排提供了有益思路。一般来说,由于"外部效果"和"搭便车"等原因,具有公共性的资源或资产其产权不易私有;或者更确切地说,公共产品界定为私有产权,其履行与保护费用极高。④

作为一种合法性垄断,知识产权原本是作为反垄断法适用除外而存在,但由于它的独占权会使其拥有者在某一特定市场上形成垄断与支配地位,这样就限制了市场竞争。尤其是在有些时候依法拥有的独占权可能会被知识产权者滥用,通过知识产权不正当行使来非法限制竞争,从而违反反垄断法。目前,关于知识产权垄断与反垄断仍然存在广泛分歧,具体内容主要表现为哈佛学派同芝加哥学派之争上。芝加哥学派认为:"垄断能够很好利用规模经济和组织创新实现降低成本、提

---

①③ 董云.知识产权权利限制的理论与实践[J].人民论坛,2013(1):80.
② 温芽清,南振兴.知识产权法的二元价值目标及其均衡——基于经济学视角的分析[J].河北大学学报(哲学社会科学版),2010,5(35):51.
④ 陈昌柏.知识产权经济学[M].北京:北京大学出版社,2003:34.

高效率和福利的目的,从而主张宽松的反垄断政策。"①但是,哈佛学派则认为:"垄断主要是通过勾结与排斥两种手段获得,从而损害竞争、降低了效率与福利,因而主张对垄断严厉打击。"②经济利益甚至通常的利己主义并非都是当代社会代理人行动与否的驱动力。在过度发达的资本主义时代,更广泛地来说民众是由"文化"而非"理性"推动的。从非合作博弈到合作博弈是公共物品供给的制度基础。就知识产权而言,通过给予知识生产者以垄断权,生产者会得到一种强有力的刺激去发现新信息、生产新知识;但如果知识的垄断者对知识产品索要过高价格,又会阻碍该产品的传播与使用,消费者难以支付费用充分使用信息。③

一般认为,世界反托拉斯法的制定与实施始于美国的《谢尔曼反托拉斯法》(简称《谢尔曼法》)。经济史学家认为1910年代是美国反托拉斯实施的转折点。在1910年代发生了两件反托拉斯大事:一是1911年的新泽西标准石油公司案;二是1914年美国通过的《克莱顿反托拉斯法》(简称《克莱顿法》)、《联邦贸易委员会法》两个反托拉斯法。④ 正如罗伯特·考特与托马斯·尤伦所说,没有合法的垄断就不会有足够的信息生产出来,但是有了合法的垄断又不会有太多的信息被使用,也正因如此,各国都赋予知识产品创新人以知识产权,但同时又都在时间、范围、使用、转让、许可等方面给予法律限制。"以使其与国家赋予创新人的垄断性产权形成一个知识产权均衡体,从而把知识产权私权控制和规范成促进知识进步、技术创新、经济增长的有益制度工具。"⑤由于奥运知识产权内容复杂,权利主体(国际奥委会、国家奥委会、奥组委、国际单项体育联合会协会、国家单项体育协会和运动员)众多,因此,在奥运传播过程中经常会出现奥运知识产权市场开发违反"反垄断法"行为、奥运知识产权"垄断性"涉及"知识产权滥用"问题、奥运知识产权保护与反垄断法无法和谐共存的矛盾与争议⑥。因此,分析奥运知识产权公共性与垄断性矛盾冲突是解决这些矛盾与冲突的基础。"在知识产权利用与限制中一条非常重要的原则就是任何组织在开发其知识产权时,都不能不合理地妨碍其他组织行

---

①② 王平远.大型体育赛事电视转播权有效开发探讨——基于福利经济学和博弈论的视角[J].体育科学,2010,30(10):24.

③ 邱爽.知识产权的经济解释——基于巴泽尔产权理论的分析视角[J].天府新论,2008(4):50.

④ 臧旭恒.从哈佛学派、芝加哥学派到后芝加哥学派——反托拉斯与竞争政策的产业经济学理论基础的发展与展望[J].东岳论丛,2007,28(1):16.

⑤ 温芽清,南振兴.知识产权法的二元价值目标及其均衡——基于经济学视角的分析[J].河北大学学报(哲学社会科学版),2010,5(35):51.

⑥ 蔡明明,李江.大型赛事知识产权与反垄断之间几个争议性问题的探究——以奥林匹克知识产权为例[J].南京体育学院学报(社会科学版),2011,25(6):92-93.

使自己的知识产权专有权。"①

第一节　奥运知识产权公共性与垄断性冲突表现

知识产权人对知识产品享有专有权利，这与社会公众对知识产品的合法需求之间存在着一定的矛盾冲突，这需要对"具有公共商品和私人商品双重属性的知识产品的使用、分配与利益分享作出合理性的制度安排，以实现知识产权法的公平、正义的价值目标"②。由于知识产品具有独特的经济属性，这导致在生产、传播、消费的过程中，知识产权存在着复杂的矛盾与利益冲突。这种矛盾与利益冲突既可以表现为不同的知识产权人之间的利益冲突，也可以表现为知识产权人与知识产品的传播者、消费者之间的利益冲突，但主要利益冲突与矛盾还是知识产权人的私人利益与社会公众对知识产品的合法需求的公共利益之间的冲突。③

一、私权属性与公共利益冲突

从传统上讲，知识产权是一种私权，在本质上属于私法保护的范畴；从权利属性上看，知识产权是法律基于对创造性劳动的鼓励，赋予知识产权人对其智力成果一定期限的垄断性权利。但是，作为知识产权的保护客体，知识产品具有不可否认的公共属性，它与思想、信息的表达和传播的密切关系决定了知识产权制度与普通私权制度的不同，它是具有强烈公共利益性质的私权。知识产权围绕发明者、作者等知识产品创造者的利益，对他们创造的知识产品的生产、传播和使用而产生的利益进行保护。这种利益既涉及知识产权人的私权利益，同时也涉及社会的公共利益，特别是知识与信息传播使用者的社会公众利益。④ 德国学者乌尔里希·贝克认为随着"技术—经济"的发展，由于某些特殊的考虑或者追求利益最大化，人为的各种危机使全球进入风险社会，新自由主义的经济至上原则与公共领域空间中利益实现渐行渐远。"为了实现知识产权法的公共利益目标，需要对具有私权性的知识产权给予一定限制。事实上，就一般意义上的权利和自由而言，服从于公共利益

---

① 霍华德·斯普图.国际奥委知识产权概览[J].周玲,译.知识产权,2006,16(5):93.
② 冯晓青.利益平衡论:知识产权法的理论基础[J].知识产权,2003(6):16.
③ 温芽清,南振兴.知识产权法的二元价值目标及其均衡——基于经济学视角的分析[J].河北大学学报(哲学社会科学版),2010,35(5):51.
④ 邱爽.知识产权的经济解释——基于巴泽尔产权理论的分析视角[J].天府新论,2008(4):49.

的需要也是人们长期以来对自由和权利考察所得出的历史性经验。"①

公共关系学兴起于美国,经济利益最大化曾在一段时间成为它发展的主要目标。为了实现它的功利性目的,公共关系中主客体之间的关系不断被调整。不过,在社会经济水平与文明程度的提高过程中,经济诉求与社会公共利益之间的矛盾也陷入了一种两难的境地。作为一个典型的经济学概念,"外部性"是指个人在追求私人利益的同时,对他人的效应或福利有外溢性影响。"外部性"可分为积极与消极两个方面。"前者是指一种行为引起他人效用的增加或者成本的减少,又可称为外部性的正效用;后者是指一种行为引起他人效用的降低或者成本的增加,又可称为外部性的负效用。"②将人类活动的目的划分为公益与私益、活动的手段划分为自愿与强制,这只是为了研究问题的方便。实际上,在公益与私益之间、在志愿和强制之间是一个逐渐变化的连续谱。现实生活中,人类活动只不过存在公益与私益的程度不同、志愿与强制的程度不同而已。强制性公益就是通过权力运作、政策法律与制度规范等手段,强制性地要求其成员为公益服务的一种机制;志愿性公益是通过成员的志愿行为,自主地为公共利益服务的一种机制。这种自愿行为来自人类后天在交往与社会活动中所形成的利他主义行为动机。③ 非营利组织作为民事主体也要进行民商事活动,与其他民事主体进行交易。作为私法主体之一的非营利组织,只有在肯定其对自己财产享有所有权的前提之下,相关的法律制度才能得以适用。由于出现"政府失灵"的现象,以公益与互助为目标的各种协会、社会团队及志愿性组织纷纷出现,社会开始关注独立于政府之外的第三方,寻求一种单纯依赖市场或单纯依赖政府之外的第三条道路。④

知识产权公权化已成为知识产权界近年来理论研究的一种新动向。知识产权的公权化倾向的主要理论依据是与其他民事权利比较,公权力介入知识产权较为普遍和深入。"公权力对知识产权的干预主要表现在知识产权的确权、流转、变更等过程中都需要国家行政机关来确认。"⑤另外,知识产权公权化理论认为:"知识产权法是平衡知识产权人与社会公众之间的利益的调节器,这种'平衡'是一种动

---

① 冯晓青.知识产权法的利益平衡原则:法理学考察[J].南都学坛:南阳师范学院人文社会科学学报,2008,28(2):95.
② 康佑发.反垄断法规制知识产权滥用之立法探讨——以知识产权与反垄断法相互关系为视角[J].科技与法律,2008,1(71):14.
③ 席恒.利益、权利与责任:公共物品供给机制研究[M].北京:中国社会科学出版社,2006:47-48.
④ 耿长娟.萨拉蒙对非营利组织理论的新发展及其启示[J].江南大学学报(人文社会科学版),2014,13(4):35.
⑤ 于志强.论知识产权的私权属性——关于"知识产权的公权化理论"的置疑[J].法学论坛,2012,2(27):92.

态的平衡,它需要由公权适时介入进行调整。"① 正是知识产权拥有这一区别于其他私有产权的特殊性质,奠定了其作为第一产权的基础。知识产权是社会关于知识产品归属的一种制度性安排,这种安排涉及人们对知识产品的生产、控制、利用和消费。"知识产品是知识生产者个人智力劳动的产物,具有鲜明的个人特色,但知识产品又是人类知识积累的一部分,既是对前人知识产品的利用,也要为后来者的知识产生提供支撑。因为在知识产品上设定产权,注定会对每个人产生影响,这种影响会随着社会生活的发展而愈发深刻。"② 本书研究的奥运传播中的知识产权不但会与一般知识产权一样遇到公共性与垄断性的矛盾,更因为它们是在奥运传播中产生的知识产权,这种冲突就变得更为突出。

二、组织非营利特征与市场化转向

"'资源依赖理论'认为,对于一个组织来说,其最重要的存活目标就是要想办法减小对外部关键资源供应组织的依赖,并且找到一个能够稳定掌握、影响这些供应组织的关键资源的办法。"③ 体育竞赛首先是一项公益事业,但也包含着私人与局部利益。现代竞技体育比赛虽然不以商业营利为目的,但它从开始就与商业活动联系在一起。体育竞赛进行产业化运营时,其突出特征是其信息经济的特点。这种商品大部分的价值并不隐藏在这些商品内部本身,而是存在于公众对这种商品的预期需求中,这就增加了设计商品的诱惑力。因此,这种商品生产者的利益限制了市场上这种商品的供应,由于公众对这种商品的持续需求,生产者制订市场所能接受的最高单位价格。"在这样的情况下,生产者关心的是如何达到单位产品的最大的利润幅度,而不是产品可能实现的最大销售量。"④ 为了实现设计产品不断增加单位市场价格的目的,知识产权人一定要控制生产商与产品销售。为了提高产品的吸引力,知识产权人会采取对产品销售渠道进行控制的办法,以实现商品在市场中具有排他性与稀缺性的目的。知识产权人必须通过具有向市场内一些零售商提供商品,而排斥其他零售商的选择性销售系统来实现这些控制权,这个系统包含什么类型的零售商,这完全取决于系统里的零售商是否能够帮助生产商通过对

---

① 于志强.论知识产权的私权属性——关于"知识产权的公权化理论"的置疑[J].法学论坛,2012,2(27):92.
② 梁兴国.知识产权权利冲突问题研究——一种法哲学的进路[D].北京:中国政法大学,2007:1-2.
③ Anheier H K, et al. The Implications of Government Funding for NPOS: Three Proportions [J]. International Journal of Public Sector Management, 1997(10):395-396.
④ [美]托马斯·赫斯.反竞争协议与来自欧盟市场外的平行进口[J].张云,译.中共中央党校学报,2004,8(1):94.

销售商品供应量的限制来实现单位商品最高价格的目的。

非营利组织领域运用市场导向理论会产生两个典型的市场：一个是资源获取市场；另一个是资源分配市场。"组织生存的关键在于获得与保持资源的能力，市场导向作为组织营销观念的执行，从本质上可以看成是一种'交换'活动，其目的是通过交换相关资料，以实现组织的使命与完成各种活动。"①市场机制若想成功地提供某些公共物品，需要满足以下几个条件：第一，一般来说，市场供给的公共物品必须是有一定排他性或竞争性的准公共物品；第二，在消费上，这些公共物品必须存在排他性的技术条件；第三，如果要成功地提供公共物品，市场机制就必须有一系列的制度条件保障，其中，最重要的制度安排无疑是公共物品的产权；最后，在公共物品的供给中，市场机制还要受到一定的政府规制。② 目前，Kohli 和 Jaworski 从信息行为的角度、Narver 和 Slater 从组织文化的角度，对组织市场化导向作出了有代表性的研究，并对市场导向与市场作出了定义。Kohli 和 Jaworski 认为："市场导向与市场信息相关，在组织范围内对与现有的和潜在的顾客需求相联系的信息进行收集、传播和反馈，主要有市场信息获取、市场信息传播以及组织对市场信息的反应三部分组成。"③Narver 和 Slater 认为："市场导向是一种组织文化，它能够促使组织创造并提供卓越价值，进而构建组织竞争优势，它可以通过顾客导向、竞争导向和跨部门协调合作单个构面来度量。"④"市场导向的实施不仅可以使组织对内外部环境中可能存在的机会和威胁做出反应，而且可以减少组织对外部环境的依赖，同时在组织的不同利益群体之间维持一种较为平衡的关系，以共同应对组织面临的机会和威胁。"⑤

20世纪80年代以来，非营利组织在全球范围内兴起了市场化运动的浪潮，这种局面的出现有着深刻的社会背景。当时，市场化改革浪潮席卷全球，西方政府的公共财政支持下降、民间的个体捐赠减少，再加上非营利组织间的竞争加剧以及市场经济条件下的企业化经营管理模式得到各类组织的普遍重视，面对这种深刻社会变革带来的压力，为了回应资源日益稀缺与运行效率低下的现实，本不以营利为目的非营利组织，也被迫通过市场运作来获取更好的生存机会。"为了维持自身的

---

① 张永韬. 我国非营利体育组织市场导向研究[J]. 体育与科学，2012，33(5)：58.
② 席恒. 利益、权利与责任：公共物品供给机制研究[M]. 北京：中国社会科学出版，2006：121.
③ Kohli A K, Jaworski B J. Market Orientation: The Construct, Research Propositions, and Managerial Implications[J]. Journal of Marketing, 1990, 54(4):1-18.
④ Narver J C, Slater S F. The Effect of a Market Orientation on Business Profitability[J]. Journal of Marketing, 1990, 54(10):201-235.
⑤ 张永韬. 我国非营利体育组织市场导向研究[J]. 体育与科学，2012，33(5)：58.

生存和发展,他们不得不改变传统的运作机制,而越来越多地借助市场机制开辟财源,与企业、政府以及其他非营利组织进行竞争,更多地从事营利性经营活动,即非营利组织的市场运作或商业化运作。"①庞大的国际奥林匹克组织当然也会遇到同样的困境。尽管在 1984 年以前,"非商业化运作"一直被奉为奥林匹克运动的基本原则,但 1976 年加拿大的"蒙特利尔陷阱"和 1980 年的莫斯科奥运会的巨大亏损,使奥林匹克运动发展遭遇到巨大危机,同时也使得国际奥委会部分委员意识到奥林匹克运动必须顺应时代发展,要摒弃固化的"非商业化原则"。于是 20 世纪 80 年代以来,国际体坛出现的一个重大发展就是引进市场机制,通过市场渠道吸纳经济资源,体育的经济功能得到前所未有的开发,巨大的经济潜能得以彰显。连续遭遇危机的奥林匹克运动,1984 年来到了市场经济高度发达的美国,在政府完全没有投入的情况下,洛杉矶奥组委把本届奥运会交给了一个叫尤伯罗斯的金融投资家,正是在他的精心策划与组织下,本届奥运会实现了真正的商业化运作,实现了奥运会的扭亏为盈,从此奥运会的市场化选择得到大力推崇,也改变了奥林匹克运动的命运。"美国经济研究协会就(1984)洛杉矶奥运会对南加利福尼亚地区经济的影响进行了研究,这项研究包括那些可以量化的经济指标,即有形的、直接的指标,该研究认为奥运会对这一地区当时的经济促进效果为 32.9 亿美元。"②也就是从这届奥运会之后,奥运会作为体育产业中一个最具有代表性、融体育竞技比赛与商业营销活动于一体、对主办国经济发展产生显著拉动作用的体育经济活动受到各国政府与企业的追捧。

由于体育赛事日益丰富,赛事转播水平不断提高,观众对体育观赏的需求大大增加,再加上体育本身特有的普适性价值,当代体育便成了经济领域全球扩张的首选载体。从近三十年体育赛事的运作来看,体育赛事特别是大型体育赛事与商业有着密不可分的关系。国际奥委会原营销部主任麦克尔·佩恩(Michael Payne)曾说过,从奥运会的规模及复杂程度来说,假如没有赞助商的话,奥运会就难以生存。这里之所以将奥运会称为体育经济活动,而不是体育竞技活动,就是因为在泛商业化的社会氛围中,在奥运体育竞技赛场的舞台上,同时也在上演一场市场营销竞争的大戏。体育竞技与体育经济的结合形成了体育产业。伴随着经济全球化的发展,从 20 世纪 70 年代以来,奥运会电视转播权的出售成了国际奥委会一个最主要的经济来源,最高的时候甚至达到国际奥委会总收入的 95% 左右。也是从 20 世

---

① 张玉磊. 困境与治理:非营利组织的市场化运作研究[J]. 中国农业大学学报(社会科学版),2008,25(4):170.
② 雷选沛. 北京奥运经济运营与管理研究[D]. 武汉:武汉理工大学,2006:3.

纪70年代开始,国际奥委会市场开发开辟了新的渠道,国际奥委会开始实行奥林匹克计划,后改名为奥林匹克全球合作伙伴计划,简称"TOP计划"。奥林匹克运动全球赞助商的"TOP计划"是国际奥委会的又一主要经济来源。为了能以法人身份参与处理各种重大事务,更好地实现市场运营,1981年国际奥委会第一次确立正式的法律地位。法律身份的确立使得国际奥委会能够在经济上大胆进行商业性开发,利用各种活动创造财富。1983年国际奥委会指定国际体育娱乐公司(ISL)为其销售奥林匹克标志的代理机构,国际奥委会的市场开发更具有专业性了。

在市场经济条件下,民间公益组织与企业组织一样,都可以作为一定的经营主体。与企业组织相比,民间公益组织的经营对象不是私有财产而是一定形式的公益资产。在市场运作中,民间公益组织不但要保证公益资产不能流失,还要努力使公益资产得到保值增值,确保公益事业能够可持续发展。在市场经济的环境中,"非营利性是一个用于界定组织性质的词汇,它强调这种组织的经营运作不是以牟取利润为目的,但并不包含限制组织开展经营活动的意思。"①在奥运传播的市场化过程中,奥林匹克的品牌价值与奥运会聚集的注意力资源,给奥委会及相关合作方带来巨大的商业利益,但这一切的前提条件是奥林匹克文化的纯洁性与奥林匹克运动的非商业化。这就如麦克尔·佩恩所述,奥运会不仅是一项简单的体育赛事,历经3000年被细心呵护至今的独特文化内涵,使得奥林匹克运动提升了合作伙伴的价值。奥林匹克品牌让所有市场合作伙伴看重的真正商业价值,正是由其非商业性价值所产生。发展奥林匹克运动既要最大限度地传播奥林匹克文化,保护其不被政治、商业等因素所侵蚀;同时又要通过在一定范围经营奥运会及其品牌价值,以获得维持奥林匹克运动发展的经费。奥运会坚持一贯的传统,市场开发并不采用场地广告发布的形式,在奥运会的比赛、训练和其他形式的活动场所不允许有广告宣传出现,这是奥运会与其他单项运动项目在市场开发做法上的最大不同。

现代奥林匹克运动对过度商业化的限制措施主要表现在以下三个方面:首先,国际奥委会始终坚守奥运会电视信号通过电视台实现最大范围免费播出的原则,而不是单纯地追求利益最大化原则。其次,国际奥委会始终坚持"场馆清洁政策",也就是奥运会的比赛场馆和奥运村里不得出现任何形式的商业广告,运动员服装上除了符合要求的运动服商标,禁止体现任何商业赞助的标志。最后,国际奥委会拒绝接受烟草和烈酒生产商的赞助,而不管其赞助金额多么的高昂。奥运会的市场开发战略在于结合奥林匹克运动的崇高度、美誉度与知名度,在互动中相得益

---

① 曾维和.公益产权:非营利组织发展的一个新议题[N].中国社会报,2004-12-16(T00).

彰;策略则是通过企业的知名度、产品的可信度来扩大在消费者、用户中的影响,扩大其市场或进入某个市场。无论是何种级别的赞助商和合作伙伴,这些参与企业都有自己的市场价值追求,购买的只是一种价值,增加企业无形资产。奥运会的市场开发就是在这样的商业背景下应时而生、与时俱进的。在这个意义上,奥运营销是一种专门和特殊的营销路线和手段,也是一种专门的知识和技巧。国际奥运会对合作伙伴或者赞助商的选择,不单纯是通过谁出价高就卖给谁的"拍卖式"方式进行,而是通过对应征企业包括赞助商金额在内的各种指标进行调查与筛选来选择,入围之后还需在更高的指标下进行专家评选,即便成为合作伙伴与赞助商后,奥组委还会对其进行必要的监控。因为,奥运会和参与企业都异常珍视自己的声誉与信誉,奥运会市场开发就是建立在双方优质无形资产互动与增值的基础之上的。

三、电视转播权的权利共享与转移

奥林匹克市场开发运行模式是一种典型的知识产权专有权利的授权许可经营模式。虽然授予经营权构成了市场进入的障碍,保护了生产者的积极性,同时以牺牲效率为代价,但在市场经济条件下,知识必须具有与物质同样的商品属性,才能成为自由交换的标的。知识的非排他性等特征使其不能进入市场,知识不能作为商品流转,如何形成使用上的排他性成为解决知识的市场流通问题的关键。科斯认为,产权对于资源成为商品在市场流通具有特殊的意义。产权描述的是对资源的行为权利,通过产权的界定来实现资源的有效配置。一般来说,产权的形成是市场博弈的结果,产权赖以成立的条件是取决于他人的认可,清晰的产权界定是交易的前提。"知识产权是保护技术开发或创造、经营等正常进行的一种权利制度,它是和技术开发、产业、消费者组成的市场结构相对应的一种权利。"[①]市场资源供给机制即在公共物品的供给中借鉴市场机制,引入竞争机制。

一般来说,奥运会特许商品的知识产权是指与奥运会特许商品有关,奥运会知识产权权利主体享有的奥林匹克标志、特殊标志、商标、著作权、专利和商业秘密等专有权利。奥运会特许经营(Olympic Games franchising)是指奥林匹克组织(国际奥委会和主办国国家奥委会、奥组委)作为特许权人,将奥运会或奥林匹克品牌(奥林匹克标志、商标等无形资产)作为可经营资源,通过合同形式许可其他经营者(被特许人)使用。被特许人根据合同约定支付许可经营费给特许人,以便开展现代奥林匹克传播生产与销售经营等活动。奥运会特许商品主要涉及由国际奥委会

---

① [日]富田彻男.市场竞争中的知识产权[M].廖正衡,等,译.北京:商务印书馆,2000:12.

直接经营的全球奥运会特许商品、由奥组委直接经营的奥运会商品两个层次。与之类似,电视转播权作为一种特殊的奥运知识产权,国际奥委会对其使用也是通过授权转让的方式。"虽然目前体育组织者和参与者在转播权的权、责、利界定上尚存争论,但其发展趋势为体育赛事转播权由体育赛事组织者和体育项目俱乐部共同拥有。"①在竞赛组织者或运动员组织的授权下,竞赛场面被电视节目作者或传播者制作成各种不同的节目后,按照授权的条件进行传播。基于这样的委托关系,委托方与受托方要通过合同,来约定各自对这种独创性劳动产品的权利。"体育赛事组织者或运动员组织必然是体育赛事转播权的所有者,即版权主体,但若媒介机构在剪辑等方面进行了独创性劳动(如赛事集锦编辑等),则这种传媒内容产品的第一权利主张人应为传媒机构。"②

体育赛事组织者或运动员组织与获得转播权的传媒机构的关系如图所示:

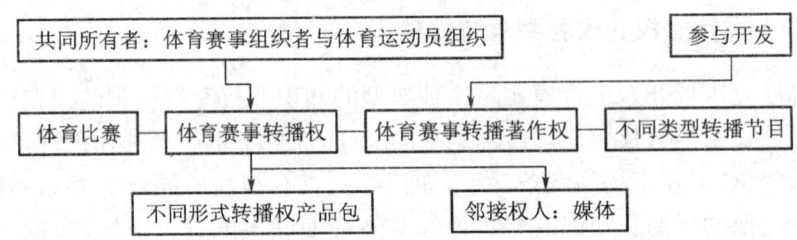

现代奥林匹克的初始阶段,赛事电视转播权是无关紧要的附属体,但随着奥林匹克运动的影响力扩大,电视转播权逐渐对奥林匹克的传播起到至关重要的作用。赛事转播权究竟,这是属于职业体育联盟(协会)组织者,还是属于参加者的各俱乐部,或者是双方共同所有,这是一个值得仔细研究的问题。另外,转播的对象即体育比赛的主角运动员,他们在转播权上是否可以享有一定的权益,仍需要继续探讨。奥运会的电视转播权由国际奥委会统一开发经营,这样的规定对各个参赛国都具有约束力,是他们获准参加比赛的前提条件之一。实践中,国际奥委会一般是将某一区域内赛事转播权出售给一家媒体,而将收益较平均地分给各参赛成员国。这样一来,那些支付较高电视转播权费用的国家就会提出异议,他们对国际奥委会垄断比赛电视转播权表示反对,希望确认本国国家奥委会对电视转播权的权利。以前不少国家的立法与司法部门都认为体育赛事转播权交易属于行业自治范围内的事情,并没有给予太多的关注,但随着近年来围绕电视转播权的争议日渐增多,电视转播冲突对体育界、传媒界和广大社会公众都产生了不小影响,司法部门也经

①② 于晗,金雪涛.基于产权理论的体育赛事转播权开发研究[J].生产力研究,2013(6):74、75.

常介入转播权的讨论中来,对转播权归属问题表明自己态度。在近年电视转播权的争议中,因运动员们主张自己电视转播权而引发的纠纷并不多见,出现这种现象的原因可能是运动员与体育组织(俱乐部)签订工作合同时,将原本享有的权利让渡给体育组织(俱乐部),其中包括运动员在电视转播权中所享有的权益,体育组织(俱乐部)给予球员高额工资可以被视为对这一损失的弥补。"如果运动员们想从电视转播中也分得一杯羹,就只能寄希望于在他们与俱乐部的合同中写明运动员能够从转播收入中获得的份额。"①对于像奥运会之类的公共性赛事,代表国家与民族参赛是一种至高无上的荣誉,精神奖励是其主导,对电视转播权的权利救济还可以通过后续的形象权利益开发得以实现。

　　国际奥委会不但要经常与各大电视机构进行电视转播权谈判,还要与已选定的奥运会主办城市组委会进行谈判。组委会会经常性地向国际奥委会的战略发起挑战,质询为什么国际奥委会如此重视观众数量最大化,保护免费播放电视信号的原则,而不是将商业利益最大化。很多年来,不少私人电视台曾报出更高的价码,想要购得奥运会的电视转播权,但由于他们无法保证向大众免费播放以及在传播面上实现最大化,违背了国际奥委会电视转播政策的根本原则而被国际奥委会放弃。对所有人开放是奥林匹克运动公共性最为核心的内容。"奥运主办地的政府官员以及奥运会的组织者,面临着相当的压力,他们考虑的更多的是平衡预算,而不是奥林匹克运动在全世界的推广,因此他们也经常性地试图从国际奥委会手中获取控制转播权谈判的权力。"②萨马兰奇认为就电视转播权问题与奥组委谈判,是他担任国际奥委会主席期间最具有挑战性也是最难以达成一致的一件事情。在这个问题上经常发生的冲突导致了国际奥委会转而采用一种长期协议的策略。只要有可能,国际奥委会就会努力在奥运会主办地确定、奥组委正式成立之前,就把这届奥运会的电视转播权售出。

　　电视转播权的出售、TOP 计划、赛事举办地的营销计划、供应商的营销许可证、投资获得的利息构成了国际奥委会主要的收入来源。国际奥委会所实施的长期电视转播权计划和 1984 年奥运会所独创的 TOP 计划(The Olympic Partner Programmer,奥林匹克全球合作伙伴计划),给奥运会举办者提供了可靠的资金保证。体育赛事的电视转播权是指体育赛事主办方对体育赛事进行电视报道的许可以及对由此带来的价值所拥有的权利。赛事主办方有权决定是否给予某一电视转播机构对赛事进行电视报道的权利以及对被授权进行电视报道的主体具有提出相

---

① 裴洋.反垄断法视野下的体育产业[M].武汉:武汉大学出版社,2009:202.
② [英]麦克尔·佩恩.奥林匹克大逆转[M].郭先春,译.北京:中信出版社,2008:27.

应要求的权利。① 按照国际惯例,电视转播权是谁组织比赛就归谁,所以奥运会的电视转播权就归国际奥委会。对于电视转播权的开发,主要体现在对电视转播权的出售上。从法律角度看,体育赛事本身并不受著作权的保护,而将体育比赛通过技术手段制作成的电视节目或其他类型的传媒内容产品则是著作权保护的客体。获得转播权的媒介机构可作为"邻接权人"享受录制、传播的权利。尽管电视转播权与体育赛事版权泾渭分明,但在商业实践中,电视转播权的转让协议中经常要涉及版权。由于版权具有可转让性,所以拥有体育赛事电视版权的媒体,也可以通过协议的方式将它拥有的版权转让给职业的体育联盟(协会),通过职业的体育联盟(协会)对节目的商业价值进行再度开发。这样职业体育联盟(协会)既是体育赛事转播权所有者又是电视版权所有人。在转播实践中,上述版权转让行为通常按照转播权转让协议的规定来完成。由于签订转播协议时,转播行为还没有发生,所以当时签订的转让版权协议仅仅是针对一种预期的版权。一般来说,由于这类转播协议大多属于独家的,竞争法很可能对其转让进行一定的限制。

尽管从职业体育的传统做法来看,各参赛组织(俱乐部)通过职业体育联盟(协会)统一出售转播权,但总的来看,目前除法国之外的主要欧美国家,电视转播所有权都逐步倾向归属于各家俱乐部和职业体育联盟(协会)共同所有。这种转变的主要原因有以下几点:一是由于经济利益的驱动。过去电视转播权市场开发没有得到重视,商业价值没有完全体现,赞助合同、比赛门票、球衣广告是各家俱乐部主要考虑的收入途径,他们对电视转播权的价值并不重视。不过,随着对电视转播权投入的费用不断攀升,电视转播权成为俱乐部一大重要的收入来源,尤其是对转播价值较大的俱乐部,将赛事转播权转让给其他人,这相当于自堵财源。因此,他们成为向职业体育联盟(协会)讨回电视转播权的主力军。二是来自中小媒体的压力。在电视转播权的交易中,由于各国联盟(协会)经常以所有人自居,将赛事转播权以高昂的价格进行整体出售,这远远超出了中小媒体承受的能力。因此,中小媒体强烈要求打破联盟(协会)的垄断地位。虽然国际奥委会不会出现类似的垄断行为,但足球联盟遭遇的问题却是体育赛事遇到的普遍问题。三是来自竞争法的影响。随着近年来各国竞争法的适用范围不断扩大及影响力日益增强,体育特别是足球成为各国反垄断组织关注的一大重要领域,联盟(足协)与媒体之间达成的独家转播权协议,显然有限制竞争的嫌疑。因此,各大足球强国联盟(足协)几乎无一例外地受到竞争当局或法院的审查,否认联盟(足协)是转播权唯一合法所有人就成为否定这类协议有效性的重要理由之一。四是对体育赛事转播权产品认识的不断深

---

① 马骁.奥运会电视转播权及网络转播权的法律分析[J].电子知识产权,2003(4):48.

入。把体育赛事特别是联赛当作一个整体产品的观念,已经得到了认可。与此相应,赛事组织联盟(协会)的生产者地位被逐步确立。如果按照"企业权利说",职业体育联盟(协会)虽不是体育赛事直接参与者,但他们制定比赛规则、构建比赛模式、协调参赛方的矛盾、解决相关纠纷、联系赛事赞助商等,他们推动项目发展的能力与贡献是单家俱乐部不能比拟的。此外,现代职业化体育运动联盟已经普遍建立起公司法人制度,有承担一定经营风险的能力,因此,他们主张赛事转播权的权利合情合理,所以可以认定赛事参与者(俱乐部)与体育联盟(协会)应是转播权共同所有人。① 上述虽然是解决职业体育联赛的电视转播权的办法,但对奥运电视转播权的转让理论有很大的启发作用。

四、运动员形象商业化与社会效益

随着现代体育的普及,著名运动员的市场号召力以及良好的公众形象被越来越多商家所关注,他们就像好莱坞明星一样引人关注。足球等流行运动项目的知名运动员,越来越受到市场的青睐,成为社会的偶像。与此同时,运动员对自己形象进行商业性开发与利用也越来越重视。商家将运动员的姓名、肖像等注册成为商标,通过邀请运动员代言并为运动员提供赞助等方式,为自己的产品与服务进行营销。马克思政治经济学认为商品只有同时具备价值与使用价值的双重属性才能成为商品,运动员的形象要想成为能按照市场规律进行交易的商品,也必须同时具备这两种属性。在社会学家看来,体现群体之间差距的社会阶层、等级制度等稳固因素随着后现代的消费社会的到来逐渐消解。社会更加重视基于职业、机构、价值观念和取向等内容的社会认同,这种认同或许是指某个人或群体与他人相联系的倾向,或许是指对他人及物件的分类过程。"著名人物的形象是外部性极强的商业符号,已经不仅仅是私有财产,更是公共财富的一部分,演化成某一文化的象征,代表了某种流行的社会观念和生活方式。"②而对于奥运传播中的运动员形象权的公共性与垄断性的冲突最主要的就是形象商业化与公众人物的社会作用的矛盾。

根据波德里亚的符号学理论,从符号的政治经济学视角,对生活在消费社会中具有特殊商品属性的体育明星价值进行分析,体育明星价值可能是使用价值与符号价值之和。使用价值表现为运动员在竞技场上的能力与作用,可以用赛事奖金作为衡量的标准;符号价值是各种象征意义符号的集合体,可以根据比赛的出场费及广告代言费用作为衡量的标准;工资与转会费可看成是使用价值与符号价值的

---

① 裴洋.反垄断法视野下的体育产业[M].武汉:武汉大学出版社,2009:207-208.
② 谢晓尧.商品化权:人格符号的利益扩张与衡平[J].法商研究,2005(3):84.

综合使用标准。尽管要依托其使用价值,但相比于使用价值来说,符号价值更具有意义,这是由于体育明星的符号价值可以通过票房、广告、赞助商和电视转播等手段,直接影响赛事组织者或俱乐部的商业利益。体育明星价值的开发与创造是一个系统工程,需要多方面努力与协调,既不能只重视创造使用价值而不进行市场宣传与开拓,浪费体育明星的市场价值;也不能只重视符号价值的开发与利用,忽视体育明星价值根基的培育。如果要想提升运动员的符号价值,就应该在不影响运动员训练与比赛的情况下,充分利用大众传媒,保持运动员适度的曝光率,这样就可以使得体育明星价值最大化。"综观世界各级各类联赛,无不是利用打造明星运动员作为品牌提升策略,各项目管理中心应有组织、有计划,不断打造自己的体育明星,从而推动体育产业的持续发展。"[1]在市场经济体制下,体育明星无疑是一种特殊的劳动力商品。体育明星的价值是通过交换价值来体现的,主要由工资、奖金、出场费、转会费、广告代言费等五个方面组成。由于体育明星的价值在国别、项目等上有差异,所以体育明星的价值在这五个方面的比例也不全相同。尽管在我国,运动员形象权概念的提出是近些年的事情,但相对于普通劳动者来说,体育明星的形象价值要远远高出很多。伴随着中国体育产业化的进程,越来越多的运动员特别是知名运动员开始充分利用自身的肖像、姓名等无形资产进行商业开发,商家也逐渐认识到利用体育明星做广告或者代言是一本万利的事情。

在体育赛事活动的早期,体育赛事是一个非营利性的活动,一开始就有所谓的"业余原则",所有参加比赛的运动员都是业余选手,都是在工作之余参加体育比赛。随着体育比赛竞技性增加和观众人数的增多,逐渐出现了以比赛为职业的选手,职业选手的出现带来了比赛的商业化,奥运赛事也不例外。从国际奥委会成立那天起,"业余主义"就一直被视为最为重要的原则,1894年的《奥林匹克宪章》第4条中对此有明确规定。除击剑外,凡职业运动员不得参加所有其他奥林匹克比赛项目,而且该宪章的附加条文中还对业余性质给予了严格的界定:"以运动为业者,及曾经或现在靠运动获取奖金者不得参加奥运会。"[2]但自从20世纪后半叶以来,国际社会发生了深刻变革,体育所处的经济、政治和文化背景都发生了巨大变化。随着体育市场化的发展,在美国等发达国家,职业竞技体育在经济市场中成为具有强烈吸引力的文化产业,这样的变革深刻地影响了奥林匹克运动。于是,传统的奥运模式与迅速变化的社会环境矛盾冲突日趋激烈,在1973年法尔纳奥林匹克大会上,奥运"业余主义"的拥护者与职业运动员可进入奥运会的改革派之间出现了巨

---

[1] 杨文运,林萍.体育明星价值分析[J].体育文化导刊,2008(4):48.
[2] 艾泽秀.奥运会运作理念的嬗变与调适[J].成都体育学院学报,2005,31(3):47.

大争议。为了适应国际体育竞技环境的变化,1974年重新修订的"业余运动员"定义获得国际奥委会通过,参加体育运动期间获得工资、参加学习期间获得体育奖学金都可以算是业余运动员。这大大放宽了业余运动员的范围,使得奥林匹克的竞技性大为增强,也为奥林匹克运动的市场化提供了基础,那些以高水平竞技运动为主要经济收入来源的职业运动员顺利地敲开了奥林匹克大门,这为奥运知识产权的运动员形象权发展奠定了坚实基础。1980年萨马兰奇获任国际奥委会主席后,对职业运动员参加奥运会的态度发生了根本性变化。1981年修改了《奥林匹克宪章》的有关条文,去掉了"业余"一词,并且国际奥委会还委托各国际单项体育联合会制定自己的条款准则,由该协会确认参赛选手是否符合业余原则。[①] 1991年,新的资格准则被列入了《奥林匹克宪章》之中:"获得参加奥运会资格的运动员,须遵守《奥林匹克宪章》和经国际奥委会批准的相应的国际单项体育联合会的章程,而且须由其本国奥委会派出。"[②]至此,奥林匹克的业余主义原则被彻底取消,但奥林匹克运动的性质并没有因为奥林匹克运动职业化改革而发生变化,与其他体育赛事特别是大奖赛的比赛性质不同,现代奥林匹克运动对获奖运动员不进行物质奖励的传统一直被继承与延续。尽管如此,在奥运赛场获得巨大成功的运动员,其形象的商业价值会被大大开发。

对体育的属性一直有两种观点:一是需要投入体力、智慧与技巧的比赛或竞技;二是一种娱乐消遣活动。不管是哪种观点,所有体育比赛都需要参与者运用或多或少的体力,按照既定的形式或规则来进行。娱乐消遣活动式的体育,逐步演变成体育产业中的体育服务业。"那种需要体力、智慧与技巧的比赛或竞技,其对抗、刺激、悬念、极限等诸多因素使得人们既能参与,也能欣赏,形成了人类生活中的一种精神范畴,而其中带有表演性质的竞技体育逐步演变成职业体育。"[③]虽然早期的职业体育主要是依靠向现场观众出售门票来维持发展,但随着公众对职业体育欣赏需求的增加,再加上现代市场经济的发展,体育赞助、特许经营等经营手段已经成为体育组织新的经济来源。当电视深度介入体育赛事转播,这实际上为观众创造了一种全新体验体育赛事的模式,它为体育赛事组织者、体育观众以及赞助企业架起了一座沟通的桥梁,为它们提供了广阔且蕴含商业价值的触点,并在此基础上产生了电视转播收入。国际奥委会放开对参赛者职业身份的限制,意味着职业体育被纳入奥林匹克运动体系,这不但使得奥运赛事竞技水平得到提高,也增加了

---

① 赵德勋,何振梁. 基—萨改革国际奥委会管理模式的实质[J]. 体育与科学,2008,29(2):21.
② 茹秀英. 国际奥委会组织变革与发展的研究[M]. 北京:北京体育大学出版社,2006:118-119.
③ 洪建平. 从电视转播权之争看中国体育电视市场格局和趋势[M]//周亭. 奥林匹克的传播学研究. 北京:中国传媒大学出版社,2009:95.

奥运赛事的观赏指数,为奥林匹克运动的市场开发提供了更为有利的手段。职业体育在未进入奥运会前就因为比赛的激烈性、刺激性、娱乐性显示了旺盛的生命力,允许职业运动员参加奥运会,无疑会大大提高奥运会竞赛水平,这不但有助于提高门票价格和电视收视率,有利于吸引企业介入奥运,加快奥运商业化的进程,也会助推业余竞技项目的发展,提高它们的商业化和职业化水平,进而提高运动员的社会与经济地位。如果把体育赛事看成一种商品经济的话,职业体育的实质就是运动员的创造性劳动,最终产品就是体育赛事,赛事的激烈、精彩、新颖程度与体育明星的吸引力大小都会对赛事的市场开发产生重要影响。体育赛事水平层次越高,其替代性越小。从营销的层面看,体育赛事具有版权性,其观赏性越强,营销价值越高。①

第二节 电视转播权公共性与垄断性冲突原因

电视对体育运动的商业化、职业化和娱乐化都产生了至关重要的影响,大型体育赛事从来都是媒体试图争夺受众,改变既定格局的舞台。奥运会的变革与电视是紧密相连的,每四年一度的奥运会就是媒体激烈的角斗场。电视一直是为奥林匹克运动持续发展提供动力的发动机,是电视促成了体育的变革,体育和电视相得益彰,体育和电视是天作之合。② 曾任哥伦比亚广播公司体育总监的肖恩·麦克马努斯说,奥运会是免疫于转播权贬值的唯一产业。奥运会为电视机构奉献了一些最为震撼心灵的转播瞬间,无论是悲剧场面,还是最为崇高的表现,奥运会一直能够塑造出超凡的和激励人心的形象。③ 加汉姆从两个方向分析媒介商品化:一是直接生产媒介产品;二是运用媒介广告完成整个经济的商品化过程。按照加汉姆的理论,电视产业介入体育产业的形式主要采用生产有关体育的电视节目或开展有关体育运动及相关产品的广告活动,前者在发展中衍生出推动体育运动发展的电视转播权。

一、公共赛事的新闻与娱乐产品属性之争

虽然在体育经济中,电视转播权的交易成为一项重要内容,但各国法律对其的界定却不尽相同。"对国外体育立法与转播权的综合考察,大部分国家在立法上并

---

① 洪建平.从电视转播权之争看中国体育电视市场格局和趋势[M]//周亭.奥林匹克的传播学研究.北京:中国传媒大学出版社,2009:95.

②③ [英]麦克尔·佩恩.奥林匹克大逆转[M].郭先春,译.北京:中信出版社,2008:23、22.

不愿承认体育比赛本身存在某种权利,如电视转播权,即使承认存在转播权的国家也并未在立法上明确界定。"[1]"在法律规定上,目前世界上很少有国家通过法律规定体育赛事转播权是知识产权。如英国、欧盟的版权法都规定,运动员不是表演者,运动员的竞技表演没有表演权。"[2]在理论上,试图对"转播权"进行解释的代表性理论主要有三种,即"赛场准入权说""娱乐服务提供说"和"企业权利说"。[3] 如果从体育赛事的电视转播程序来说,体育赛事会涉及主办方、影像制作、主持/嘉宾点评、卫星播送等系列过程,其中主要涉及赛事主办者、现场拍摄者、广播组织者以及相关中间商等多类主体的多项权利。在1986年审理的全国足球联盟诉麦克比和布鲁诺公司(National Football League v. McBee & Bruno's, Inc.)一案中,美国联邦第八巡回法院上诉法院,从技术流程上对体育赛事的电视转播做了详细的描述。"经赛事权利人许可,电视台工作人员进驻比赛现场,在现场重要地点架设多部摄像机,从不同角度对正在进行的比赛予以摄像,与此同时,现场解说员与评论员对场上的比赛进程进行现场描述与评论"[4],经过一系列技术的程序化处理,赛场外的地面通讯站将这些视、音频信号进行混合等技术处理后,通过上行数据链(up-link)传至卫星,随即卫星通过下行数据链(down-link)传送到电视台地面控制总站,地面控制总站对信号进行适当编辑和制作后,再次通过卫星上下传递,最终比赛画面就呈现在千家万户的电视机屏幕上。

1932年的洛杉矶奥运会,隶属美国全国广播公司的广播频率在深夜新闻节目中播出了当天简短的比赛新闻综述,这种报道方式在当时引发争议,奥组委担心广播的报道会影响最主要经济来源的门票销售。1952年赫尔辛基奥运会、1956年墨尔本奥运会,付费电视转播奥运赛事谈判工作举步维艰,其他电视转播机构根本不愿追随BBC开创付费转播的先河,最终电视转播机构对这两届奥运会都进行了抵制。尽管抵制还有其他方面的原因,但转播权费用及无法解决独家转播权利方面的争议是其中最为主要的原因。在墨尔本奥运会上,拥有奥运会电视转播权的美国全国广播公司、英国广播公司,发起了对墨尔本奥运会的电视抵制,原因就是两家转播机构与组委会在转播权费用和独家权利方面的谈判无法达成一致。对于必须付费才能获得奥运会的采访权,电视机构以及制作电影纪录片的公司非常不满,

---

[1] 张新萍.体育赛事新媒体转播中侵权行为及法律规制[J].天津体育学院学报,2013,28(2):167.
[2] 张玉超.我国体育赛事新媒体转播权的法律性质及保护策略[J].西安体育学院学报,2011,28(4):415.
[3] 裴洋.反垄断法视野下的体育产业[M].武汉:武汉大学出版社,2009:197.
[4] 董文涛."体奥动力案":未经许可网络传播体育赛事侵权案件法律问题研究[J].电子知识产权,2014(1):72.

他们认为独家的转播合同是一种剥削,将造成灾难性的后果,他们引用本国宪法赋予媒体的权利要求免费与平等地分享新闻资源。美国全国广播公司给墨尔本奥组委发了一封字里行间充满愤慨的电报,称奥运会是新闻事件,电视以及新闻影片是最新、最富有戏剧效果的视觉报道形式……坚持要求免费与平等地分享新闻资源。争议的最终结果导致墨尔本奥运会没有进行任何国际电视转播,合众国际通讯社罗杰·塔尔塔里安给时任国际奥委会主席布伦戴奇写信说:"如果报纸和其他媒体报道奥运会的权利被放到拍卖台上决定,全世界都会被惊呆的。但是在墨尔本奥运会的转播权问题上,组织者就是这么考虑的……尽管电视只是媒体的一个分支,但他们不管。"①《纽约时报》专栏作家杰克·戈尔德对此评论道:"奥运会作为一项社会公共事务、澳大利亚作为一个国家、电视作为一种代表自由世界的媒介,三方都在这次禁止电视转播的事件中蒙受巨大损失。"② 但也正是在这届奥运会上,体育赛事尤其是奥运会电视转播权将不再免费派发被建立起来了。

　　《奥林匹克宪章》第14条规定国际奥委会可以自行决定授权奥运会转播商使用国际奥委会的奥林匹克五环标志、徽记以及其他奥林匹克产权宣传推广和转播节目。现在有关奥运会电视转播权的一切谈判、协议签署及缔结等事项都由国际奥委会实施。在具体奥运赛事的国际电视信号的制作上,全权由国际奥委会批准成立的奥林匹克广播组织负责,并由其将国际电视信号传输给经国际奥委会授权的各国电视转播机构。与奥运赛事电视转播权有偿转让的惯例不同,我国《著作权法》第5条规定了该法适用例外原则,其中规定,对于通过报纸、电视台等大众媒体报道的单纯性时事新闻,该法并不适用。如果把奥运赛事节目认定为《著作权法》中"时事新闻"的话,那它就不应该受到我国《著作权法》的保护,任何媒体都可以在不用付费的情况下,对其进行新闻报道。不过,这里需要说明的是,媒体并不可以对所有"时事新闻"进行随便报道,并不是所有的"时事新闻"都不受《著作权法》保护。基于国际奥委会非营利特性,奥运会举办及奥运传播推广过程中的巨大费用开支,国际奥委会为了维持组织的正常运转,通过转让电视转播权从而获得资金来源情有可原;以电视台为代表的媒体,依托奥运会这个家喻户晓的国际体育赛事平台,通过电视转播获得巨大广告回报及其他收入,如果准许媒体无偿转播奥运报道并获得丰厚利润的话,媒体确实有"不当得利"的嫌疑。从这些角度来看,奥运会赛事有偿转播合情合理,应将其排除在我国《著作权法》规定的时事新闻例外的适用原则之外,其版权应该受到《著作权法》的保护③。

---

①② [英]麦克尔·佩恩.奥林匹克大逆转[M].郭先春,译.北京:中信出版社,2008:255、256.
③ 梅峰.奥林匹克著作权的法律保护[J].中国标准导刊,2006(6):25.

随着奥运赛事转播交易模式的形成,将体育赛事当作一种娱乐产品已经成为一种惯例。"体育赛事看作一般民法意义上的财产权利,即体育赛事是一种娱乐产品,赛事组织者享有独有的和排他的转播权,可以任其独立和自主地选择处置方式,包括转让、赠予、折价入股等等形式。"① 虽然对奥运赛事转播的权利认定已经达成共识,但对转播机构自行拍摄的单边信号、新闻素材与评论声等的版权归属问题却还存在争议。为防止日后制作赛事相关节目时遭遇版权纠纷,作为广播电视机构一般坚持自采自制赛事相关内容的版权应归属于广播电视机构,但强势一方的国际体育组织往往会提出一切赛事相关的节目内容版权都归属于国际体育组织。在实践中,电视台转播体育赛事也并非都亲自到现场拍摄。"因交易效率及成本考虑,电视台与赛事权利人之间有时并不直接进行议价谈判,而是由专门提供赛事转播服务的中间商提供居间服务,由电视台向中间商支付对价之后,赛事权利人直接向电视台提供体育赛事的广播信号。"② 在这里需要明确电视转播权与电视转播著作权之间的关系,尽管这些都是无体物上的权利,而且常常交织在一起,但两者却不是同一种权利。转播权与版权是既有区别又有联系的两个概念。体育赛事蕴含了参与者原创性的智力投入,但由于比赛过程的随机性和不可复制性,就使得体育赛事很难成为版权法上认为的作品。一般认为,"与体育赛事相关的版权问题需要等到赛事被录制并向公众播放之后才会产生,也就是说在体育赛事电视转播问题上,转播权产生时间要早于版权,而且原始版权人不是电视转播权所有人,而是购买了电视转播权并进行了转播和制作节目的媒体。"③

二、电视转播的公益传播与垄断交易

大众媒体作为理想型的公共领域代表,不但在法律保障下的言论自由架构内运作,而且是一个具有制度的组织,它以专业的信息采集、处理、影响与公共利益有关的决策,结构介于国家机器与私人领域之间,这符合哈贝马斯的公共领域必须具备制度化空间与法律明文保障两个前提。自20世纪五十年代以来,广播电视一直被视为西方国家公共领域重要的结构性存在。理论界一致认为,大众传媒尤其是广播电视对民族认同起着至关重要的作用,在民族、国家内部,电视能培养公民一种强烈的政治参与感。"在西方,对电视媒体公共性现状的研究主要集中于对公共服务广播的研究。公共服务广播在一个国家和社会环境中的确立,是为了解决媒

---

① 瞿巍.体育赛事电视转播权立法建议[J].体育文化导刊,2013(5):18.
② 董文涛."体奥动力案":未经许可网络传播体育赛事侵权案件法律问题研究[J].电子知识产权,2014(1):73.
③ 裴洋.反垄断法视野下的体育产业[M].武汉:武汉大学出版社,2009:199.

介传播权力的依附和独立之间的平衡关系的方案之一,公共服务广播背后是西方的民主政治制度的支撑。"[1]电视在文化生活中居于核心地位,也是当代社会最集权的机构之一,这并不仅仅是商业垄断或政府控制的结果,也是社会对公共文化中心的需求的回应,电视的集权化是对高度碎片化社会中的全部成员发表意见和看法的有效方式。从总体上看,电视媒介应该属于公共物品的范畴,因为电视媒介是社会信息和自然信息的符号载体,一旦社会事实和自然事实进入电视屏幕,并在受众中传播开来,就具有了公共产品和服务的非竞争性和非排他性。社会形态与制度的变化并不会改变电视媒体的这一特征。体育赛事提供的是具有多元特征的产品包,体育赛事的两个基础性产品,即现场表演和直播表演均属于公共产品,而衍生品种绝大多数属于私人产品,正外部性的产品既有公共产品,又有私人产品,因此可以认为体育赛事是具有较大公共产品性质的混合产品。从广播电视和奥运传播产品属性都可以看出,奥运电视转播是一个公益性传播过程。

体育赛事转播权竞争市场有以下显著特征:一是在新兴科技的推动下,传媒产业的进化速度超过了大多数其他产业,因此需要不断地对有关市场进行界定;二是体育转播权的供求结构表现为每一条供应链上都有强大的竞争者,他们争夺稀缺而又昂贵的体育权利;三是现场直播的体育赛事转播权最具有吸引力,如果比赛结果已经被人所知,转播权的价值将随着观众兴趣的降低而降低。[2] 由于知识产品具有完全非竞争性的特征,从知识资源的社会合理配置来说,如果想使知识资源效应达到帕累托最优,知识产品就不应该排除任何一个人的消费。"知识产权法就不应保护知识产权人对知识产品的绝对排他权,而应该适应非竞争性特性,最大限度地放大知识产品的效用,促进全球经济增长,这就应运产生了知识产权法的公共价值目标。"[3]虽然对体育赛事转播权有不少争议,但对体育赛事转播权的性质认定已经形成了惯例。"体育比赛的组织者拥有对比赛进行商业开发的一切权利,包括许可进行电视转播、报道的权利;电视媒体付费以取得转播权;取得转播权的媒体独占地进行转播或转播权再转让,并最终通过广告收入和付费电视收入获利。"[4]体育转播权的产生以及体育转播产品价格的上涨,主要是体育转播权的商品化及其稀缺性的特点决定的。

---

[1] 卢迎安.当代中国电视媒介的公共性研究(1978—2008)[D].上海:复旦大学,2009:8.
[2] 裴洋.反垄断法视野下的体育产业[M].武汉:武汉大学出版社,2009:191.
[3] 温芽清,南振兴.知识产权法的二元价值目标及其均衡——基于经济学视角的分析[J].河北大学学报(哲学社会科学版),2010,35(5):50.
[4] 徐康平.试论体育比赛的知识产权化——从电视转播权交易谈起[J].北京工商大学学报(社会科学版),2008,23(4):110.

在电视转播权问题产生前,包括印刷媒体的摄影记者以及其他各种形式的媒体都继续获得免费的报道权。过去欧洲各国的电视台都是国营,观众收看包括足球比赛电视节目也都是免费的,电视台主要依靠政府资助、节目广告费用和赞助费来维持与营利。相对于市场化的商业电视台,传统免费电视台在经济实力与技术设备上都要稍逊一筹,就体育节目供给来看,传统免费电视台一般只能在特定时段内提供有限的品质不高的体育节目,而且在多数时候,电视台由于要兼顾新闻、脱口秀、肥皂剧等类型电视节目,体育节目总体上难以满足体育爱好者的收看要求。由于欧美媒体的私有化浪潮及媒体数字化发展,私人收费电视台成为电视市场的重要力量,私人电视台需要面对市场,所以他们更愿意开播收视率更高的好莱坞电影、足球比赛等专门频道,再加私人付费电视台有最新的技术设备,频道容量大,观众只需缴纳一定收视费用就可以成为它们的用户,可以看到自己喜欢的高品质节目。"目前欧洲各国高水平足球赛的电视转播权多由私人付费电视台获得,观众要想看到这些比赛就必须成为其用户。"①在对受众的注意力吸引上,私人付费电视台与公共免费电视台存在着竞争,如果从需求方的替代性选择来看,这种竞争并不是持续有效的;如果从供给方的替代性选择来看,由于受到技术与资金的限制,公共免费电视台节目提供就没有办法与付费电视台竞争。在电视私有化的浪潮中,公共免费电视台因受到无线电波段分配的限制,节目容量难以扩张,再加上不能向用户收取收视费,单靠有限的广告收入难以迅速提高实力。

由于国际奥委会对电视转播权进行了市场化改革,这使得原本具有强烈公共性的奥运会电视转播权的性质发生了一定程度的改变。在体育转播权上游市场的源头,初始的转播权人(通常是职业体育联盟/协会或俱乐部)将体育赛事的权利出售给中介机构,下游市场则是由电视公司、互联网内容提供商、移动通讯运营商等底层的财富链构成,他们将体育赛事内容传输给普通消费者。体育赛事转播报道中蕴含巨大商机,为了共同的经济利益,电视媒体与体育赛事组织方有合作的要求。在合作中,如果没有拥有专有权利的主体(通常来说是体育比赛组织者)将其投放市场的话,交易就没有办法进行。要想通过对体育赛事进行垄断性转播获得最大利益,电视媒体就必须获得这种垄断性权利,买家的垄断会催生垄断的卖家。"反过来,体育比赛的组织者为了能获得丰厚收入也需要把这样一种垄断权利转让给出价最高的某一个买家。在这种垄断者之间的平衡中,体育比赛的电视转播权

---

① 裴洋.反垄断法视野下的体育产业[M].武汉:武汉大学出版社,2009:210.

交易有序进行。"① 长久以来,奥运会电视转播权的谈判一直由谋略与巨额赌注混合而成,最终的结果却经常是为国际奥委会以及电视机构的未来奠定基业。在1972年的慕尼黑奥运会上,电视转播权的商业价值被国际奥委会明确,其销售与分配也由国际奥委会主导,主办城市电视转播权销售的权利被收回,国际奥委会以电视转播权的独家垄断为奥运会电视转播权的"竞买"打下了基础。在1984年洛杉矶奥运会上,电视转播权首次当作拍卖品被"集中竞拍",美国广播公司独家转播奥运会大获成功,导致各家电视转播机构积极参与后面几届奥运会的转播竞争。"国际奥委会又对奥运会体育转播权进行了一系列的市场化改革,其中包括:多届奥运会'集中竞买'、打包销售以及独家转播权等。"②

体育赛事转播权具有分割与重组两种特殊的产权特征。产权分割是指将具体的权能项进行细分,随着社会需求的变化、创造性的技术革新,体育赛事转播权可以按照转播方式进一步细分为独家转播、直播、录播、赛事集锦、采访报道等不同形式的使用权,同时还可以按照交易区域将转播使用权进行销售,从而实现电视转播权更大规模的收益。对体育赛事转播权的产权进行分割,不仅可以使电视转播权满足不同受众市场的需求,还可以提升赛事转播权的经济效益。产权重组是将拆分后的产权的所有权与使用权进行重新组合,进而形成新的产权形式。从体育赛事电视转播权的操作看,产权分割通过对体育赛事转播资源的重新分配,使得具有不同需求的电视转播机构获得不同的转播资源,尽可能提升电视转播权的市场价值。在电视转播权的分割状态下,如不能实现经济效益的最大化,反倒是在实施过程中需要耗费更多的社会成本,那对转播权资源各权利束进行重新整合就成为各交易主体的必然选择。在一定程度上说,对体育赛事转播权进行产权分割与重组,这既是对其产权安排的有意调整与资源的重新配置,同时也是电视转播权交易的各主体在电视转播权交易过程中相互博弈的结果。"体育转播权主体将其拥有的体育赛事转播权的使用权出售给电视等媒介机构,从而获得收益;电视等媒介机构通过体育赛事转播权的使用,将体育赛事转化为传媒内容产品来吸引广告商获益或直接销售给受众获益。"③

---

① 徐康平.试论体育比赛的知识产权化——从电视转播权交易谈起[J].北京工商大学学报(社会科学版),2008,23(4):111.
②③ 雷晶晶,金雪涛.体育赛事转播权发展与营销的产权模式[J].哈尔滨体育学院学报,2010,25(1):24、25.

第三节 运动员形象权公共性与垄断性冲突原因

形象权起源于隐私权,是一个尚未定型的新法律概念。在私权领域中,人格权与知识产权间存在着一个边缘地带与交叉地带,以至于不能简单地将形象商品化权问题归类于人身权或一般意义上的知识产权任一范畴,形象权就是在这两大私权制度之间创设的一种新的财产权,形象权是一种对形象价值进行控制和利用的权利,它是一种新型的知识产权。尽管理论上,形象权难以纳入传统的知识产权,但如前文所述,因为形象权的客体表现为人格要素的符号,这与知识产权所涵摄的内容有相通之处,因此可将形象权归入知识产权法的领域。"商品化权作为无形财产领域出现的一种新型权利形态,应当划入知识产权的范畴。"[①]

一、形象权私人所有与收益的奥运组织所属

1953 年的"海兰"案中,弗兰克法官明确提出"形象权"的概念,并就"形象权"的含义进行了详细的论述。他认为在独立隐私权之外,每个自然人拥有自己肖像形象价值的权利,这是指是否允许他人可以独占地使用自己个人肖像的一种权利,而且这种权利是不与商业、商誉一道转让的授权,是一种"毛"(in gross)授权……这种权利可以称为形象权。美国法院早在上世纪 50 年代便承认了这种新型的财产权利,并将形象权的客体限定于人格性形象。"形象权的产生意味着在形象符号世界出现了公共利益和私人利益的分离。"[②]在形象权形成与发展史上,"海兰"案是一个里程碑性质的判决。在"海兰"案的第二年,知识产权学家尼莫教授发表了《论形象权》一文,在文中他对形象权的相关理论进行了深刻的阐述。他指出如果说名人需要对自己的隐私进行保护,还不如说是对自己身份商业价值保护的需要,或者说是对自己身份中的商业价值权利的控制。他认为与电影、广播电视等相关产业关联的知名人士,虽然有对布兰迪斯与沃伦所主张的独处与隐私进行保护的需求,但他们更关注自己的公开形象。尽管名人不愿意将自己隐藏在隐私的盾牌之后,但他们也绝对不愿意让他人未经自己的许可,或者未向自己支付报酬而使用、公开自己的姓名、肖像或形象。"形象权是一种对形象价值进行控制和利用的权利,它是一种新型的知识产权。"[③]

[①] 刘春霖.商品化权论[J].西北大学学报(哲学社会科学版),1999,29(4):57.这里的商品化权其实就是指形象公开权。

[②] 马波.论美国形象权限制制度[J].内蒙古大学学报(哲学社会科学版),2010,42(6):100.

[③] 马波.Tecmo Ltd 案与日本形象权客体理论的发展[J].电子知识产权,2009(10):78.

有学者认为形象商品化权应归入广义的知识产权范畴,系著作权、商标权、商誉等相互交叉的新的领域,原因就在于其具有无形性、专有性、时间性、地域性等与知识产权相同的特征。国内知名的知识产权学者吴汉东也提出非物质性财产主要是知识产权,但又不仅限于知识产权,它还可能包括商誉、信用等资信财产。"然而无形财产在大陆法系是传统的类概念,无形财产和有体财产正是根据权利对象的形态差异所作的粗略分类,因而无体财产权的概念存在空洞化的缺陷。"①尼莫最先利用洛克劳动财产理论来解释形象权的财产属性,在弗兰克法官和尼莫教授的共同努力下,"形象权"的概念不仅得以确立,而且被定义为一种财产权。正当对"形象权"的研究逐步深入,并将"形象权"划为一种新知识产权时,对"隐私权"的研究也有重大突破。普罗瑟教授于1960年发表了《论隐私》一文,在这篇文章中,普罗瑟教授对"隐私权"的范围与类别进行了重新界定,他认为侵犯他人隐私的所有行为可分为四类:"侵犯了原告的独处权;公开披露原告的令人窘迫的私人生活;在公众面前将原告置于误导性的灯光之下;盗取原告姓名或肖像中的商业价值"②,其中,"盗取原告姓名与肖像中的商业价值"就属于法官弗兰克与尼莫教授论述的形象权,就这样形象权从隐私权中分离,有了自己的明确界定与地位。形象权终于从传统的隐私权中独立出来,成为一种新的知识产权。现在美国大部分学者认为形象权属于知识产权。③

在1977年的"萨奇尼"一案中,美国最高法院也对"形象权"与"隐私权"的差异进行了探讨,特别是"形象权"与"隐私权"中的"误导性灯光"的不同。法院在判决中说,区分这两种侵权的差异非常重要。一是在这两种侵权的诉讼中,国家保护的利益不同。在"误导性灯光"的隐私权诉讼中,国家保护原告的名誉,类似于诽谤中的精神痛苦;而形象权的诉讼中,国家保护的是个人财产权利。二是在未经许可而向公众传播信息方面,两种侵权程度不同。在"误导性灯光"的隐私权诉讼中,保护相关利益的唯一方式是尽量降低损害他人的信息传播;在形象权诉讼中,关键问题是谁拥有公布与发表相关信息的权利。美国最高法院指出:就像"萨奇尼"一案中的原告一样,形象权诉讼案件中的原告们并不反对广泛传播他们的表演,但获得相应的报酬是其形象商业利用的前提条件。"萨奇尼"一案中的杂技演员并不要求禁止播放他的表演,而是希望通过损害赔偿的方式获取相应的播放报酬。对于公众人物来说,他们并不会因为自己的形象被公开而觉得受到伤害,他们真正关心的是

---

① 李诗鸿.论商品化权[J].江淮论坛,2005(6):59.
② 转引李明德.美国形象权法研究[J].环球法律评论,2003:475-476. Pinesser,"Privacy" California Law Review. 383(1960).
③ 姜新东,徐清霜.美国形象权的司法保护[J].法律适用,2008(3):89.

自己形象被商业化利用,自己并没有为此获得应有的报酬。从这个角度来看,形象权应该被视为可以向第三方主张的排他性权利,要不然它的经济价值就无法实现。

运动员形象权作为一种财产权,是由运动员通过自身努力而获得的,这种权利的实现要依托运动员自身形象的商业价值开发,是一种具有排他性的权利。也就是说,运动员形象权的权利主体不是普通公众,而是出名的或众所周知的运动员,只有运动员本人才对其形象的商业价值享有权利。形象权是一种对世权,权利人以外的第三人都有尊重形象权人合法权益的义务。通过对运动员形象权的属性分析可以看出,作为一种特殊的知识产权,属于私权范畴的运动员形象权属于个人无形财产权,权利主体应该是运动员本人,但就如前文对运动员形象权的垄断性分析,奥运组织对参与奥运活动的个人形象权具有高度垄断性,对运动员在奥运传播活动中的形象使用有明确与严格的规定。尽管国际奥委会不直接参与对运动员形象权的价值的开发,只要求运动员必须承担奥林匹克运动宣传推广的义务,但由于国际奥委会通过场馆清洁原则制度的确立、对电视转播权的垄断性控制、对运动员在奥运赛事期间及非赛事期间形象利用行为的严格控制,使运动员形象价值难以全面实现。特别是在奥运赛事期间,运动员形象价值被严格限制,甚至接受新闻媒体的采访都有严格规定,从这个角度看,奥运期间运动员形象价值被国际奥委会所控制。

二、运动员形象财产权与隐私人格权

形象权是一种新型的财产权的表述,已经得到学界普遍肯定,但其具体属于哪种类型的财产权,却众说纷纭,主要形成了"商事人格权(说)""知识产权说""无形财产权(说)"三种观点。"在现有商品经济的条件下,新的抽象化、非物质化的财产不断涌现,有必要将其与知识产权领域创造性活动的关联性进行一番检视,如果两者关联性紧密,则可考虑归入知识产权体系,否则有必要将这些权利另行归类。"[①] 与美国相比,虽然在理论与实践上,世界各国在形象权的开发与保护上都有长足发展,但态度一直比较谨慎。如我国形象权仍然只是属于一种应然的法定权益,而不是实然的法定权利,也没有专门法律对形象权加以规范。因为形象权起源于隐私权,所以它与隐私权一样,真实的自然人是它的法定主体,自然人的形象权赋予自然人对其自身的形象信息具有排他权。"世界知识产权组织公布的一份报告将形象的商品化表述为,虚拟角色的创作者、真实人物、其他一个或多个经授权的第三方对于角色的主要个性特征的改编或二次利用,通过将该形象与不同的商品或服

---

① 姚颉靖,彭辉.后奥运时期的运动员形象权法律保护研究[J].河北科技大学学报(社会科学版),2013,13(4):39.

务相联系,使得预期的消费者因为对该形象的熟悉和认同而购买该商品或服务。"①尽管可以通过广告、商标、装饰橱窗等方式获得经济利益,但肖像权并不属于直接的财产权,肖像产生的物质利益都派生或转化于肖像的精神利益。"肖像权包含精神利益和物质利益,法律保护公民的肖像权,最主要的是保护肖像权所体现的这种精神利益,是人之所以作为人存在的人格。倘若自然人的肖像权归属于他人,那么此自然人的人格是不完整的。"②假如一个人的人格不完整,那他很难成为一个真正的人,更谈不上对各种其他民事权利的享受。从某种程度上说,肖像美学价值的财产化或肖像权人名气、荣誉、声誉所产生的财产效益,是肖像产生财产利益最为直接的原因,肖像权人理应是权利的拥有者。也就是说,如果把肖像权看作是一个整体,肖像权人对其拥有精神利益与财产利益。

独占使用权是运动员直接商业性使用自己形象的权利,这是作为权利人的运动员将自己形象进行独占性地商业使用的一种权利。在传统知识产权中,权利人拥有向其他人转让自己知识产权的转让权利。运动员形象转让权是指运动员将自己形象转让给第三者,并由其进行商业化使用的权利。知识产权许可使用权是指知识产权人允许其他人使用自己知识产品的权利,运动员形象许可使用权指运动员许可他人使用自己形象的权利,并按照合同约定收取许可使用的费用,从而实现自己形象的商业价值。形象权不同于传统的人格权,它所特有的商业价值能为权利主体带来可观的经济效益,而且它能够被转让也能够被继承。"转让形象权只是意味着运动员不能再对自己的形象按照合同限定的方式从事商品化使用,其人格权法上的人格仍然是完整独立的。换句话说,形象权转让只涉及与形象有关的财产利益,不涉及与人格有关的精神利益。"③所谓形象使用权是指运动员对其拥有的知名形象进行商业性使用的权利。运动员形象权的使用可以从两方面进行:一是运动员将自己的肖像、姓名、动作等各种形象要素直接在商品中使用,直接利用该形象吸引公众注意力从而在商品经营中获益;二是运动员可以将自己形象转让或许可其他人在商品中使用,通过收取转让或许可费用获得经济回报,被许可方由于得到授权,可以对运动员形象进行商业开发,并用许可使用来对抗第三人。独占使用权、形象转让权与许可使用权是运动员形象使用权的三大内容。

由于体育事业的特殊性,对于大多数运动员来说,优异的运动成绩是他们形象权开发的基础,要想获得或保持优异的运动成绩,就必须进行不断的训练与比赛。

---

① 宋萍.论运动员形象权和人格权保护的协调[J].山东体育学院学报,2011,27(3):9.
② 周召勇,万小丽.国家运动员肖像权的法律探析——刘翔肖像权案引发的法律思考[J].天津体育学院学报,2005,20(5):38.
③ 马法超,于善旭.运动员形象权及其法律保护[J].北京体育大学学报,2008,31(1):15.

因此，时间与精力上的限制使他们无法独占使用自己的形象。形象转让与许可使用是运动员实现商业形象权的主要途径，通过转让或许可第三人使用自己形象，并从中收取转让与许可使用费，运动员就间接地凭借形象获取了经济回报。这里需要特别指出，许可商家使用自己形象来推销产品，这只是意味着商家可免于被起诉侵犯运动员的隐私权，这里的转让只是不再许可其他商家将其形象用在同类商品上，但商家希望购买甚至愿为此支付更高价格直接对抗第三者的权利，这不是一个仅拥有不能转让隐私权的自然人所能提供的。隐私权属于人格权，既不能继承也不可以转让，法律的这种现状给商业领域也带来了困境。"为了弥补法律规定上的不足，在美国联邦贸易委员会的组织下，1930年部分体育用品商家召开了一次会议，会议通过了一个自律贸易规则，如果一个商家征得了某运动员的同意，并在善意的情况下将该运动员的名字用于某体育用品下，这可视为该商家获得了对该运动员姓名的独占性财产权利。"[1]因为形象权的特点决定了它只能是少数公众人物才拥有的一种特殊权利，它不可能通过普适性的立法获得广泛确认并得到保护，但作为形象权基础的人格权却是公民的一种普遍性权利。运动员形象权包括人身性质与财产性质两个方面的内容。人身性质方面的形象权属于运动员，财产性质的形象权则应在国家、集体与运动员之间进行分配。从运动员形象权的保护实践来看，尽管形象权是具有人身属性的独立财产，但如果只沿用传统知识产权法对其进行保护，其结果也难尽人意。如果要对侵犯运动员形象权的各种行为进行事后法律救济的话，在许多情况下根据知识产权法有关规定是可行的。因此，完善自然人的人格标志中涉及的民事法律关系，是解决形象权争议的一个可行办法。

第四节　奥运知识产权传播过程中的公共性与垄断性冲突逻辑

一般来说，公共物品的供给模式有政府强制供给机制、市场自愿供给制度、事业组织的志愿供给机制三类。由于垄断、信息不对称、不公平、效率低下、外部性等因素的作用，市场会出现失灵，这会导致知识产权中的公共产品出现供给不足现象。为了突破"公共地悲剧"困境，西方国家进行过多种尝试，长期的改革实践证明，解决公共困境的办法并不只有私有化，问题的关键也不在于公共服务的供给机构是公营还是私营，而是引入的市场竞争机制打破了惯有的垄断。同时，政府作为市场干预的重要力量，由于其在公共决策方面会出现长官意志、决策失误等问题，

---

[1] Ban Misleading Ads of Sporting Goods, N. Y. Times, May 8, 1930, at 15.

这也会导致知识产权的公共产品供给的政府失灵。由此,西方学者提出让社会中介组织参与知识产权的公共产品供给,这条新的思路弥补了市场失灵与政府失灵的危险,最终,在知识产权的公共产品供给上,政府、市场与社会三方共同协作,缺一不可。

一、公共产品供给的"志愿失灵"

1974年,美国经济学家提出"政府失灵"与"市场失灵"理论。这些理论说明,在市场经济中,在政府组织、营利组织外,还有新的非营利组织,这种自治型与志愿性的非营利组织也能够提供公共物品。"政府、企业和志愿事业组织是迄今人类最基本的社会组织,在此基础上所形成的政府机制、市场机制和志愿组织的志愿事业机制是人类社会运行的基本机制和制度安排,三类机制均可参与公共物品的供给。"[①]萨缪尔森不仅将信息不对称、委托代理等理论引入了对非营利组织的分析,而且归纳了"所有权空位"和"非分配性约束"。从公共选择角度来说,非营利组织是一种集体选择结果,遵循一定的集体行动逻辑;从资源配置角度来说,任何一种所有权形式都可以在经济体系中找到合适位置,一定环境下非营利性企业是最有效率的组织形式;从制度成本与收益角度来说,非营利组织更适合作为政府组织的一种补充而不是替代,可以降低排他性地依赖政府与企业组织的制度成本;从信息经济学的角度来看,非分配性约束是一个良好的信号实现机制与可信的承诺,有助于消除逆向选择与道德风险。博弈论认为组织的建立可避免各种相关利益方处于一次性博弈的被动环境之下,而非营利组织比企业更加有利于社会资本这一无形产品的积累。[②]

随着现代社会经济规模化与一体化的发展,特别是随着公共经济的勃兴,市场机制在人类公共事务领域中开始扮演重要的角色。现代志愿事业机制作为一种制度性安排,是一种社会创新,它能够使人类社会的结构更加有序与合理。由志愿组织的公共机制与政府组织的行政机制、企业组织的市场机制共同组成的现代社会三大运行机制,使社会结构更加合理、人类社会生活更加有序。"志愿事业组织一般都需要正式组建,具有民间运营、自主治理、自愿参与、利润不分等特点,涉及的领域主要包括文化娱乐、教育科研、环境保护、医疗卫生、社会慈善、协会学会等领域,在政府及市场部门不能完成或不能有效完成应该承担的社会职能时,承担相应

---

① 席恒.利益、权利与责任:公共物品供给机制研究[M].北京:中国社会科学出版社,2006:65.
② 郭磊,陈立齐.非营利组织的经济理论:演进与评述[J].经济学动态,2012(6):150.

的社会责任。"①自治型志愿事业组织的无利润分配原则,保证盈余部分都能用于组织未来的运营中,志愿机制的社会基础是现代社会中公民社会的发展。公民社会的基本价值或原则包括个人主义、多元主义、公开性、开放性和法治原则等。戈登·怀特认为公民社会是国家与家庭之间的一个中介性的社团领域,这个领域被与国家相分离的组织所占据。与国家的关系上,这些由社会成员自愿结合而成的组织享有自主权,以便保护或增进他们的利益与价值。另外,营利性组织的公益化现象会导致志愿性事业组织经济职能的出现。事实上,在许多营利性组织的经营过程中都出现公益化倾向,这种类似乡村俱乐部式的自治型营利组织,使得公共物品与市场失灵理论遭遇到理论困境。

20世纪60年代是西方国家非营利领域发生重大结构变化的年代,也是产业组织理论逐渐走向成熟的年代。在《经济学中的灯塔》一文中,科斯提出只要明确灯塔的公共物品的产权属性,灯塔收费困境就能迎刃而解。只要政府给予建造灯塔者以权利,授权他们可以对过往的船只收费,那么类似于灯塔一样的公共物品问题就可以通过市场的手段来供给。但与科斯理论不同的是,从约翰·穆勒再到萨缪尔森等大多数经济学者都认为:"仅仅依靠市场的机制,是不可能解决灯塔的收费困难,也就是说在这里会出现市场失灵现象。"②现代社会中以非营利为目的的志愿事业组织,是通过自愿、半自愿或半强制的方式,实现公共利益的一种制度性安排。通过成员的自愿参与、服务供给和社会评价,事业组织实现了志愿机制。在"公益人使命"与"责任驱动下的资源参与"的双重作用下,事业组织建立起自己的动力机制,并由"文化人"的行为塑造加以强化。在满足事业组织的过程中,公共需求与公共服务供给构成了事业组织的运行机制,并运用组织系统运作加以规范。社会评价、政府规制、捐助人监督、独立第三方监督、媒体监督、同行互律和志愿者事业组织自律,组成了志愿事业的约束机制,并形成了多位一体的监督约束体系。非营利组织的发展可以帮助政府追求公共社会目标,为社会提供一大批公共物品。"非政府、非营利性的志愿事业组织作为一种中介角色,能够有效率地将捐赠行为转为捐赠者所需要的劳务或物品。志愿性部门的产生,正是弥补政府功能的不足,而成为政府部门以外的公益性物品供应者。"③

虽然市场失灵、政府失灵与合约失灵理论,有力证明了非营利组织存在的必要性,但非营利组织也不能承载人类太多的期望,不能对非营利组织效率有不切实际

---

①② 席恒.利益、权利与责任:公共物品供给机制研究[M].北京:中国社会科学出版社,2006:124,58.

③ 席恒.公共物品供给机制研究[D].西安:西北大学,2003:84.

的高估,不能把非营利组织视为超越传统"国家主义"与"市场主义"之上的人类社会又一重大组织创新。非营利组织显然不能完全解决市场与政府不能解决的问题,它也会存在"志愿失灵"的现象。美国学者萨拉蒙教授将非营利组织在公共品提供方面会存在失灵的局限性称为"志愿失灵"或"慈善不足",这样就没有办法形成可靠和充足的资源,而对特殊亚群体的过度关注及其他群体的忽视、家长式的慈善作风、处理问题手段的业余主义都可能导致"志愿失灵"。"志愿失灵"理论说明仅依靠传统的运作机制,非营利组织已经无法充分担负起公共责任,其本身生存也许都面临危机。非营利组织必须主动出击,改变非营利组织过去的管理与运作方式,市场化运作就成为非营利组织克服"志愿失灵"的路径选择和有效尝试。[①] 在对公共物品供给的制度缺陷的分析中,公共选择理论分析框架无疑具有重要的启发意义。产生于 20 世纪 40 年代末的公共选择理论,到 60 年代末 70 年代初就形成了一种学术思潮。对于集体选择与政治问题,公共选择理论试图借用西方主流的经济学即新古典经济学的基本原理与方法,分析公共物品供给制度。哈丁的公共地悲剧理论、塔克等的囚犯困境博弈理论与奥尔森的集体行动逻辑理论是公共选择分析模型中最有影响力的三大模型。这三种模型的逻辑结果都具有悲剧色彩,从博弈论角度来看,它们都属于囚犯困境的博弈,这样的困境在于每个个体都从自己的最优支配策略出发,但最终还是害了自己。尽管这样,这样的困境在一次性博弈中却没有办法消除,因为双方不合作或"搭便车"的支配策略已经成为了一种平衡策略,双方都不想单方面放弃自己的策略。这一困境的重要特点是每位成员都从自己最优的策略出发,最终的总报酬是全局最坏结果。[②]

虽然在本质上知识产权属于私人商品,但知识产权天生具有的公益性与外部性等特征,使得知识产权具有公共产品属性。所以,就知识产权的供给机制而言,应该是一种多元化的合作机制,其供给主体也应该呈现多元化。知识产品作为公共品性质的典型特征是初始生产固定成本庞大,复制和分销的边际成本却很低,非对抗性、非排他性十分明显。由此决定了它的"外部性经济效应",造就了一大批"搭便车"群体,导致"市场失灵"。[③] 市场失灵与政府失灵的存在,使得具有知识产权属性的公共产品供给的低效与失灵,这成了社会中介组织介入知识产权领域的重要依据。"知识使用上的排他性决定市场不能形成产权机制('市场失灵'),知识使用上的排他性要通过私人产权制度安排来解决,知识的私人产权制度安排使知

[①] 张玉磊.困境与治理:非营利组织的市场化运作研究[J].中国农业大学学报(社会科学版),2008,25(4):172.

[②] 席恒.利益、权利与责任:公共物品供给机制研究[M].北京:中国社会科学出版社,2006:49-50.

[③] 邱爽.知识产权的经济解释——基于巴泽尔产权理论的分析视角[J].天府新论,2008(4):49.

识的属性发生变化,知识从共享品转入私有制下从而形成排他性。"①在志愿事业组织运转的过程中,其所能募集到的资金可能与它所需要支付的开支有一定缺口,这就会出现志愿失灵与公益失灵。在这种情况下,政府就有可能将其意愿渗透到志愿事业组织中,这有可能出现原本提供慈善与公益服务,保持非政府性、民间性立场的志愿事业组织,失去其原有的立场。政府的理性目的是追求社会福利最大化,经由社会成员"权利让渡"后,政府便会拥有了公共权力。在社会中公共权力具有极大的强制性,为了实现公共物品的有效供给与社会福利最大化,公共权力可以动员各种公共资源为政府的理性目的服务。由于某种原因,政府在从事经济活动时,它似乎对成为垄断者怀有强烈的偏好,即使这种垄断并无必要。② 由于公共物品的边际成本小于其边际收益、现实世界中的政府失灵与营利组织及个人的"经济人"③动机、现实中超额的公共物品消费需求等原因,会造成市场存在自愿供给物品的动力。戈尔丁认为人们在公共物品的消费上存在着"平等进入"和"选择性进入"的差异。"平等进入"是指一种公共物品可以由任何人来消费,而"选择性进入"指消费者只能在满足一定约束条件如付费后,才可以对某种公共物品进行消费。一般来说,"消费者可以'平等进入'的公共物品是纯公共物品,而可以'选择性进入'的公共物品是准公共物品。"④

二、知识产权的公共性转型

本质上,知识产权是作为限制他人行为与自由的权利,通过知识产权制度在市场中设下的禁区,知识产权权利人可以禁止他人未经许可就进入市场。不过,"知识产权自产生之日起,就是不断发展变化的新型权利。知识产权本身的创造性、非物质性和公开性特征,不仅需要从私法本质的角度进行把握,也必须结合新形势的需求不断发展。"⑤自20世纪以来,西方国家的"私权公权化"现象趋势在不断加强,市民社会和政治国家之间的区隔日益模糊。"知识产权私权公权化意味着在知识产权中,应当在重视对知识产权私权保护的同时重视社会公共利益,以实现知识产权法理想的社会目的。进一步说,公权具有天然的扩张力,特别是在知识产权法

---

① 李芬.知识产权性质的理论分析——兼论知识产权的法经济学分析[J].中州学刊,2003,(1):183.
②④ 席恒.利益、权利与责任:公共物品供给机制研究[M].北京:中国社会科学出版社,2006:87、102.
③ 经济人作为一个独立的科学概念,最初是由英国古典经济学家亚当·斯密提出的一种假设,指不含任何其他动机,只追求个人的经济利益,并只按照经济原则进行活动的行为主体。[高荣林.知识产权发展历程的反思[J].南通大学学报(社会科学版),2010,26(6):52.]
⑤ 邹波.知识产权公权属性简探[J].河南社会科学,2010,18(3):77.

上,存在着重要的公共利益目的,这使得知识产权的私权中渗入了公权因素。"①在信息时代,知识产权内容日益丰富、形式更为多样,这使得知识产权更兼具公法属性。兼具私权与公权属性的知识产权,作为一种私权公权化的权利,其法律重心逐步由以自由权为主的个人权利转变为以生存发展权为主的社会权利,这强化了公法的规范作用。社会公益性、国家授予性和利益权衡性是知识产权的公权性质的三个主要方面。"现代知识产权制度注重强调权衡保护思想,这正体现了知识产权制度社会化和公法化的发展趋势。知识产权作为人类智力创造成果,是社会精神财富的源泉,也是促进社会发展和文明进步的重要因素。"②

知识产权权利的实现对公共利益会产生影响,知识产权与公共利益的冲突关系也是知识产权制度正当性一直遭受质疑的根本原因,正确处理知识产权和公共利益的关系是知识产权设权的基本原则。"知识产权中存在公共利益,而且知识产权中的公共利益并不是完全虚幻的概念,知识产权中公共产品是公共利益主要的现实的物质表现形式。"③知识产权的非竞争性在形式上对知识产品的公有性质给予了形式上的保证,这决定了知识产品是公共利益的物质表现形式。奥林匹克知识产权体现出来强烈的公共性与社会性,具有确定的公权属性。在知识产权法的实践中,确认和保障知识产权人利益,兼顾对公共利益保障,它们之间的平衡是知识产权法一贯的追求目标。知识产权作为一种具有公权属性的私权,决定了知识产权保护相关制度的设计与安排是以保护私权利益为手段,在更广泛的社会公共利益之间进行利益选择、利益整合与协调,最终实现促进社会公共利益的目的。"知识产权属性中作为基础的私权属性与所谓外延的公权趋势之间的内在矛盾与统一,使得在保障其私权属性的基础上能够推进社会公益累积,再结合知识发展与技术进步对人类社会发展的巨大推动力,从而奠定了知识产权在私权权利中的特殊地位。"④需要特别说明的是,知识产权作为私权的民法分析,它是一种将知识产权回归司法体系的努力。

将知识产权归类为一种民事权利,这淡化了知识产权是传播中产生的财产权的事实,无传播就无权利。"知识产权就与社会公众的学习权、教育权、信息自由权等'互为成本'——知识产权保护程度越高,社会公众的学习权、教育权、信息自由

---

① 冯晓青,刘淑华.试论知识产权的私权属性及其公权化趋向[J].中国法学,2004(1):68.
② 李永明,吕益林.论知识产权之公权性质——对"知识产权属于私权"的补充[J].浙江大学学报(人文社会科学版),2004,34(4):61-62.
③ 刘友华.我国知识产权公益诉讼制度之构建——从知识产权公益诉讼"第一案"谈起[J].知识产权,2007,17(2):19.
④ 张颢瀚,徐浩然,朱建波.知识产权是第一产权[J].江苏社会科学,2011(4):43.

权的限制就越多、成本就越大。"①一旦知识产权被滥用,不仅会妨碍社会的公平竞争,也会影响社会科技的发展,阻碍知识经济的发展,有损社会公共利益,知识产权本身并不构成垄断,并不损害公共利益,导致公共利益受损的往往是滥用知识产权和利用知识进行垄断的行为,这并不是知识产权制度本身的过错。由于国家干预的广泛出现,导致了"公法"与"私法"的融合以及"公权"与"私权"的权利竞合。知识产权是"公法"与"私法"融合过程中,"公权"与"私权"的权利竞合最为明显的一项权利。知识产权与公共利益本应是协调一致,但在资本和竞争双重力量的推动下,知识产权可能会被异化为一种竞争的工具,表现出与公共利益的冲突。

三、知识产权"绝对保护"与"公共地悲剧"

与其他民事权利相同,知识产权也有与之相对应且受到法律保护的主体和客体,但不同于其他在奴隶社会罗马帝国时代就已经基本成形的大多数民事权利,知识产权要晚得多。"工业产权,则只是在商品经济、市场经济发展起来的近代才产生的。版权,则是随着印刷技术的发展才产生的,又随着其后不断开发的录音、录像、广播等新技术的发展逐步发展的。商业秘密被列为财产权(亦即知识产权)中的一项,只是在世界贸易组织成立之后。"②知识产权是智慧财产权或智力财产权,作为一种具有专有性的民事权利,属于无形财产的所有权,其保护对象范围非常广泛,而且不同保护对象之间的差别很大,但他们的一个共同的特点是都可以用于交换、具有商业价值的非物质的信息。"知识产权滥用,是相对于知识产权的正当行使而言的,它是指知识产权的权利人在行使其权利时超出了法律所允许的范围或正当的界限,导致对该权利的不正当利用,损害他人利益和社会公共利益的情形。"③就其本质而言,知识产权是一种"全新的特殊权利",可以分为独占权与禁止权。独占权是指排他地、独占地支配其客体的权利,该类权利主要有著作权、专利权、商标权等;禁止权是指对违反不正当竞争义务进行制裁的权利。知识产权最典型的特征就在于知识产权客体的无体性。如果将知识产权的这种无体客体以"物"视之,或者认为知识产权客体为"无体物"的话,则知识产权与物权法也有密切的关联性。

与一般公共产品不同,知识产品具有的非竞争性是一种完全的非竞争性。知识产品一旦被生产出来,可以被无数消费者同时在不同空间进行消费,增加多少人

---

① 徐瑄.关于知识产权的几个深层理论问题[J].北京大学学报(哲学社会科学版),2003,40(3):101.
② 郑成思.信息、知识产权与中国的知识产权战略[J].云南民族大学学报,2004,21(6):26.
③ 王先林.若干国家和地区对知识产权滥用的反垄断控制[J].武汉大学学报(社会科学版),2003,56(2):154.

的消费也不会减少或影响其他人对该知识消费的质量,即知识产品的边际消费成本为零。"知识产品的这种非竞争性既不会随着产品的整体或部分而改变,也不会随着产品稀缺度的变化而改变,而呈现出一种完全、绝对、永恒的非竞争性。"① 在1968年的《科学》杂志上,经济学家加勒特·哈丁(Garrett Hardin)提出了关于"公共地悲剧"理论的文章,哈丁对由于非排他而导致"公共地悲剧"的公共资源进行了分析,后来"公共地悲剧"就成为人们对公共资源使用出现困境的概论。哈丁指出如果在一个信奉公共自由的社会中,随着个体在利益追求上的最大化,最终全体会因此而走向灭亡。由于公共牧地在使用中具有非排他性,个体成员能自由进入牧地并分享其收益,因此,公共牧地的休养与维护无人关心,过度放牧是其最终的必然结果。在经济学家阿尔钦看来,相对于成本的追加值,过度使用增加的总价值要更低,社会产品的价值就不能达到最优。萨缪尔森揭示的公共产品的非竞争性就是指:"一个人对公共产品的消费不会减少其他人对该公共产品的消费。一般而言,物质性产品的非竞争性均是不完全的,一旦有人对其消费则必然减少其他人对该部分资源的消费。"② 一般来说,"公共地悲剧"理论主要讨论的是实物性公共资源过度使用的问题,但如果知识资源使用不当或使用过度的话也会产生"公共地悲剧"的现象。知识资源的特殊经济学属性是造成知识资源"公共地悲剧"的主要原因。知识的非排他性会导致知识使用上的"搭便车"问题,埃莉诺·奥斯特罗姆在《公共事物的治理之道》一书中提到:"不管在什么时候,如果一个人被排斥以致他无法享受到其他人的利益,这就会使他缺乏为共同利益做贡献的动力,而他只会选择做一个搭便车者。"③

建立不受制约的中央集权制度,即霍布斯的"利维坦",可以打破纳什均衡,从而解决公共产品"搭便车"问题,这样就可以防止利益集团获得特殊利益、避免"公共地悲剧"发生。不过,也有理论认为"通过私有化,建立明确的私有产权制度,这是纠正公共地悲剧、突破因犯博弈困境、遏制搭便车现象最为有效办法"④。免费使用导致生产知识激励不足是知识"公共地悲剧"发生的根本原因,为了解决因知识"搭便车"而导致的供给不足或不能,就必须给予知识生产者足够的激励,建立符合要求的激励知识创新制度就成为必然选择。市场机制是导致知识资源发生"公共地悲剧"的主要原因,在解决知识"公共地悲剧"时也还必须建立符合市场机制的

---

①② 温芽清,南振兴.知识产权法的二元价值目标及其均衡——基于经济学视角的分析[J].河北大学学报(哲学社会科学版),2010,35(5):50,49-50.
③ [美]埃莉诺·奥斯特罗姆.公共事物的治理之道[M].余逊达,陈旭东,译.上海:上海三联书店,2000:18.
④ 席恒.利益、权利与责任:公共物品供给机制研究[M].北京:中国社会科学出版社,2006:50.

制度。在斯密德看来,低排他性的成本,可以使个人看到其努力的成果和回报;而在高排他性成本的情况下,由于个人使用的产品是自己没有作出贡献的,这导致个人努力与其获得回报之间的联系并不明确,这种高排他成本物品的非贡献者就被称为是搭便车者。① 知识产权法通过国家法律赋予知识创新者垄断其知识的权利,凭借这种垄断性产权,知识创新者在市场中回收成本并获得垄断利润,这样就会刺激社会不断创造出新知识,使知识供给充足,这与一些经济学家提出由政府资助生产知识的方案并不一致,也避免了"公共地悲剧"的发生。

---

① [美]A.爱伦·斯密德.财产、权力和公共选择——对法和经济学的进一步思考[M].黄祖辉,蒋文华,郭红东,等,译.上海:上海三联书店,1999:67.

第五章

奥运知识产权传播过程中的公共性与垄断性平衡

在知识产权法的主体关系中,利益平衡被认为是一条关键性的原则。利益平衡既反映知识产权立法的政策目标,也是激励创新和促进知识的生产、扩散与使用的重要保障。"利益平衡也称为利益均衡,是在一定的利益格局和体系下出现的利益体系相对和平共处、相对均势的状态。利益平衡既是一项立法原则,也是一项司法原则。"[①]在人类社会,个体总是生活在一定的利益关系中,在追求自身利益时,难免会出现个人与整体社会公共利益产生冲突的情况。如果对个人利益与社会公共利益的关系进行历史性考察,可以看出在个人利益与公共利益之间存在紧密联系和一致性的同时,也时常产生冲突。协调个人与社会利益之间的关系,使个体社会成员的利益与社会整体公共利益保持一致,这在国家与法律出现后成为一大重要任务,这需要对具有公共商品和私人商品双重属性的知识产品的使用、分配和利益分享作出合理的安排,以实现知识产权法的公平正义价值目标。虽然从知识产权的劳动理论与经济学理论角度考察,知识产权的这种私权授予与保护都具有充分的正当性,不过,要保护知识产权法这种专有性质的产权制度的运行,需要付出限制知识与信息自由流动的代价。因而,为了最大程度地提高整体的社会福利,就必须在知识的专有权与共享权间进行适度的利益平衡。[②]

从利益的角度考察,知识产权法可以被认为是在垄断利益与社会公共利益之间,对知识产权人的一种平衡机制,这种机制需要对利益进行分配、法律选择与整

[①] 冯晓青.知识产权法的利益平衡原则:法理学考察[J].南都学坛:南阳师范学院人文社会科学学报,2008,28(2):88.

[②] 冯晓青.利益平衡论:知识产权法的理论基础[J].知识产权,2003,13(6):16.

合。知识产权法的利益平衡机制,是国家平衡知识产权人的专有利益或垄断利益与社会公众接近知识与信息的公众利益,以及在此基础之上更广泛促进科技、文化、经济发展的社会公共利益制度安排,这种制度安排是国家意志对智力创造者垄断其智力成果的认可。"国家通过对智力创造者个体利益的保护实现最高限度的对社会公共利益的维护,以促进社会的文明进步。作为知识资源配置的有效保障,知识产权制度在知识的生产与再生产过程中具有不可替代的作用。"① 但毫无疑问,随着信息化的发展,知识产权保护不断加强,信息公共权逐渐受到挤压,表现在知识产权的专有性对信息资源的公共性、知识产权人的利益对社会公共利益、知识产权法律保护对信息获取权、知识产权的扩张对公共利益的挤压等方面。为了解决知识产权与信息公共权的矛盾,必须完善知识产权制度,建立知识产权限制体系,完善信息公共权政策,大力发展公共文化设施,完善政府规制等,以实现两者的平衡。

美国反垄断法的基础《谢尔曼法》第 1 条规定:任何契约以托拉斯形式或其他形式的联合,用来限制州际间与外国之间的贸易或商业,是非法的……美国职业体育联盟制定的不少规则都被指控违反了《谢尔曼法》第 1 条而受到法院的审查,其中就包括电视转播权转让制度,这导致 1961 年《体育转播法》(简称 SBA)的出台。② 由于奥林匹克涉及的利益主体比较多,如果仅从知识产权利益平衡研究的视角出发,各种利益主体间的合作与制约、监督与竞争的关系就应该成为奥林匹克研究的主线。奥林匹克的精髓是公平、公正和共享,假如不按照经济学上定量分析法进行研究,那各利益主体间的地位就不存在主次之分。由于在内容供给、方式供给和利益诉求上有所不同,不同的利益主体在奥林匹克知识产权中所扮演的角色也不尽相同。③ 虽然利益主体具有多元性与多层次性,但在奥运知识产权的组织开发时,各利益主体都不能妨碍其他组织在行使自己知识产权时的专有权。"在奥林匹克知识产权人与社会公共利益之间,既要赋予权利所有人一定程度内的合法垄断,并采取适当措施保障其权利,又要适度满足公众利益,在知识产权产品的分配之间实现一种自然与社

---

① 李冬梅.知识产权的垄断与反垄断思考[J].大连海事大学报(社会科学版),2003,2(3):16.
② 裴洋.论谢尔曼法在体育比赛电视转播权转让中的适用[J].武汉大学学报(哲学社会科学版),2008,61(4):516.
③ 武东海.论奥林匹克知识产权保护立法中的利益平衡——以 2012 年伦敦奥运会法案为例[J].体育文化导刊,2014(1):30.

会秩序的利益结构性平衡。"①

第一节　奥运知识产权传播过程中的公共性与垄断性平衡原则

在知识产权法的利益冲突中,既有知识产权人之间的利益冲突,也有知识产权人与知识产品传播者、使用者之间的利益矛盾。如果对知识产权法的目的、性质和知识产权中各利益主体冲突的主要表现进行全面考察,就会发现知识产权人的专有权利与社会公众对知识产品需求的权利(社会公共利益)之间的冲突,是知识产权法中利益与矛盾关系的主要方面。

一、"个人利益"与"公共利益"的平衡

知识产权是一种利益平衡机制,蕴含了公益与私益的协调与平衡。然而,私益与公益之间内在的张力却不断冲破这种和谐的平衡态势。"在现代社会,个人利益与公共利益在本质上是一致的,两者也构成了利益格局和利益矛盾的重要内容。公共利益是社会凝聚力之根本,它是全社会成员的公共利益,是从社会成员的个人利益中分离出来的独立的利益。"②不保护公共利益,个人利益保护就难以实现,同时个人利益是公共利益的基础。因为公共利益中不仅包含供给全体社会成员公共享有的利益,还包括给社会成员分配的共享的个人利益,所以,确立与保障了公共利益,个人利益也就得到了反映与实现。"公共利益与个人利益两者之间在本质上应当是一致的,这也是马克思主义利益观强调的一个特点。公共利益和个人利益构成了社会利益体系的两大基础,共同形成了社会的整体利益。"③

知识产权覆盖了人类文化领域、经济领域、科技领域,它既涉及人类的精神领域又事关人类的物质生活。人们通常将知识产权归属于民法范畴的法学领域。民法学界对知识产权属性的基本认识:它是一种私权,是一种有别于动产与不动产所有权的知识财产所有权。民法所规定的基本原则和一般规范应适用于包括知识产权权源在内的各项私权制度。尽管目前我国知识产权法并不像刑法、合同法等有自成体系的法典,也并不是一个具体法律规范体系中的法律部门名称,而是由多个单行法规组合而成的一个法律规范的集合体,只是由著作权法、专利法、商标法等具有知识产权法律特征的法律法规总称。知识产权法与民法的关系是部分与整体

---

　① 武东海.论奥林匹克知识产权保护立法中的利益平衡——以2012年伦敦奥运会法案为例[J].体育文化导刊,2014(1):30.
　②③ 冯晓青.知识产权法的利益平衡原则:法理学考察[J].南都学坛:南阳师范学院人文社会科学学报,2008,28(2):92、89.

的关系，是民法的重要组成部分。我国《中华人民共和国民法通则》第五章第3节以"知识产权"为内容，将知识产权列为一种民事权利，并对知识产权的基本原则、基本内容与权利义务范围作出明确规定，知识产权作为一项民事权利的属性得到法律确认。由于知识产权客体的特殊性，知识产权不仅涉及权利人的专有利益还涉及社会公共利益和市场公平竞争秩序，知识产权的行使关系到整个社会中个人利益与社会利益的平衡机制。

由于知识产品具有公共产品与私人产品的双重属性，这使得私权性质的知识产权具有很强的公共利益性质，私权的行使应包含个人利益与公共利益的平衡。知识产权既然是私权就必然受到民法上权利不得滥用原则的制约，国际公约也可作为知识产权权利限制的依据。虽然知识产权是一种独占权，但知识产权作品的创作需要继承、吸收、利用前人的智力劳动成果，作品总被看成是社会文化财富的一部分。知识产权又具有很强的公共性，是一种公共性很强的私权，知识产权的公共性决定了知识产权制度对社会公共利益的维护。① 知识产权制度应在激励创新与他人获取知识产权之间保持平衡。要实现这种私人利益与公共利益平衡，与被保护信息的种类有很大关系。在知识产权法的利益平衡总体框架中，知识产权人利益与公共利益的平衡，构成了利益平衡的核心内容。"知识产权制度最初是为促进知识创造，保护知识创造者的个体利益而确立的。随着社会的发展和知识产权制度适用范围的不断扩展，社会公共利益不断提出约束和限制知识产权人利益的要求。所以，在知识产权制度中，一直存在着保护知识产权人和社会公共利益（包括知识产权使用者的利益）的冲突。"② 与私人利益一样，公共利益都是知识产权法中重要利益，实现公共利益是知识产权法十分重要的政策目标。事实上，任何私权与公共利益之间，都不仅有"平衡"问题，而且有前者服从后者的问题。根据知识产权发展进程，知识产权个体利益与公共利益的冲突与平衡关系可以分为三个历史阶段或形态。一是知识产权人利益至上；二是对知识产权进行适当的限制；三是知识产权的国际保护与协调。③

在知识产权法中，个人利益与公共利益是一对主要矛盾。"个人利益与公共利益在整体上和本质上的一致性，是知识产权法中利益平衡机制存在的客观基础。但由于知识产权直接表现为一种对市场的垄断权，知识产权人在实现自己的私人

---

① 杨秀平.公共信息资源多元主体的利益平衡研究[J].甘肃联合大学学报（社会科学版），2012，28(3)：95.

②③ 李秋容.利益衡量与国家知识产权制度的选择[C].科学发展观与行政体制改革研究——湖北省行政管理学会年会 2008：647、647-649.

利益时可能与公共利益目标相违背,这样就表现为一种利益冲突与对立。"①个人自由是知识产权法发挥社会效用与目标的基础,作为宪法赋予公民的一种自由权利,创作与发明等智力活动或者说知识创造性的活动,知识产权法在权利和自由方面,对他们进行了充分的保障。本质上,知识产权法对权利进行配置以及对权利义务关系进行设定,这是一种对知识资源的合理配置,是利益平衡思想在知识产权制度的体现。"知识产权制度以权利义务的形式确立知识财产的分配模式、原则以及具体内容,其最终目的是实现社会财富的最大化,并在此基础之上增进消费者福利和促进社会进步。"②通过协调知识独占与知识共享的冲突,知识产权法律制度实现个人利益与公共利益的平衡或趋向于平衡,从而使个人利益与公共利益之间的利益平衡状况得到改善。从确保公平、合理分配与分享知识财富的角度看,知识产权法实现了公平与正义的目标。在不同知识产权法中,尽管利益平衡的表现与程度可能不一,但对社会知识资源权威的公正分配、促进社会分配正义的利益平衡机制却始终是存在的。知识产权法中的很多权利代表了创造者的私人利益与一般社会公众利益在广泛公共利益之间的平衡。

二、知识产权专有与信息资源共享的平衡

信息产权理论下的知识产权利益均衡需要在知识专有权与知识共享之间进行利益平衡,以最大限度地增进社会整体福利。知识产权的利益均衡、知识产权的信息生产与分享的利益均衡机制是信息产权利益均衡的重要内容。知识产权是科技、经济与法律相结合的产物,知识产权作为人们就特定智力创造成果依法取得的专有权,是特定的智力成果、经济利益与法定权利的统一体,具有专有性与排他性,并保障社会知识创新、表现社会发展的利益追求,然而信息公开、公有与公用给专有性的知识产权保护带来巨大的冲击,③因为信息具有作为财产的经济属性、具有趋向于自由流动与传播的伦理属性的双重特征,所以以信息为客体的知识产权传播过程中会出现产权专有和信息共享之间的矛盾。"在信息产权阻碍信息获取时,信息自由的伦理属性又催生了开放存取等知识共享模式。正是信息性质上内在的二律背反造成了知识产权法律系统和知识共享伦理系统并行不悖、相生相克的状

---

①② 冯晓青.知识产权法的利益平衡原则:法理学考察[J].南都学坛:南阳师范学院人文社会科学学报,2008,28(2):89、92.
③ 杨秀平.公共信息资源多元主体的利益平衡研究[J].甘肃联合大学学报(社会科学版),2012,28(3):95.

态。"①虽然知识产权的法律体系以"经济人"的人性论命题作为逻辑前提,其制度建构的假设是"人是趋利的",作者和发明家需要在经济利益的激励下才有创作和发明的动力,但是不少学者都指出私权和经济利益的激励效应,并不是作者与发明家创造活动的唯一动因。

信息共享是文明社会每一个成员的权利。信息时代使社会公众可以自由、方便、快速地获取所需信息,从而实现公共信息资源共享、实现信息资源社会价值,这是社会进步的重要标志。"信息资源共享通过对社会信息资源进行搜集、整合、传播,以方便社会公众自由利用,充分实现知识信息的社会价值,是迅速提高社会对信息资源的获知能力与利用率的最佳途径,其目的同样是为了让社会通过对资源的有效利用创造出更多的知识和财富。"②信息资源共享的终极目标,是使所有人在任何时间、任何地点都可以自由获取所有社会信息资源。虽然有公共机构强调信息属于全体社会成员,无论什么形式的信息都应该被公共获取,知识产权制度不能成为获取信息与思想的障碍,但随着信息社会的迅速发展,信息的重要性日益突出,知识产权问题愈发凸显。在技术层面上,尽管数字时代的知识与信息可以在社会上毫无阻力地被共享、传播与使用,但这也会导致知识产权保护更加严苛,知识生产者与投资者会通过法律赋予的专有权利对其智力劳动成果进行保护,获取更高的垄断利润。信息内容本身受技术发展影响并不大,而信息的处理与传输则极大地受到技术发展的影响。因此,知识产权制度在保护权利人利益的同时,在一定程度上限制了信息的自由传播与使用。

信息自由权作为公民自由接受和传达信息的权利,在以信息化为特征的全球化时代,由信息利用所带来的利益正成为人权诉求的对象。知识产权的保护对象实质上就是信息,如何保证信息拥有者同信息使用者之间的利益平衡,公共领域的信息在多大程度上可以为私人商业性占有,已经成为信息社会面临的重要法律问题。信息的创作、生产、传播与利用过程中存在着一些相互制约的利益主体,包括原始信息的创造者、信息投资者与信息消费者。原始信息创造者主要由智力投入人组成,信息投资者(传播者)即信息版权机构,而信息的消费者就是社会大众。随着对知识产权的保护力度不断加大,知识产权各利益主体间的冲突也愈发明显。从"成本—收益"理论看,作为信息的原始创作者,他希望通过加强对权利许可制度的管控,加强对自身作品的控制权,实施更为合理的报酬获取方式;与投入较高

---

① 胡波.共享模式与知识产权的未来发展——兼评"知识产权替代模式说"[J].法制与社会发展,2013(4):101.
② 杨秀平.公共信息资源多元主体的利益平衡研究[J].甘肃联合大学学报(社会科学版),2012,28(3):95.

成本的信息创造者获取收益回报的方式相比,信息投资者希望用最少的时间与资本来获取最高的经济利润;对于信息消费者来说,他们则是希望在通过合理的使用方式接近、使用信息作品时,费用越低越好。知识产权作为一种私权代表,体现的是创造者及投资者利益;而宪法赋予公民的信息资源共享权利则是一种公权,它们之间的冲突主要是公权与私权的对立。在本质上,它们的冲突来源于个人利益与公共利益之间的非均衡性,要实现两者的利益平衡,就需要发挥政府的主导作用。

作为政治社会与市民社会生活中的一项基本权利,信息自由的实现并不是一项权利行使的结果,而是主体行使一系列权利的过程。"作为一种激励机制,知识产权可为知识产权人从事知识创造提供充分的积极性;更为重要的是知识产权可以被看作是一个积极的法律与社会政策,蕴含了公共利益的价值考量。"[①]通常说的信息自由是指公众在搜集、寻求、获取、接受信息的基础上,经过思想加工之后将信息公开或进一步传达。因此,信息自由权是包括知情权、思想表达权和表达自由权在内的一系列紧密相连的权利组成的程序性权利。"知情权是主体寻求、获取和接受各种事实和意见的权利,它是表达自由的前提。知情权是公民与社会组织运用信息自由的必要前提条件,离开了知情权,信息自由就会成为无源之水、无根之木。"[②]就信息自由的私权形式而言,版权无疑是其主要形式之一,因为只要表达形式符合版权法中作品的构成要件,表达自由权就成为版权。"一旦信息被赋予版权,它就不再为人们共享,而成为主体的私有财产。原本为所有人平等享有的信息自由则被版权所超越,就会受到版权的阻挠。随着现代信息技术的发展,信息自由权与版权垄断之间的冲突变得复杂而尖锐。"[③]有了表达自由权,公民就具有了可以以各种形式(包括言语形式、出版形式)发表意见的权利。没有表达权制度,言论自由在文化领域将会毫无实际意义。表达自由权既是信息自由权的重要内容又是其经济权利产生的前提和基础,是信息自由私权的表达形式。"社会公众本来就存在'信息自由'的观念和'知识共享'的诉求,这是萌生知识共享运动的种子。现行知识产权制度在实践中对公众信息获取权和隐私权的压迫效应反而成为刺激其发芽生长的温度条件。"[④]

---

① 安丽红.知识产权与公共利益探析[J].法制与社会,2008(23):211.
②③ 彭立静.伦理视野中的知识产权[M].北京:知识产权出版社,2010:302-303、303.
④ 胡波.共享模式与知识产权的未来发展——兼评"知识产权替代模式说"[J].法制与社会发展,2013(4):101.

三、"知识产权限制"与"知识产权过度"的平衡

作为保证知识产权利益实现、调整知识产权利益平衡的一种手段和机制,知识产权限制是针对知识产权人的专有权利进行的一种限制,它是知识产权使用者必须付出的代价。知识产权限制的功能在于:"通过对专有权的适当的限制,保障社会公众对知识产品的必要接近、合理分享,从而平衡知识产权人和社会公众利益的关系。"[①]知识产权权利人通过知识产品获得经济回报的方式主要有两种:一是不转移权利,即知识产权权利人自己通过知识产权使用来获得经济收益;二是转移权利,即知识产权权利人通过转让知识产权和授权许可他人使用知识产权取得收益。对知识产权的权利人来说,自己使用、许可、转让、质押与出资等方式都是实现其经济利益的手段,但许可与转让是知识产权运用最为重要的两种方式,是激励创造最重要的制度,是知识产权人实现其知识产权经济价值的主要手段。"知识产权只有通过许可、转让等方式把知识产权转化为现实生产力才能真正实现其推动经济社会发展进步的价值与功能。"[②]作为一种特殊经营方式,知识产权许可使用制度是在不转让知识产权所有权的情况下,将原本属于产权人的无形资产通过有偿方式从特许人处转让给被特许人,这是一种将知识产权向财产权转移的行为。

特许经营(Franchise)被称为 21 世纪最有发展前途的商业模式,它通过对以知识产权为核心的无形资产的特许经营,以专利、注册商标、专有技术、企业标志等知识产权内容作为核心经营资源。由于这种经营模式通常以规模化、低成本、智慧型的商业模式进行扩张,可以充分调动一切有利的资本并实现最优化组合,呈现出强大的生命力。"其本质是特许权的持有人通过契约,将其所持有的商标、商号、成熟的经营模式等无形资产作为经营资源授予被特许人使用,被特许人按照契约规定在统一经营体系下从事经营活动,并向特许人支付经营费用。"[③]按照特许权授予与行使方式分类,特许经营可分为一般特许经营、委托特许经营、发展特许经营、复合特许经营四种形式,也可将其分为单体特许经营、区域开发特许经营、代理特许经营和二级特许经营四种形式[④]。如果根据特许经营权内容进行分类,又可以将特许经营权分成商品与商号的特许经营(product and trade-name franchising)与

---

① 冯晓青. 论知识产权的若干限制[J]. 中国人民大学学报,2004(1):87.
② 刘远山,余秀宝. 知识产权许可与转让研究现状综论[J]. 郑州轻工业学院学报(社会科学版),2013,14(3):13.
③ 葛建华. 奥运会营销中的知识产权保护与特许权运用[J]. 商业研究,2012,2(394):27.
④ 林小爱,计华. 奥林匹克运动会特许商品知识产权的特殊性[J]. 北京理工大学学报(社会科学版),2012,14(5):103.

经营模式的特许经营(business formal franchising)两种。特许经营权实际上是一种知识产权的组合,特许人是知识产权所有人或拥有者。体育特许经营权是指经过体育组织或体育赛事主办方的授权,可以使用包括他们的商标、标志、著作权、专利技术等在内的知识产权内容的权利。体育特许经营权制度的建立渊源于奥运会。"在某种意义上,商标权、专利权、著作权、商业秘密等转让、许可使用构成奥运传播特许经营模式的核心,其中商标权许可最为重要,可以说是奥运会特许经营体系的基石。"[①]在1912年斯德哥尔摩奥运会上就有体育特许经营权的萌芽,这届奥运会上大约有10家瑞典公司购买了奥运会上拍照并出售奥运纪念品的专有权;在1952年的赫尔辛基奥运会上,奥组委开始尝试"全球营销计划",他们成立了专门出售各种奥运会权利的部门;在1960年罗马奥运会上,奥组委开始了一个广泛的赞助商与供应商计划。自此以后,以体育赞助形式的体育特许权在奥运会上发挥越来越重要的作用,特别是1984年洛杉矶奥运会开启的大型体育赛事运营组织的新模式,标志着奥运会与赞助企业成功合作的新开始。"以奥林匹克知识产权这种专有权的占有、使用、收益和处分为核心的授权许可经营模式,使奥运会的组织机构可以凭借奥林匹克知识产权保护特别法所赋予的垄断地位获取超额垄断租金。"[②]

体育特许经营权许可行为是体育运动市场化的一大重要方式,为体育事业发展提供物质与资金支持。体育特许经营权有三大主要特点:一是指体育组织(体育赛事主办方)是体育特许经营权人,他们作为体育知识产权所有权人,拥有包括体育商标等在内的所有体育知识产权。二是体育特许经营权属于一种组合的权利,它包括一整套的工业产权与知识产权,它是体育标志、商标、专利技术等组合在一起的体育知识产权。三是被特许人根据协议维护体育知识产权的安全并支付特许经营权使用费。[③] 奥运会营销主要包括特许赞助商计划、电视广播权、特许授权和门票收入四个方面,其中,知识产权的授权使用是现代奥运营销的重要组成部分。奥运会营销包含将奥林匹克知识产权特许个别或部分企业有偿使用,核心是与奥林匹克知识产权相关的诸多权利集合在特许经营模式下的应用。因此,奥运会营销中首先需要国际奥委会与举办国奥委会确立一整套完整的、可以依法保护的奥运知识产权体系,这是奥林匹克营销的重中之重。国际奥委会对奥林匹克知识产权的转让历史由来已久,但真正成体系化、规模化是1984年的洛杉矶奥运会。尽

---

① 林小爱,计华.奥林匹克运动会特许商品知识产权的特殊性[J].北京理工大学学报(社会科学版),2012,14(5):105.
② 周玲,张家贞.澳大利亚奥林匹克知识产权立法研究[J].法学家,2008(2):149.
③ 汪全胜.体育特许经营权许可的法律关系考察[J].成都体育学院学报,2011,37(6):10.

管经过近百年的发展,奥运会树立了良好社会形象与独特品牌,但 1976 年加拿大蒙特利尔奥运会的财务危机使得奥运会非商业化原则遇到极大冲击,再加上政治原因使得 1980 年莫斯科奥运会亏损巨大,连续两届奥运会遭遇的困境使得一些有意申办奥运会的城市退缩了,为使奥运会走出困境,国际奥委会开始考虑奥运知识产权的商业价值,并通过不同层次的特许授权,细化、分解奥运知识产权的使用。1983 年国际奥委会开始对赞助商进行分类管理,设立官方赞助商、官方供应商和特许授权商三个不同层次,多层次的特许权划分既满足了不同行业和规模企业参与奥运商业的目的,也满足了全球不同人群对奥运赛事的关注以及由此带来的消费需求。随着奥林匹克知识产权在奥运传播发展中的作用日益显现,奥运知识产权的特许使用在 1984 年以后逐步建立起了比较完善的体系,该体系由奥林匹克知识产权的无形商品(电视转播权、在线转播权等)、运动员形象权与有形商品(吉祥物、徽章等)的开发销售共同组成。而且,该体系所涉及的行业广泛,不但包括传媒业、制造业,还涉及金融服务业等众多行业,是一个庞大的奥运特许产品群。

　　从奥运知识产权特许经营发展来看,奥运特许经营已经回归到特许经营的本质,从最初对有形商品的商标、商号的营销,发展到对无形商品的商标、商号的知识产权体系开发。奥运会各类赞助商之所以愿意花天价获得奥运会特许资格,实际是希望利用奥运无形的品牌为自己企业与产品增添光环,希望企业形象与产品能够借助奥运品牌,获得战胜与维持其在业内的巨星级地位。"奥运会主办方保证奥运知识产权不被侵犯的行为也就是一个积极维护与赞助商等相关利益群体'产权有偿转移合同'完整性的过程。"①奥运知识产权传播过程中的体系是一个包括了各种知识产权类型的包容性体系,且不同种类知识产权的权利变动模式差异较大,不同层级的赞助商与合作伙伴,所享有的权限也不尽相同。奥运会特许经营主要是特许商品、商标的销售许可,同时不能让市场主体因通过使用奥林匹克标志,而直接与奥林匹克运动相互关联。"有些项目虽然没有冠以特许经营的字样,但就其实质和运行的方式来看,也属于特许经营——即通过对特许权的转让和使用,为特许权的所有人和受许者创造价值并服务于社会。"②在奥运传播过程中也会产生一些新的特许权形式,如电视转播权或网络在线转播权等,这些随社会发展而产生的新特许权形式,不但为奥林匹克营销开辟了新市场,也不断丰富公众对奥运知识产权及特许经营内涵的认识。

---

① 李云峥.2008 奥运年背后的产权烽火与暗战[J].产权导刊,2008(1):8.
② 葛建华.奥运会营销中的知识产权保护与特许权运用[J].商业研究,2012,2:28-29.

四、知识产权垄断及反垄断豁免的平衡

在美国体育产业政策中,一条重要的原则就是对体育产业实施反垄断豁免,这条政策肇始于棒球运动。"自身违法原则"与"合理分析原则"是美国反垄断法的基本分析方法或者违法确认原则。"美国反垄断法主要源于成文法和判例法。《谢尔曼法》《克莱顿法》和《联邦贸易委员会法》共同构建了反垄断法的立法基础。"①目前,体育产业发展过程中面临的最大问题就是"竞争平衡"的缺乏。所谓"竞争平衡"是指职业体育比赛中各参赛队伍在实力上旗鼓相当,职业体育之所以看重"竞争平衡"是因为体育比赛的魅力就在于双方的实力相当,从而使得比赛结果充满了不确定性。"体育市场上的竞争者之间形成了一种相互依存的关系,一方的存活和强大不能以另一方的衰落和退出为代价,这和普通产业市场内竞争者之间你死我活的关系截然相反。"②运动场上竞争平衡的缺乏往往是运动队(俱乐部)在经济上的不平衡带来的直接后果,从表面上看"竞争平衡"可以限制竞争的效果,实际上却是防止球队之间经济实力产生过分悬殊的手段,在职业体育联盟中这些措施经常被采用,这不但能有力地维持竞争的平衡,同时也是平衡效果具有合法性的理由,如电视转播权集中出售就是这种有效促进运动队之间的"竞争平衡"的有效措施。

虽然经营者之间排除限制竞争的协议构成了垄断协议,但如果该协议在其他方面带来的益处要大于其对竞争的损害,法律就可以对其豁免。1961年美国职业橄榄球大联盟(NFL)试图与哥伦比亚广播公司(CBS)签订一份独家转播协议,但联邦法院判决认为独家协议会消除 NFL 各成员俱乐部之间的竞争,这违反了《谢尔曼法》。不过,为了支持 NFL 的发展,美国国会作出反应,迅速出台《体育转播法》,该法允许棒球、橄榄球、篮球、冰球四大职业联盟可以集中出售比赛的"受赞助的转播"权利,他们不受反垄断法制约。《体育转播法》中明确规定对美国四大职业体育联盟集中销售电视转播权的策略,豁免于美国反垄断竞争法的严格限制。美国《体育转播法》特别是第1291条电视转播权反垄断豁免的通过,使得职业体育联盟不但可以集中出售电视转播权,而且还可以自主分配其收益,这样职业体育联盟得以有序扩展并稳步繁荣,这对美国职业体育发展产生了极大的推动作用。在集中出售转播权的模式下,由于对赛事资源的绝对垄断,联盟在与电视转播机构的交易中就具有谈判优势,可以获得超值的垄断利润,这样就使转播市场不被看好的运

---

① 胡乔.美国体育产业发展的法律调控分析[J].体育文化导刊,2014(2):132.
② 裴洋.论谢尔曼法在体育比赛电视转播权转让中的适用[J].武汉大学学报(哲学社会科学版),2008,61(4):516.

动队也可以分享电视转播收益,从而保证了这些运动队在经济上的竞争力。另外,电视转播机构也会通过获得的赛事转播权获取高额的广告赞助,从而实现高额的利润,这也会提高赛事转播的数量。

1999年2月1日,欧洲足联向欧盟委员会提出关于其出售欧洲冠军联赛转播权的豁免或"否定违法证明"申请,欧洲足联在申请中提出的申请豁免或"否定违法证明"的理由主要有:第一,欧洲冠军联赛的相关产品市场应视为体育比赛中的商业权利,欧洲足联的集中出售行为并没有显著地限制竞争;第二,冠军联赛是欧洲足联自创的独特品牌,集体出售转播权有利于维护这个品牌,反之,会导致俱乐部、电视台、赞助商和消费者都将缺乏这个独特的产品;第三,集中出售转播权再集中分配收益,有利于各俱乐部间财力与水平的平衡,有利于保证整个赛事体系的正常运转;第四,欧洲冠军联赛主要在免费频道上播出,观众可以看到更多高水平俱乐部的比赛。此后,欧盟委员会和欧洲足联进行了近一年的谈判协商,终于在冠军联赛转播权问题上达成协议。欧洲足联对其集中出售的转播权按照电视转播权、其他媒体转播权(广播、互联网、全球移动通讯系统)以及物理媒体转播权(DVD、VHS、CD-ROM)等进行了一定程度的分割。2003年欧盟委员会宣布新的冠军联赛转播体系通过创造一个高质量的联赛而改善了产品的生产与分销,并使得消费者获益。对于欧洲足联要达到的合法目的来说,集中出售是不可或缺的,这种方式并不会在实质上消除转播权的竞争。欧盟委员会相信这样分类的转播包将促使更多的转播机构获得冠军联赛转播权,因此根据《欧共体条约》第81条第3款给予其豁免。① 虽然完全市场化的欧洲冠军联赛的电视转播权与公共性较强的奥运赛事电视转播权的性质有差异性,但欧盟委员会平衡电视转播权的方法值得国际奥委会在处理电视转播权问题时借鉴。

第二节 奥运传播过程中的电视转播权平衡

按照美国版权法长期形成的传统,版权法只保护对思想观念的表述,不保护思想观念本身。"根据著作权法只保护表述不保护作品内容的原则,体育赛事本身不受著作权法的保护,但赛事转播的录音录像制品和赛事转播节目符合以上受保护要素的要求,可作为作品受著作权法的保护。"②在世界范围内,电视转播权的联合销售以及相关体育运动的独立性问题、电视转播权的单独出售和自由获得特殊公

---

① 裴洋.反垄断法视野下的体育产业[M].武汉:武汉大学出版社,2009:218—219.
② 陈锋.论对体育赛事转播权的保护[J].首都体育学院学报,2010,22(5):24.

共利益的知情权问题,是体育赛事电视转播两个主要争议的话题。这两大议题也是奥运传播中的电视转播权平衡问题绕不开的话题。

一、"加强保护"与"合理使用"

在美国的版权法中,联邦政府对职业联赛转播权的保护进行了明确规定,为对有线电视播出机构仅用象征性的费用重播各类职业体育赛事进行了规定,而且还为职业联盟与公共电视网、有线电视网等赛事转播机构的争端提供了解决框架,这在一定程度上保护了观众欣赏比赛的权利。"言论自由是民主社会的重要价值,也是通向新社会的必要保障。认识著作权增进民主的公共利益,需要进一步认识著作权增进言论自由的公共利益。言论自由几乎总是作为著作权中的重要社会目标之一。"[①]在很大程度上,言论自由价值体现在维护社会的民主过程中,或者说对信息的分配作出了巨大贡献。"美国版权法中的合理使用(fair use)指作品利用人在未经作品版权人授权或准许利用的情况下,出于公共利益的考虑,被容许使用他人享有版权的作品,而不会侵犯该作品版权的行为。"[②]按照专有权来分配体育赛事的电视转播权,会附带产生一个比较严重的问题,就是可能造成对重大公共利益知情权的限制。由于在公众间具有盛名,高水平赛事的电视转播权一般是按照独家转让形式进行交易,而且这些赛事具有独特的文化与国家利益性质。"从长远的观点来看,为了确保能够自由获得高水平体育比赛的电视转播权,付费电视所拥有的独家许可受到了一些限制。"[③]为了保障资讯传播的基本自由和受众对重大公共事务的知情权,即使享有排他性专有权的电视转播机构,在涉及重大公共利益活动的电视转播中,也应当给予其他转播机构以新闻的方式播放其内容。在欧洲,即使转播商独家获得具有重大公共利益性质的赛事转播权,但必要时欧盟内部任何电视机构都可以申请有关新闻的播报权,只要不以娱乐为目的使用和时间不超过90秒,可在包括体育频道在内播放这类新闻摘要,欧盟成员国要确保在其辖区内,任何转播商公平、合理与非歧视地获得和使用这些节事新闻的播报权。"在法国,如果比赛是在法国境内公共场所进行,任何人在政府机关的许可下都可以对比赛进行拍摄与转播,这意味着在公共场所进行的比赛将不存在转播权问题。"[④]在美国,只要构成"热门信息",权利人对"热门信息"就拥有财产权,未经许可他人就不可使用,否则就构成对权利人财产权的滥用,只要符合以下要件便构成了对"热门信息"

---

① 冯晓青.知识产权法与公共利益探微[J].行政法学研究,2005(1):51.
② 胡乔.美国体育产业发展的法律调控分析[J].体育文化导刊,2014(2):133.
③ 黄世席.欧洲体育法研究[M].武汉:武汉大学出版社,2010:122.
④ 裴洋.反垄断法视野下的体育产业[M].武汉:武汉大学出版社,2009:196.

的滥用:(1)为了某一商业价值财产的形成,原告付出了大量时间、资金与技能;(2)该信息具有时效性;(3)被告属于搭原告信誉便车的不劳而获行为;(4)被告与原告形成了直接竞争关系;(5)原告的获利动机因被告搭便车行为受到损害,可能导致原告的服务质量,甚至服务本身受到很大威胁。① 信息一旦进入公共领域,只要被告自己花费时间和精力去收集这些信息,而不是搭原告的便车,便不构成不正当竞争行为。

  体育赛事信息转播权的商业开发也要考虑"新闻自由"的保护,体育赛事的公共利益性质使得媒体可以以新闻自由为由进入比赛现场,这里一个主要的问题是第三方当事人,可以以公共利益尤其是新闻自由为由来转播体育比赛信息,这与体育赛事主办方拥有体育比赛的专有转播权的规定相冲突。由于包括电视转播权在内的体育赛事商业开发权利是独立存在的,要将其与单纯的新闻报道权区分开来,所以对体育比赛信息转播权的商业开发不能忽视商业开发的程度问题,要把识别权利所有者与确定权利范围加以区分。"合理使用是现代各国著作权法普遍采用的法律制度,出于对公众利益的考虑,允许在一定范围内使用作品而无需经著作权人同意,亦不向其支付报酬。"②"合理使用"是知识产权中常提到的对权利的限制,《保护文学和艺术作品伯尔尼公约》(简称《伯尔尼公约》)对"合理使用"做了一个总的限定,即必须符合公平惯例。体育赛事虽不能被认为是著作权法上的作品,赛事主办方对其享有的也不是著作权,但是著作权还是可以适用于体育赛事电视转播权。"主办者可以在体育比赛的经济开发过程中引入受到著作权、商标权甚至专利权保护的对象,从而运用知识产权手段突出比赛的特殊性,增加试图'搭便车'的经营者承担的法律风险,保证自身经济利益的实现。"③著作权的"合理使用"原则对转播权的排他性有所限制。虽然体育比赛本身不是作品,但并不妨碍通过摄像得到比赛画面成为著作权法上的作品受到保护。"合理使用"并不是无限制使用,"合理使用"应考虑以下因素:(1)"合理使用"不能成为抄袭版权作品的借口,所使用有版权作品部分的数量至关重要;(2)复制作品的性质、复制的动机与目的都很重要。根据"合理使用"的原则,为了规范对赛事转播资料的使用,规范新闻使用转播片段的原则与限度,英国有些广播机构签订了以下新闻准入行为准则:(1)除了在屏幕上要对原转播商表示感谢外,片段的使用还必须在赛事转播后的 24 小时内;(2)片段不能在体育类新闻、杂志、评论或其他节目中使用,只能在新闻与区域性新闻中

---

 ①② 陈锋. 论对体育赛事转播权的保护[J]. 首都体育学院学报,2010,22(5):26,25.
 ③ 刘强,胡峰. 体育竞赛及其电视转播权的知识产权保护[J]. 南京体育学院学报(社会科学版),2006,20(2):60.

使用;(3)在使用过程中,新闻转播机构还必须消除原有转播节目中现场评论部分;(4)原节目播出 24 小时内在任何一个频道播出的新闻栏目中,这些片段不得出现 6 次以上。①

加强保护与"合理使用"不应是一种冲突的表现,而更应该是一种动态的平衡,体育赛事转播权的保护和信息传播的自由都需要兼顾。信息自由权是公民自由地接受和传达信息的权利,信息自由权是一项积极权利,它由表达自由推导而来但又高于表达自由,因为它不仅仅是"不受干涉的"表达自由,而且是"要获得"信息的自由,广播电视组织和新闻单位拥有对体育比赛的正常新闻报道和信息传播的基本权利。"尽管《欧共体条约》规定,欧共体不干涉各成员国中有关财产所有制的规定,因此后来欧盟两级法院和欧盟委员会无权对电视转播权的归属做出裁判,但其在有关竞争法的文件和判决中仍对此有所涉及。"②法国体育的法律也规定,赛事组织者在转让体育赛事及开发权时,不得阻碍其他转播机构向公众传播信息,赛事主办方或赛事转播权的拥有者不能禁止新闻记者自由进入赛场为受众免费制作和提供体育赛事节目。政府部门有权保护免费公共电视台对体育赛事转播的专有权利,防止精彩的体育赛事被付费电视播出机构垄断,变成富裕阶层的专属节目。

对奥林匹克知识产权加强保护,并不意味对它的保护没有例外。1998 年修改并通过的美国《奥林匹克和业余体育法》就有"祖父条款(Grandfather Clause)"的例外原则,这是指对在 1950 年 9 月 21 日之前,拥有了奥林匹克标志合法使用权的人或组织,可在不注册相关商标的前提下,仍能继续在其原有范围之内对奥林匹克标志进行使用。"对一般商标而言,在商标注册申请的时候,如果存在先前使用人,他应该在法定期限内提出异议,但对奥林匹克标志而言,先前使用人并不存在异议的可能,所以应该允许适用'先前使用例外'"。③ 在 1980 年的"禁止奥林匹克监狱(Stop the Olympic Prison,STOP)"诉美国奥林匹克委员会案中,为了吸引公众的支持,原告设计了带有奥林匹克标志的海报用作宣传,反对政府在奥运会之后将位于普莱西德湖的奥林匹克村改造成监狱,为此,美国奥委会要求 STOP 停止侵权,而 STOP 则向法院提起诉讼。STOP 请求法院确认"STOP 是否应该享有宪法第一修正案所规定的言论自由权"和"在对奥林匹克标志使用过程中,STOP 是否违反美国联邦法律及美国奥委会的相关规则"的事实。根据美国宪法第一修正案规定的宪法权利,因为 STOP 在海报上使用奥林匹克标志,只表示对奥运村被改造

---

① 陈锋.论对体育赛事转播权的保护[J].首都体育学院学报,2010,22(5):25-26.
② 裴洋.反垄断法视野下的体育产业[M].武汉:武汉大学出版社,2009:206.
③ 尹红强,秦玉娈.如何防范奥运隐性市场行为[J].商业时代,2008(33):29.

成监狱的反对,美国奥委会不可剥夺 STOP 印发海报的权利;在对奥林匹克标志使用过程中,STOP 并没有违反任何美国联邦法律及美国奥林匹克委员会的相关规则。"法院通过判决确认了 STOP 的两个请求,认为 STOP 印发海报的行为并没有对美国奥委会的商标构成侵权。通过 STOP 诉美国奥林匹克委员会案,可以看出奥林匹克标志也可以在非商业场合被合理使用。"①这里实际上涉及宪法中规定的言论自由问题,虽然这个案例是有关奥林匹克标志权使用保护的,但也可以为奥运传播中的电视转播权的保护使用提供借鉴。

二、电视转播权垄断与反垄断豁免

根据美国反垄断法的规定,如果对观众收看选择的赛事转播数量进行限制,或者将赛事转播从免费电视网络转移到付费的电视频道,这些都要接受严格的反垄断法审查。如果观众收看赛事的成本增加而收看赛事数量反而减少,法院很可能判决转播机构违反了《谢尔曼法》。从美国最高法院对"俄克拉荷马大学诉全国大学体育协会(NCAA)案"的判决中可以得出以下几点结论:第一,最高法院承认 NCAA 是由多所大学组成的反垄断法意义下的非单一实体联合企业,因此违反《谢尔曼法》第 1 条;第二,体育产业具有一定特殊性。体育联盟对其成员实施一定限制是必要的,反垄断法在此领域的适用应该采用"合理分析"规则,而非"自身违法"原则。体育赛事电视转播权经营是典型的经济学上的"囚徒困境",尽管对每个学校自身而言,转播更多的比赛是最优情形,但如果所有的学校都采取这样的策略就会导致次优结果,最终,转播更多的比赛使得每个学校都比最初时更糟。在体育赛事的电视转播市场上,"过度饱和"也会带来不良后果。如果所有赛事参与者都根据自身利益将自己的赛事转播权投放转播市场,可能会极大降低赛事转播权的收益,与最终的愿望大相径庭。因为除了极少数具有号召力的赛事参与者的赛事转播权能获得较高收益外,大多数赛事参与者可能因赛事转播权没有市场而导致经济状况下降,最终影响整个赛事的生存与发展,更不用说为观众提供高质量的赛事产品。

独家转播协议的豁免理由还可以从协议的另一方媒体那里去寻找。虽然一般情况下,长期独家转播协议大多会被禁止,但仍有一些因具有正当理由而被豁免。"对于那些刚进入市场急需确立市场地位,或采用了最新转播技术需要尽快回收成本的转播机构来说,因为它们承担了巨大市场风险,独家转播权协议非常必要,从

---

① 王素娟.知识产权热点问题的法律剖析:失误、风险与对策研究[M].北京:知识产权出版社,2010:182.

发展的角度来看，它们有利于促进竞争，因此能够得到豁免。"①不过，即便给予新兴市场参与者或采用了新技术的转播机构一定豁免权，它的独家转播协议也不可以随心所欲，对它们的豁免也必须控制在不能过度封锁市场的限度之内，签订独家协议的时间越长就越难以获得到豁免。虽然独家转播协议造成的消极影响，如减少产品的供应量、剥夺重要赛事的收看机会、市场封锁等，可通过独家协议再许可②的方法进行控制，但这些都不能成为消除独家转播协议限制竞争的特性，从而给予它获取充分豁免的权利。不管是在免费频道进行赛事转播还是对转播权实行独家协议再许可，这都不会在本质上改善观众的福利，因为即便赛事转播在免费频道播出，观众可以不需为收看体育赛事转播额外支出费用，但在节目的供应数量上并没有变化，如果再许可协议本身存在不公平或具有歧视性，那再许可申请人就可能无法真正参与竞争。此外，随着互联网络与移动网络技术的发展，在线观看赛事转播成为一种可能。由于网络普及会对电视统治的转播市场造成巨大冲击，传统电视转播机构不愿甚至阻止网络技术在赛事转播领域中的推广与应用并不难理解。从这个角度来看，长期独家转播协议的代价有可能以牺牲技术进步和降低消费者的福利作为代价。

反垄断法限制竞争的规制行为主要有主体实施的"协同行为"和"单一主体实施的滥用市场支配地位"两种方式。"协同行为指多个行为主体以合同、协议、明示的或暗示的默契等方式共同决定、维持或提高商品或服务的价格、数量、生产技术标准、销售地区、交易客户等，对竞争构成限制的行为。"③"滥用市场支配地位的行为指市场经济力量过于集中，导致占有市场支配地位的实体控制市场，提高价格、降低产品质量并阻碍新的企业进入相关市场，从而造成对竞争的限制。"④在反垄断法的适用上，职业体育享有一定的豁免权利，即反垄断豁免，也可以称为反垄断适用除外制度。"它是指在某些特定行业或领域中，法律允许一定的垄断状态及垄断行为存在，即对某些虽然属于限制竞争的特定协调或联合行为，反垄断法不予追究的一项法律制度。"⑤在美国电视转播权的谈判中，国会给予 NFL 等体育联盟拥有豁免权，四大职业的体育联盟在签订电视转播合同时，可以根据有关规定把自己视为单一的实体，这样在电视转播谈判中，职业体育联盟就可以利用卖方垄断优势占据上风，可以凭借联盟整体名义获得电视收益，这就使得市场份额不大的球队与

---

① 裴洋. 反垄断法视野下的体育产业[M]. 武汉：武汉大学出版社，2009：225-226.
② 独家协议再许可是指获得独家转播权的媒体，给予其竞争对手在一定范围可以进行赛事转播的权利，这使得竞争对手也有机会进入市场。
③④ 陈锋. 美国与欧盟法下的体育市场开发与反垄断[J]. 北京体育大学学报，2006，29(4)：437.
⑤ 王伟臣. NBA 的反垄断豁免探析[J]. 体育学刊，2011，18(4)：84.

其他球队一样，可以通过联盟整体收益获得同样的转播收益。体育赛事电视转播权的买卖不仅涉及职业体育联盟（协会）内部的成员，还涉及电视转播机构经营者。因此，各国（地区）的反垄断机构对电视转播权领域规制的重点除了横向限制竞争协议（如集中出售转播权）外，还包括纵向限制竞争协议（如独家转播权协议）。

体育赛事由于其较强的自我封闭性和专业性，一般强调行业自律，并得到各国法律的认可。国际体育组织为了追求利益最大化，往往会想尽办法引起一个国家或地区内几家电视台或者媒体公司争抢转播权，这也是国际奥委会在奥运会电视转播权交易中经常使用的策略。比如国际奥委会就成功引发美国三大电视网美国广播公司（ABC）、哥伦比亚广播公司（CBS）、美国全国广播公司（NBC）之间的竞争从而实现"奥林匹克电视转播权交易的大逆转"。国际体育组织刻意引发的行为也引起世界各国广播电视界的高度警惕，纷纷采取多种模式联合起来对抗国际体育组织的垄断。"在国内外赛事转播实践中，承认赛事组织者拥有赛事转播权和专属处置权，可以采取各种形式将转播权转让给一个或者多个电视机构目前已经基本是一种行业统一的认识和市场规则。"[1]因为坚持免费传播奥运会赛事电视信号的原则，所以国际奥委会反对新闻集团高价购买付费播出的做法，不能任凭欧洲电视联盟转播奥运赛事面临崩溃危机。1992年初，欧盟委员会开始认真地审查欧洲电视联盟独家体育赛事转播权的垄断地位，欧盟对欧洲体育这样的电视台可以获得播放奥运会节目的权利，而非欧洲电视联盟成员像体育荧屏这样的电视台被排除在外的问题非常重视。"欧盟委员会向欧洲电视联盟发出警告，如果欧洲电视联盟继续阻止私营电视台获取奥运会电视转播信号，它可能会颁布紧急条例，对欧洲电视联盟处以巨额罚款。"[2]尽管问题后来得到妥善解决，但有效提升了奥运会电视转播权在欧洲的价格。

三、新媒体转播权的地域平衡与反垄断审查

体育赛事新媒体转播通过个性化服务、便捷性互动、最大化传播等特点给受众带来独特感受。对体育赛事权利人来说，互联网与其他新媒体平台的出现，给他们带来了艰难的抉择。"一方面，新媒体平台承诺新的商业机会和更广泛的内容传播；另一方面，新媒体平台可能会危及传统媒体转播权的价值，但其自身又不能提供可行的、足够的风险补偿。"[3]在新媒体转播权的交易中，会出现与电视转播权交

---

[1] 瞿巍.体育赛事电视转播权立法建议[J].体育文化导刊,2013(5):15.
[2] [英]麦克尔·佩恩.奥林匹克大逆转[M].郭先春,译.北京:中信出版社,2008:33.
[3] 张新萍.体育赛事新媒体转播中侵权行为及法律规制[J].天津体育学院学报,2013,28(2):167.

易中类似的竞争问题,要面临着反垄断法与竞争法的双重审查。虽然奥运会网络转播权是媒体制造出来的一个新词,但在法律层面来讲,它属于一种新的知识产权,它与奥运会电视转播权一样,是一种通过合同约定的民事权利,是对奥运会体育赛事进行网络转播的行为的所有权。需要说明的是,新媒体体育赛事转播权不同于知识产权中的信息网络转播权,它是指奥运会网络转播行为可以使用、处理和获得报酬的权利。互联网最大的优势就是开放性,网络图像能够轻易地跨越国界相互传递,所有人都可以借助网络根据自己的需求随时随地收看体育赛事。新媒体转播权可能对电视台转播造成巨大的冲击,对以电视转播权收益作为主要收入来源的国际奥委会来说,面临着转播收益锐减的危机,这也是国际奥委会在网络发展初期大力阻止奥运赛事网络转播的根本原因。"国际奥委会规定图像必须获得区域性保护,尽管允许电视转播权的持有者把信号传输到网络上,但他们必须保证播出内容的覆盖和电视台的覆盖一样大。"[①]尽管新媒体的传播方式、传播范围、受众、技术标准都有别于电视,但体育赛事新媒体转播权是电视转播权的延伸。从法律规定的权利本质分析,新媒体转播权必须从"无形财产权"中寻求法律依据,将包括电视转播权的经济权利延伸到新媒体转播上来,新媒体的转播权交易不但会与传统的电视转播权交易产生竞争,而且不同新媒体转播权购买机构之间也存在竞争的关系。从欧盟新媒体赛事转播实践来看,"国际上,前者的竞争关系已经受到欧盟竞争法的审查,而对后者的规制与传统电视转播权的反垄断规制相似。在相关产品市场和地域市场的界定方面,欧盟各国均运用反垄断法对集中出售和独家协议进行审查"[②]。

《著作权法》第10条第12款规定,信息网络传播权是指著作权人以有线或无线方式向公众提供作品,使公众可以在其个人选定的时间和地点获得作品的权利。在国际版权界,奥运新媒体版权保护是一个全新领域,涉及法律、内容传播、技术方式、地域访问限制等多个层面。根据国际奥委会的相关规定,除非国际奥委会《新闻准入规则》所允许或出现特定情况,非持权媒体组织不能在互联网上发布视频或做现场口头报道,这表明非持权新媒体不管是采用直播或录播方式,也不管信息的来源如何,都不能发布任何有关奥运赛事的视听节目。[③] 在互联网开始关注奥运赛事转播的初期,尽管商业网站被禁止视频直播奥运会,但由于电视台与广播电台可以通过自办网站转播奥运比赛,这也使得奥运会网络传播进入到一个高速发展

---

① 王晓东.奥运会网络传播发展的历史回顾及前景展望[J].武汉体育学院学报,2006, 40(5):38.
② 张新萍.体育赛事新媒体转播中侵权行为及法律规制[J].天津体育学院学报,2013, 28(2):167.
③ 黄为群,吴辉.奥运新媒体版权监督的实践与思考[J].电视研究,2008(12):28.

的阶段。互联网技术突破解决了奥运网络传播的技术难题、互联网用户数量的激增满足了奥运网络传播受众要求、国际奥委会对网络赛事转播的认识及政策的变化都使得奥运网络传播成为大势所趋。① 北京奥运会上,中央电视台新媒体转播采用了公益转播与商业性转播两种方式进行。公益性的转播主要是利用中央电视台国际网的平台制作专门区域,通过播放器嵌套、视频页面链接与嵌套等公益性的授权模式,使一些规模和影响较大的新闻网站获得部分新媒体转播权益,在奥运会期间,观众可以通过被授予公益性传播的174家持权网站看到奥运的相关视频;商业性的转播主要是与搜狐进行合作,让搜狐自由直播以及点播央视的奥运赛事视频节目。通过这两种方式的结合,既可以实现转播权的保护,也可以扩大参与的愿望,使传播的效果最大化。绝大多数新媒体机构都规范转播了奥运赛事,实现了让更多的普通百姓参与、体验奥运的目的。② "在新技术、新媒体不断涌现的时代,伦敦奥运会对知识产权的保护针对微博、微信等新兴社会平台方面也做出了规范,要求媒体记者和运动员在发布微博、微信时不能使用奥运元素作为背景。"③

长久以来,奥运会电视转播权都由电视转播机构买断,国际奥委会通过把奥运会的独家电视转播权出售给全球20多家电视台或电视转播机构,获得维持正常运营的巨额开销。奥运会的国际电视信号由国际奥委会的奥林匹克广播电视委员会制作或委托制作,然后被传送给授权的各国转播机构。为了使奥运会在世界范围内得到推广,让尽可能多的观众欣赏到奥运会,国际奥委会在电视转播权销售中采取的是尽可能将电视转播权销售给那些能够保证在相应国家与地区观众可以免费收看的转播机构的方法。因为每家电视转播机构覆盖范围可以控制,这样就可以保证区域外观众无法收看到赛事节目,全球电视市场就被分为相互独立的区域,国际奥委会就可以根据不同区域采用不同销售策略。正是由于这个原因,欧美等发达地区的奥运电视转播交易价格较高,而在非发达的亚非拉等地区奥运电视转播权交易价格就要低得多,甚至有些地区还可以免费收看奥运赛事电视转播。国际奥委会采用的分类销售策略,既能保证奥运转播收视的广泛性,同时还能确保奥运电视转播高收益。"奥运会电视转播权销售模式的核心在于:国际奥委会将全球市场分成相对独立的区域,并针对不同区域分别销售电视转播权。一旦这个核心被动摇,奥运会电视转播权销售体系顷刻间就会土崩瓦解,其后果不堪设想。"④ 在奥

---

① 王晓东.奥运会网络传播发展的历史回顾及前景展望[J].武汉体育学院学报,2006,40(5):38.
② 黄为群,吴辉.奥运新媒体版权监督的实践与思考[J].电视研究,2008(12):28.
③ 武东海.论奥林匹克知识产权保护立法中的利益平衡——以2012年伦敦奥运会法案为例[J].体育文化导刊,2014(1):31.
④ 王晓东.奥运会网络传播发展的历史回顾及前景展望[J].武汉体育学院学报,2006,40(5):38.

运会电视转播权交易中,电视台与国际奥委会双方互利互惠,但互联网赛事转播交易对这种合作模式提出了极大挑战。"国际奥委会在向全球网络媒体授予新媒体转播权时,均对该媒体的传播地域范围做出一定限制,跨地域传输即为'外溢',持权网站应主动采取技术手段,防止非本地IP地址用户访问本站。"①

转播权的垄断与反垄断问题其实在新媒体转播权的交易中广泛存在,像国内的奥运会、世界杯等大型国际体育赛事的电视及新媒体的转播权,都被中央电视台独家垄断购买,然后,中央电视台又将其分销给其他转播机构。在2000年,国家广电总局发布了加强体育赛事电视报道与转播管理工作的有关规定,对奥运会、世界杯、亚运会等重大国际体育赛事的国内电视转播权,要求必须由中央电视台统一负责谈判与购买,这给予了中央电视台奥运电视转播独家垄断的合法性。对于监管部门来说,这一排他性条款可以增强国有广电机构与版权授予方的谈判能力,从而避免版权市场竞争中耗费大量资金;但对于市场中众多新媒体企业来说则存在不公平竞争。尽管对体育赛事来说,电视转播权仍然是主流的畅销商品,但随着新媒体的介入,体育赛事的收视需求必然带来转播权销售的下降。随着公众媒体消费碎片化情形的出现,移动收看行为的增多,如包括在飞机、地铁等交通工具内的移动播放权,楼宇内及户外大屏中的付费播放权,移动通讯工具中的互动业务经营权以及静态影像的使用权等,公共场所的播放权也越来越受到重视。随着新兴媒介的迅速发展,这些小项权利的经营变得异常活跃,由于播出频次高、播出渠道多元以及播出时间的长期性,这些看似不会影响整体的小项权利,也可以累积出巨大的经营效果,可以与整个赛事的电视转播经营收益相媲美,对它们的经营可按照不同类型进行付费业务开发。另外,新闻或访谈节目中出现的现场赛事视频、公众人物观赛过程中跟踪拍摄时出现的赛场内容、赛后播放的集锦与花絮中的赛事信息,虽然它们大都采用自身媒体的主持人串场,但这都与赛事转播收益有关。

国际奥委会对体育赛事新媒体转播一直持保留意见,直到2008年搜狐公司才成为百年奥运史上第一位互联网内容服务赞助商,这也是国际奥委会首次就互联网内容提供设立赞助类别。即便如此,为了不侵犯奥运会电视转播机构的权益,包括北京奥组委官网在内的全部网站,都没有获得奥运会电视转播的许可,只有获得北京奥运会转播权的广播电视机构才能对2008年奥运会进行直播,否则将被视为侵权奥运知识产权。"因为网络转播必然分流一些收看电视转播的观众,必然分流一些电视广告商,这也必然损害奥委会与电视转播机构的关系。"②尽管作为奥运

---

① 黄为群,吴辉.奥运新媒体版权监督的实践与思考[J].电视研究,2008(12):28.
② 马骁.奥运会电视转播权及网络转播权的法律分析[J].电子知识产权,2003(4):48.

赛事电视转播权人的国际奥委会对新媒体转播权采取坚决抵制的策略，但对于2006年的世界杯，国际足联第一次出售网络数字转播权，宣告了体育赛事版权新的里程碑的诞生，转播权的商业价值进入电视与新媒体并存时代。在2008年北京奥运会上，新媒体能够作为单独序列首次纳入奥运会转播体系，这对奥运会赛事转播与奥林匹克精神传播都具有划时代的意义。对于新媒体与传统电视媒体之间在转播权上的关系，欧盟的做法值得借鉴。为了给新市场提供发展机会，在新媒体转播权不破坏传统权利开发的前提下，欧盟反垄断当局从转播时间、排他性、相关市场范围及特殊性等方面，运用竞争手段审查电视转播与新媒体转播之间的关系，对电视赛事许可转播与新媒体赛事许可转播进行仔细研究，特别是从对权利人开发新媒体转播权的限制是否超越对电视运营商保障的角度进行分析，欧盟委员会最终认为，体育赛事的电视转播与无线手机设备及互联网的赛事转播是两个可分的独立市场，可以将电视与新媒体转播权分开单独交易。"在欧盟委员会的指引下，欧洲足联将冠军联赛的转播权拆分成14个小包分别出售，包括现场直播转播权、比赛录像转播权、精彩片段转播权、互联网转播权和无线电设施转播权等。"[①]按照欧盟对转播权销售的做法，德国足协也作出较大调整，不仅允许俱乐部可以通过移动电话播放最近赛事片段，还允许他们在网站上提供更多的赛事集锦，这对国际奥委会对奥运赛事新媒体转播权销售应有较大的启发意义。

第三节　奥运传播过程中的运动员形象权平衡

与任何知识产权一样，形象权不能成为一项绝对的权利，应当受到一定的限制与约束。就如美国纽约州法院在萨尼奇一案中的判例所言，形象权获得认可并不表示形象权人可以为了金钱而控制社会公众对其姓名或肖像的每一次使用。不允许没有经过授权就使用名人形象权，是为了禁止名人形象被无故用作广告宣传或产品销售推广。与隐私权一样，当名人的肖像等形象使用是因公众事务或公众利益需要，应当裁定这种情况不适用形象权，任何因为公共利益而使用个人形象都要超越个体对金钱的需要，受到宪法保护。围绕形象权一直存在两对相互交织在一起的矛盾：一是经济利益的分配问题，即由社会大众参与产生的公众人物形象权，其经济价值是归属社会公众还是由公众人物独享；二是话语权的分配问题，即由社会大众参与制造并由公众人物代表的某些文化概念或现象，社会大众是否拥有话

[①] 张新萍.体育赛事新媒体转播中侵权行为及法律规制[J].天津体育学院学报，2013，28(2)：168-169.

语权。对运动员形象权的利益平衡也是基于上述两点矛盾展开,不过,上述两对矛盾从本质上可以归结为由信息娱乐传媒支持的形象权与第一修正案支持的言论自由之间的矛盾。

一、形象权与"表达自由"

作为一种社会性作品,名人形象的形成原因复杂多元,名人及其行业劳动只能是其中的一种要素,或许这种要素还算不上最主要的。"名人形象的涵义及其经济价值并不取决于他本人,而是取决于具有不同需要和利益的集团及个体赋予他何种意义以及作何种应用。"[①] 虽然形象权是一种专有绝对权,但并不是无限制的垄断权利,形象权制度在其内部具有权利保护与限制双重功能。形象权维护权利人形象商品化过程中所享有权利的同时,还承担着规制形象权人在从事形象商品化活动中的义务,形象权限制的因素主要有公序良俗、表达自由、权利穷竭等。表达自由是各国普遍认定的宪法权利,即公民对国家与社会的问题有自由发表意见的权利,在表达形式上,自由有语言与文字两种形式。与经济自由等权利相比较,表达自由在法律上具有更加优先的地位,在法律价值上具有优先性,也就是说与表达自由相比,具有独占性质的形象权不能阻碍思想的表达与信息的交流。形象权中的形象确定因素就是作为表现自由的信息。"权利穷竭"原则原本是指一种对著作权的限制,在《著作权法》中又被称为首次销售理论,意思是指尽管法律许可权利人控制著作权的使用,但这种控制使用并不可以延伸到作品本身。与著作权中"权利穷竭"原则一样,形象权也存在"权利穷竭"原则。"所谓权利穷竭,是指含有知名形象的商品以合法方式销售后,无论该商品辗转何人之手,形象权人均无权再控制该商品的流转,即权利人行使一次即耗尽了有关形象权,不能再次行使。"[②]

形象权作为一种知识产权,出于对"公共利益"的考虑,在使用上受到一定限制,对形象权的限制最主要的渊源来自美国宪法第一修正案中的"言论自由"。在"形象权保护"与"第一修正案"之间找到平衡点,是处理形象权案件首先要考虑的问题。在"萨尼奇"案件的判决中,美国最高法院重申被告享有美国宪法第一修正案中有关"言论自由"的权利,强调"言论自由"是限制形象权的重要依据。但与此同时,对被告是否拥有播放原告表演全过程的权利,美国最高法院也基于宪法第一修正案给予了否定的裁定。最高法院指出:"原告对于他在集市上的表演和表演所具有的新闻价值并不质疑,原告的主张仅仅在于被告拍摄和播放了他的全部表演

[①] 赵凤梅,姜新东. 形象权的哲学思考[J]. 云南社会科学,2004(4):35.
[②] 吴汉东. 形象的商品化与商品化的形象权[J]. 法学,2004(10):88.

过程,因而侵犯了他的专有财产权。"①在这里可以看出,原告依据的是普通法所赋予的形象权,它不能剥夺被告拥有的宪法第一修正案赋予的报道原告当作新闻表演的权利,但是由于播放的是被告表演的全部过程,这相当于原告收取观看表演入场费的权利被剥夺了,对原告的经济利益造成了极大损害。最高法院也认为:"与未经授权而商业性地使用他人的姓名与肖像不一样,与媒体附带使用他人的姓名或肖像不一样,播放原告的全部表演这一事实,直接进入了问题的核心,即原告作为杂技演员获得自己生计的问题。"②为此,最高法院强调由于在表演中原告花费了不少时间与精力,所以他有权为自己的付出获得相应报酬,形象权正好为权利人的经济利益提供了这种特定保护。在萨尼奇案中,形象权保护为原告提供了继续投资与制作相关表演的经济动力,在权利宗旨上形象权与版权、专利权是一致的。

在处理公民隐私权与社会"公共利益"的冲突时,"公共利益"原则是世界各国公认优先使用的一项基本原则。在对知识产权滥用的批评中,往往都是以损害"公共利益"为依据。"形象权的过度扩张有可能会阻碍社会思想的正常交流,这就使得以保护社会思想正常交流为核心内容的言论自由与形象权会产生冲突。"③知识产权作为激励创新的法律制度,在终极层面上代表着人类根本的共同利益,在操作层面上不仅与公共利益不冲突,而且在权利限制机制的设计、公有领域在制度层面上的确立等诸多方面维护着公共利益。当然,知识产权作为一种排他性的私权,必须对试图不劳而获的"搭便车者"构成法律障碍。当公民特别是公众人物的隐私权与社会公共利益发生冲突时,应服从于社会公共利益的需要。因为公众人物的事业往往与社会公共利益密切相关。知名运动员的隐私如涉及公共利益,就要对知名运动员的隐私权进行一定的限制,对其保护应相应弱化,这是知名运动员作为社会精英与公众人物所应付出的代价。公众人物的忍受义务就是新闻媒体在报道与公众人物有关的公共事件时,公众人物对报道可能造成对其名誉的轻微损害应当予以忍受。公众知情权对知名运动员的形象权也是一个重要的限制,知情权(right of know)又被称为知晓权、知悉权、了解权,这一概念最先由美国记者肯特·库柏在20世纪40年代中期提出,它是指公民有权知晓和获悉官方或非官方信息的自由与权利,如果法律上没有特别的限制,政府应该承担公开一切信息的义务。《世界人权宣言》与《公民权利和政治权利国际公约》对知情权都进行了确认,知情权成为各国普遍认同的国际人权与民主权利。作为自然人,知名运动员当然也应该享有隐私权,依照民法保护的原则,运动员依法受到保护的隐私权具体有:一是其住

---

①② 李明德.美国形象权法研究[J].环球法律评论,2003,25(4):484.
③ 马波.尼莫形象权法律思想评析[J].内蒙古大学学报(哲学社会科学版),2010,42(1):39.

宅不受非法侵入和侵扰;二是其私生活不受监视、监听;三是保障通讯秘密与自由;四是夫妻两性生活不受他人干扰和调查;五是与社会政治和公共利益以及公众的合理兴趣完全无关的纯粹个人私人秘密或安宁受到保护。①

因公共事务、新闻、体育广播与报道、政治活动等原因使用他人身份属于形象权使用例外,即便有关使用没有得到权利人许可,但有关使用也不足以构成侵犯他人的形象权。"当未经许可的使用发生在商业性媒体上的时候,并不必然构成对于他人形象权的侵犯。这要看未经许可的对他人身份的使用,是否与广告的出资者具有直接的关联。如果没有直接的关联,则不存在侵权。"②为了让私人利益不至于损害公共利益,在法律将私人利益转化为公权利时,需要以维护公共利益为原则来建构相应的权利限制机制。"形象权与言论自由的冲突本质上是私人利益与公共利益之间的冲突。现代私权体系是以尊重个体人格和激励私人创造性劳动来实现社会福利的增长,对私人利益的保护是以增进公共利益为大前提。"③尼莫认为在隐私权与形象权的诉讼中,公共利益抗辩都能起相同的作用。在新闻传播或因公共利益需要时,使用了一个人的姓名、照片或肖像,这不构成对形象权侵害。公开形象权最本质的理由就在于公共利益,公共形象权的确立明确了名人承担的义务。言论自由是社会成员进行表达和交流思想的基本保障,是社会公共利益的体现,因此,形象权的存在必须以尊重和保障言论自由为前提。④

在以增进公共利益为前提的情况下,法律在将私人利益转化为权利时,需以维护公共利益为原则来构建相应的权利限制机制,以使其不会损害公共利益。言论自由作为社会成员表达与交流思想的基本工具,它是社会公共利益最为直接的体现。因此,形象权的存在必须以尊重与保障他人的言论自由作为基本前提。在某种程度上说,形象权是隐私权在不能满足社会历史发展需要时的产物,在美国宪法第一修正案中,政府对公民的言论自由与新闻报道自由都不可进行限制。对某个文化偶像,公民都有了解、评论与批评的自由权利,即便是因突发事件而短暂地受到聚光灯照射的公众人物,由于他们具有一定的新闻价值,所以也会成为公众兴趣关注的焦点。"当公众人物的形象完全取决于公众的感知,而且其所象征的并非该公众人物本身预期或愿意表达的概念或事件时,却要赋予该公众人物对该形象的独占所有权。"⑤可以说每一个社会成员都是当下流行文化与符号世界的参与者,为了提升社会的民主化,降低符号对私有权的控制,对权利要坚持它的相容性而不

---

① 张新宝.隐私权的法律保护[M].北京:群众出版社,1997:99-105.
② 李明德.美国形象权法研究[J].环球法律评论,2003,25(4):485.
③④ 马波.尼莫形象权法律思想评析[J].内蒙古大学学报(哲学社会科学版),2010,42(1):39.
⑤ 郭玉军,向在胜.美国公开权研究[J].时代法学,2003(1):14.

是它的垄断性,要准许对权利适度地合理使用。

尽管任何人都不能只为了广告与商业的目的,在没有得到许可的情况下就使用他人形象,但媒体在使用他人形象时有例外。"媒体的所有人或雇员,对媒体上登载的侵犯他人形象权的广告,不承担侵权责任,除非有关媒体的所有人或雇员知道广告中对于他人身份的使用是未经许可的使用。"①这样的话,在绝大多数情况下,媒体就可以免除对他人形象权侵犯的担忧,不必担心因为刊播他人广告而承担侵权的责任,这毫无疑问会对媒体的发展带来重要影响。如果对形象权的使用只是为了新闻报道,而没有商业的目的,这属于形象权保护例外,也不会被认为侵犯了形象权。"长期以来我们社会一直承认,如果媒体对于某一姓名或肖像的使用,是与某一具有新闻价值的信息相关,则这种使用受到第一修正案的保护,不属于民权法所规定的为了商业目的而使用的范围。"②另外,根据用途不同,对某一特定他人形象的使用,可以纳入"传播性"与"商业性"范畴,这使得"形象权"保护与"言论自由"保障有本质区别。如果对他人形象的使用只是为了信息的传播,而没有商业的目的,这就属于对形象的传播性使用,在这种情况下,言论自由的保障要优先于形象权保护。如果对他人形象的使用主要是商业目的,而不是信息传播,这就属于对形象的商业性使用。区别形象的使用是属于传播性使用还是商业性使用,媒介起了至关重要的作用。

总之,在个人形象权与表达自由冲突的协调中,以下几条原则经常被提及:一是新闻价值例外原则。形象权可以用来阻止他人未经许可对知名人物形象要素进行商业性利用(商业广告),但却不能阻止他人对形象要素进行"具有新闻价值的例外"的使用。二是使用目的有别原则。如果对个人形象使用的主要目的是为了对知名人物进行评价、幽默、讽刺,以引起社会公众对该知名人物的议论,那出版自由应被优先考虑;如果其主要目的是为了开发该知名人物的个人形象商业价值或促销商品,这时即便有一些非商业性表达元素,也不应用出版自由进行辩护。三是实际恶意原则。该原则经常被美国法院用来协调出版自由与个人形象权之间的矛盾冲突。社会公众的表达自由与对知名人物(公众人物)诽谤之间的冲突经常涉及实际恶意原则。四是转化性原则。当创作符合"转化性"标准时,出版自由关于激励创作与表达自由价值要优先于个人形象权。由于"转化性"的作品与个人形象并不一样,它并不会影响知名人物对其个人形象的商业利用。五是版权"合理使用"原

---

① 李明德. 美国形象权法研究[J]. 环球法律评论,2003,25(4):485.
② 转引李明德. 美国形象权法研究[J]. 环球法律评论,2003,25(4):485. Davis v. High Society Magazine, Inc., 90 Appellate Division second 374.457N.Y.S. 2d. 308(1982).

则。美国版权法对版权"合理使用"的要求主要体现在使用的目的与性质、被使用作品的性质、被使用作品与使用作品的数量及实际价值比较、使用作品对原版权作品潜在市场或作品价值产生的影响四个方面。通过借鉴美国版权法"合理使用"标准,有美国学者提出对个人形象权"合理使用"的标准:"使用知名人物形象的目的和特征;知名人物形象的性质;使用知名人物形象给其他市场利益所造成的潜在影响。"①

二、形象权的私权性与"公众兴趣"

尽管"公共利益"与"公共兴趣"在英语中都可用"public interest"来表示,属于市场环境中的"公众兴趣"可以从属于民主政治领域中的"公共利益"转换而来,但它们有着本质的区别,在逻辑上并没有太大关联。"公共兴趣"是大众对某些现象或者事物的一种欲知的心理需求。在当今的市场经济社会,每位公众可以同时行使两种权利,拥有公民与消费者两种身份。"以公民身份参与政治活动时,个人融入集体成为公众的一员,其利益表现为公共利益;而以消费者身份参与市场活动时,个人仍保持其个体地位,其利益仅仅表现为个人利益;其中就包括了属于主体欲求、欲望之类的兴趣。"②

从奥运会举办贡献角度来看,体育官员、教练员、裁判员及志愿者都是"奥运会的参加者",但从奥运会本身的性质及宗旨来看,运动员就是一切。如果没有运动员的参与,就没有各项竞技体育赛事的运作,也就没有奥运会,更没有电视转播和奥运赞助。包括体育官员、教练员、裁判员等在内的人员及组织只是为运动员服务而存在。从本质上看,奥运会仍属现代竞技体育的范畴,现代竞技体育的集中对抗性与表演性,要求奥运会必须体现极高的竞技体育水平,只有这样才具有极高的观赏性,唯有如此,奥运会方能存续下去。这就决定了不是每一个希望参加特定比赛的个人或团体都可以参加奥运会比赛,要参加奥运会赛事必须达到某一特定的标准和条件,才能获得奥运会的参赛资格。《奥林匹克宪章》对奥运会参赛资格的条件与程序设定了一定的合理限制,符合参赛资格的标准是由各 IFs(国际单项体育联合会)根据《奥林匹克宪章》设定的各项目参赛资格标准,这使得奥运会的竞技水平是世界综合性运动会上最高的。按照奥运会的参赛要求,参加奥运会的运动员是当今世界上最为优秀的运动员,任何赛事都无法像奥运会一样对优秀运动员充

---

① 转引高荣林. 出版自由与个人形象权[J]. 国际新闻界,2012(2):84. Koo, A:"Right of Publicity: the Right of Publicity Fair Use Doctrine." Buffalo Intellectual Property Law Journal, 2006,4(1):22.

② 邵志择. Public Interest:公共利益抑或公共兴趣——市场化媒体的两难选择[J]. 新闻大学,2012(1):69.

满了吸引力。那些在奥运会上取得优异成绩的运动员,不但在各自国家(地区)成为民族英雄,而且有可能成为世界超级明星,拥有众多支持者,他们的语言、服饰、生活方式等都可能被崇拜者效仿与追逐,他们不仅是奥运会与大众媒体的关注焦点,也是众多商家相互追捧的对象,形象价值非同一般。

现代私权体系以尊重个体人格和激励私人创造性劳动来实现社会福利的增长,大多数情况下名人的形象价值来源于成名过程中所付出的劳动甚至金钱,如果不涉及重大的公共政策,任何人都有主张自己劳动成果的权利。在司法判决中,通常认为具有商业价值的形象是个人的成就,是他个人在特定领域有意识持久努力的结果,名人姓名、肖像及其他人格标识形象上的市场价值是名人多年投入与激烈竞争的结果,是他劳动成果的集中体现,属于财产权。明星的形象具有商业价值,主要是来自明星个人的努力,是他们天赋、刻苦、智力与勇气相结合的综合性产物。一个人的成名也有本人之外他人劳动的成果,与名声这种相关联的形象多是被其他人赋予的。一个人凭自己的天赋可以使自己更强壮或更博学多才,却不能凭此让自己更出名。因为一个人要想赢得普遍关注,这与他过往取得的成就并不一定成正比关系,更多取决于公众的需要与兴趣,而且名声还经常会被"优点"外的其他原因附着或抽掉。从实践来看,在一个人成名的过程中,有时重要的偶然因素也会起到特别的作用,媒体在此过程中所起的作用非常关键。"媒体为了自身的迫切需要不停地寻找甚至制造名人作为代言人,以吸引公众,传达信息进而使公众产生对其广告的产品的消费需求。"①其实形象权之所以能够获得承认,完全是因为集权化的信息娱乐传媒胜利的结果。从某种意义上说,正是大众媒体让公众相信,公众人物应该对自己的形象及其所代表的价值拥有支配权。

形象作为一种符号系统,具有经济与思想交流的双重功能。作为对形象符号价值的专有权利,形象权的权利人有权利限制社会公众对该符号的使用。形象权的经济功能表现为形象符号可以作为信息载体用来促销商品;形象权的交流功能是指形象符号可以作为表达的载体用来进行思想的交流。用辩证的眼光看,给予他人许可的权利,其实就是实施对另外人禁止的权利。当法律赋予公众人物以形象权时,这不只是为其增加额外的收入,还赋予其审查社会中意义与个性的生产和传播的广泛权力……并最终赋予其限制其他人表达与交流的机会。波德里亚从生产、销售及消费等角度对消费社会进行研究,提出商品"符号价值"的概念。在波德里亚看来,当代社会消费不仅是一种行为而且还是一个符号系统。因为消费品及消费过程都充斥着表达意义的符号系统和象征系统。"消费不但是经济学意义上

---

① 赵凤梅,姜新东.形象权的哲学思考[J].云南社会科学,2004(4):35.

的消费者追求个人效益最大化的过程,而且也是社会学意义上的消费者进行意义构建、趣味区分、文化分类和社会关系再生产的过程。"①消费对象不仅可以是物,也可以是符号。在公众消费的商品对象中,除具有一般商品经济的交换与使用价值外,还具有一定的符号价值。交换价值表明商品之间的等价关系,使用价值是指商品的效用关系,而符号价值代表商品的差异关系。"在迅速变动的市场洪流中,生命体在创造符号社会的同时,也在将自己物化为符号系统中的一员,心灵、情感、个人特质与诉求已越来越表现在符号术语中,生物意义上的血肉之躯被打造、转化成'符号体'"。② 在现代社会,人自身的价值应当包含精神利益与财产利益两种性质不同的利益形态,精神利益一般是指自然人作为独立的社会成员而产生的人格尊严利益,财产利益是指个体形象符号对商品促销具有的经济价值,形象符号化是自然人形象财产化的前提条件。

形象权是一种财产权利,在形象权的形成过程中,名人付出了时间、精力与代价,形象权在一定程度上就是对他们隐私权的缩小与付出的承认。如果只为了保护个别名人的利益,甚至只保护他们个人的经济利益,形象权存在的合法性就没有足够的理由,因为法律没有必要另设一种权利用来关照少数名人的利益。从更深层次的角度来讲,形象权存在的一大重要理由是反对不正当竞争,使合法使用形象的商家利益得到有效保护,在经济流转中规范商品化形象使用的秩序。"公开形象权再深一层的理由是保护名人的人格利益,由于名人处于易受侵害的脆弱地位,公开形象权为名人的人格利益又提供了一重保障。"③在形象权的使用过程中,可以在继承与合同的基础上,将形象权的所有权转让给他人。形象权的许可使用既可以是权利人将自己形象许可给多家使用的普通许可,也可以是权利人将自己形象许可给一家,其他组织或个人不再获得许可的独占性许可。"个人形象权与出版自由冲突的'综合标准',应该综合考虑该使用的主要目的是商业性还是非商业性;该使用'转化性'程度的高低;该使用行为是否会使公众产生混淆;该使用是否会给知名人物的市场利益造成损害。"④

三、"表达性"使用优先与"商业性"使用受限

虽然距弗兰克法官将一个人控制其姓名或肖像商业使用的权利称为"Right of Publicity"(即形象权)已经有半个多世纪,但事实上该权利是在隐私权得不到足

---

① 杨文运,林萍. 体育明星价值分析[J]. 体育文化导刊,2008(4):46.
② 谢晓尧. 商品化权:人格符号的利益扩张与衡平[J]. 法商研究,2005(3):81.
③ 薛虹. 名人的商标权——公开形象权[J]. 中华商标,1996(3):13.
④ 高荣林. 出版自由与个人形象权[J]. 国际新闻界,2012(2):85.

够保护时产生的,迄今为止,形象权仍然是一个未定型、处于发展中的权利形态。目前,对知名运动员形象利益的争夺日趋白热化,对运动员商业利益的关注和讨论也越来越多。运动员形象权法律保护已经成为一个世界性难题,著名运动员的形象权商业价值实际上远远高于其比赛的出场费和薪金,更为重要的是,隐私权性质使名人不能充分有效地利用自己肖像的经济价值,因为各国法律制度差别很大,尤其是英美法系与大陆法系的国家,在对运动员形象权的认识与保护上存在相当大的观念性差异。"体育运动有其很强的自组织性,长期以来并没有进入法学家研究的视野,同时运动员的流动性、体育运动的国际性又使运动员的形象利益在现实中很难得到完善的保护。"[1]马波在《尼莫形象权法律思想评析》一文中提出用以协调形象权与言论自由之间的关系,体育形象权限制的三种制度:一是关联性测试法。这是指一个自然人形象被其他人用在作品中,假如该形象与作品的思想表达之间存在着直接关联,那这种形象的使用就不会构成对形象权的侵害。二是附带使用原则。这是指被告对原告形象的使用是一种无意义的使用,那么被告行为可以免责,也就是说,在商业活动中原告形象尽管被使用了,但假如原告形象与被告商业活动目的之间不存在直接关系,那这种使用被告形象的行为可以认为没有侵犯被告的形象权,可以给予免责。三是政治性言论免责。作为实现公民基本权利的保障,政治性言论是公民实现政治民主的重要手段与方式,公民有权利用他人形象来表达对社会现实的态度。因此,以表达政治意见为目的而使用他人形象的行为不构成侵权。"在有关形象权的案件中,如果被告利用原告形象的活动中包含有一定的政治性言论,此时被告的使用活动可以受到言论自由的保护。"[2]

形象权作为知识产权一种,出于对公共利益的考虑,在使用上也受到某些限制。从形象权提出最早的美国来看,对形象权使用限制最直接的是美国宪法第一修正案所规定的表现自由(言论自由和新闻自由)。美国法律一直承认:"如果媒体对于某一姓名或肖像的使用,是与某一具有新闻价值的信息相关,则这种使用受到第一修正案的保护,不属于民权法所规定的为了商业目的而使用的范围。"[3]新闻的概念非常广泛,它包括新闻媒体使用他人姓名与肖像,发表教育与科学文章的自由,具有广泛适用"新闻价值"的例外。对于形象权中的"新闻价值"认定问题,应该由编辑部门给予恰当的判断或裁量,只有当形象与作品之间没有真正联系或者该作品是经过伪装的广告时,司法部门才有介入的正当理由。美国第一修正案根据

---

[1] 赵豫. 运动员形象权的法律保护[J]. 体育学刊,2005,12(2):17.
[2] 马波. 尼莫形象权法律思想评析[J]. 内蒙古大学学报(哲学社会科学版),2010,42(1):40.
[3] 转引李明德. 美国形象权法研究[J]. 环球法律评论,2003,25(4):485. Davis v. High Society Magazine, Inc. 90 Appellate Division, second 374. 457N. Y. S. 2d 308(1982).

言论的使用目的把对言论的保护划成不同等级,对于表述性(expressive)的使用,就给予高级别的保护;对于商业性(commercial)的使用就不会给予保护,而媒体在对"表述性"与"商业性"使用的区分上的作用很大。"传统的看法是以媒介为导向,如果是在商业广告、商品上使用形象元素,应视为商业性使用;如果是在报纸、杂志或电视新闻中使用形象,应视为表述性使用。"①

形象权人与社会公众之间的利益冲突实质上是对形象符号的控制与反控制。社会公众对运动员形象的综合使用是运动员商业价值的基础。因此,在保护运动员经济利益时,对运动员形象的非商业公开与商业性使用具有同样重要的地位。虽然运动员形象的经济利益来自商业性利用形象的结果,但如果社会公众不能对运动员形象进行非商业性使用的话,那运动员的形象就不会被社会公众所知晓,或他的形象很快就会被社会公众遗忘。因此,媒体对运动员的训练及比赛情况进行宣传报道,这也是提高运动员形象知名度以增加他商业价值的一条重要的途径。作为表达自由所涉及的信息,即消息、图像、资料、观念、意见等,可能就是形象权中的形象确定因素。美国联邦最高法院认为,新闻与娱乐一样都可以获得美国宪法之表达自由的保护,形象权作为自然人对其形象的控制是对其进行商业性使用的专有权利,在对它的使用过程中也会出现形象权人过分强调自己形象的问题。"形象权的产生意味着在形象符号世界出现了公共利益和私人利益的分离。形象权虽然保护自然人的形象利益不被他人非法侵占,但不可否认,形象权人也有可能滥用权利,形成符号垄断,阻止社会公众对形象符号的正常使用。"②另外,形象权作为一种无形财产权,自然人的形象就经常会与商品流通交织一起,这样自然就会产生形象权与经济自由之间的冲突,权利人是否可以依据形象权来控制商品流通各个环节就会成为矛盾焦点。"美国司法界开始通过判例来确立一系列的形象权限制规则,用以协调形象权人与社会公众利益之间的关系,在确保社会利益不被侵犯的前提下,实现形象价值的产业化发展。"③

四、形象利益受限与衍生价值平衡

就奥运赛场上的运动员而言,他们无权将奥林匹克五环图案标志和"奥林匹克"词汇等奥林匹克标识用于商业目的,同样的,运动员也不得将其所获得的奥运奖牌用于商业目的。《奥林匹克宪章》规定,除非经国际奥委会执行委员会许可,严

---

① 陈锋.论美国法下对运动员形象权的保护[J].北京体育大学学报,2007,30(5):588.
② 马波.论美国形象权限制制度[J].内蒙古大学学报(哲学社会科学版),2010,42(6):100.
③ 马波.论美国形象权限制制度[J].内蒙古大学学报(哲学社会科学版),2010,42(6):100.

禁奥运会期间所有参与奥运会的运动员、教练员、训练员或官员等将自己的姓名、肖像及运动表现等形象用于商业广告。国际奥委会规定,对于奥运会期间运动员的形象规则及标准,由国际奥委会执行委员会统一制定,也就是说作为通常原则,赞助企业可以在奥运会期间使用运动员形象于商业目的,但前提条件是必须符合国际奥委会所规定的条件并得到运动员自己的认可。在奥运会门票背面所明示的条款或奥运会场馆的告示中,对保护国际奥委会知识产权的一些事项也进行了明确规定,如限制观众携带带有第三方广告或产品与服务进入奥运会场馆,如果不这样的话,这些商业信息就有可能进入奥运会的转播镜头。同时,对于观众肖像如出现在电视转播画面中,被认为是征得同意的。"与此相关,运动员、教练员、官员所签署的奥运会参与申请表中也规定了类似条款。运动员、教练员、官员也必须同意他们的肖像可以出现在奥运会电视转播中,国际奥委会有权使用他们的肖像宣传奥运会和奥林匹克运动。"[1]

《奥林匹克宪章》第59条规定,在整个奥运会期间,任何运动员、教练员、官员、新闻随员或其他已注册的参加者,决不能注册为记者或其他媒体身份或以这种身份行事。《奥林匹克宪章》第61条对这一特殊政策作出明确规定,在奥林匹克区域内不准进行任何形式的示威或政治、宗教或种族性宣传;在体育场和其他被视为奥林匹克场所的比赛区域及其上空不准进行任何形式的宣传;在体育场或者其他运动场所不准有商业装置和广告牌;在竞赛场馆等奥运相关场所内实行所谓清洁场馆政策。作为清洁场馆政策的引申,《奥林匹克宪章》第61条规则的附则规定:任何形式的广告和宣传,不论商业性或非商业性,都不可出现在人体、运动服装和佩饰上。一般来说,不可出现在运动员或参加奥林匹克运动会的其他人员穿的或用的任何衣物或器材上。这就为参加奥运会的运动员设定了一项义务,即确保在其穿的或用的任何衣物或器材上不出现任何形式的广告和宣传。由于国际奥委会对参加奥运会运动员的形象利用有着严苛的规定,从经济角度来讲,这是对运动员形象权的特定限制。如果说这种限制是由于运动员被当作公众人物被迫放弃了形象权的收益,或者是由于奥林匹克运动的公益性特征限制了运动员源于隐私权等人格保护的权利,但运动员形象权的放弃也应该是有其他的补偿手段,或者有其他的平衡方式,因为对于放弃与限制本身来说,就是利益平衡结果的一种体现。"法律不能容忍他人利用知名运动员的人格标识进行商业利用谋取利益这种搭便车行为,即使是公共资源也需要利用人支付对价以消除利用行为的外部性,更何况人格

---

[1] 霍华德·斯图普.国际奥委会知识产权概览[J].周玲,译.知识产权,2006(5):93.

标识这种私有资源,当然不应允许他人无偿进行商业运用。"①

认真分析运动员之所以能够忍受国际奥委会对其形象权的限制规定,这一方面来自奥运会是运动员展现自己实力、为国家争取荣誉的绝佳平台,更为重要的原因可能来自奥运会平台的巨大象征意义,在奥运赛场获得巨大成功的运动员,其形象价值无疑会有巨大的市场提升空间。如雅典奥运会上,刘翔一举成名,国内外各大赞助商展开竞争,邀请他为产品代言,代言费涨至 500 万元。"据中国品牌研究院 2007 年发布的《中国奥运会金牌价值报告》,在所有的获奖金牌中,刘翔的雅典奥运会金牌最具受推崇,其价值等同于 4.61 亿元。2007 年,刘翔的商业价值进入高潮,身价高达 10 亿元。"②2008 年北京奥运会,刘翔意外退赛,这让其形象的商业价值急转直下,北京奥运会后,其身价降为 1.3 亿元,此后一路下滑,代言费只有 200 万元,较之前的 1 500 万元下降比例高达 87%。2010 年,刘翔只代言了耐克一家产品。另外,像牙买加短跑运动员博尔特在北京奥运会后一举成为国际体育巨星,这给他的形象在全球推广带来巨大便利,众多需要在全球急速扩张的企业借助运动员形象进行全球推广。从中可以看出,即便国际奥委会在奥运期间甚至非奥运期间,对运动员的形象利用设置了诸多门槛,但这并不表示运动员的形象价值就得不到救济,运动员的形象价值会通过其他衍生价值得到补偿。运动员形象权因为遵守国际奥委会的相关规定受到一定的限制,但这种限制可以通过其他的社会商业活动得到应有补偿。如体操王子李宁利用自己的形象创建了自己的公司,并且将李宁品牌做成了中国体育产业的著名名牌。

---

① 宋萍.论运动员形象权和人格权保护的协调[J].山东体育学院学报,2011,27(3):8.
② 张跃鹏.我国运动员商业价值开发模式对比研究——以刘翔、李娜为例[J].运动,2013(17):26.

结　　语

　　2016年8月22日,经过16天的激烈角逐,第31届奥运会在巴西落下了帷幕,中国代表团以26枚金牌、18枚银牌、26枚铜牌位列奖牌榜第三位。这届奥运会是继墨西哥、中国之后,发展中国家再次主办奥运会,也是南美国家首次举办和难民代表团第一次参加的奥运会,这使得奥林匹克运动的公益性特征更加明显。中国80多家新闻单位共派出了800多名注册记者前往报道这届奥运会,是历史上我国赴境外报道奥运会规模最大的一次,真切体现了奥运会不但是一个体育竞技赛事,也是一个媒体竞技赛场。"'奥运会的成功举办对奥林匹克运动具有决定性的意义。这不仅因为运动员为之付出了巨大的努力,而且因为它是国际奥委会唯一的经济来源'。而且,奥运会也是其他一切奥林匹克事务的前提条件。"[①]从1894年6月23日国际奥委会成立开始,顾拜旦就为现代奥林匹克运动会定下了四条最基本的原则:(1)推广作为体育根本的体力和智力的发展;(2)通过体育教育年轻一代,以相互理解和友谊的精神建造一个更美好的和平世界;(3)在全世界传播奥林匹克宗旨,营造全球亲善;(4)每四年一次举办奥运会,把全世界的运动员们汇集起来。奥林匹克运动独特的宗旨及文化特征,使得它具有独一无二的传播价值。作为顶级的世界体育综合赛事,奥运会赛程安排长达十六天,再加上覆盖全球的国家及全类型体育项目,大量明星运动员的倾情加盟,使得奥运会在商业赞助和赛事转播领域拥有不可比拟的商业价值。因此,对于奥运转播商和体育平台来说,即便花费巨大代价也在所不惜。

　　在知识经济时代,虽然知识已经或者必将取代土地与资本等成为最重要的生产要素,但在有关经济活动的制度安排中,知识经济时代仍然与工业时代一样,产权制度被认为是制度安排的核心。产权制度是创新行为的保障与激励功能的源泉。现代奥运的商业原则、现代奥林匹克哲学以及为这一盛事提供资金的需求,这三者之间已经形成互动。虽然国际奥委会只是一个公益性质的国际组织,不是一

[①]　任海.论国际奥委会的改革[J].体育科学,2008,28(7):11.

般意义上的自然人,但是奥林匹克知识产权保护国际奥委会这个具有法人性质的组织的权利。在奥运会的百年发展历程中,由于竞技体育从业余娱乐的方式转化为职业性的产品,国际体育组织特别是国际奥委会在业余时代形成的业余模式,已经难以适应竞技运动产品的商业化、运动员的职业化、资源运作的全球化等发展趋势,奥林匹克组织的改革势在必行。"奥林匹克改革的实质就是以经济的市场化、政治的民主化、文化的多元化和管理的企业化来适应社会的变化和奥林匹克运动自身的发展。"①在这样的发展改革中,奥林匹克运动的公益性遇到强大的冲击,通过市场垄断的方式,国际奥委会获得了奥林匹克运动发展需要的资金,但要在市场化过程中保证奥林匹克全球化组织的公益性特征,需要国际奥委会等奥林匹克组织主体在奥林匹克运动的公共性与垄断性之间找到一个平衡点。即便如此,对国际奥委会这个不以营利为目的、具有独特法律地位和永久继承权的法人团体来说,在其变迁和发展的过程中,仍然会遇到一系列问题,其具体表现为运作模式与市场经济的矛盾、组织结构与现代企业模式的矛盾、组织机制与现代民主制度的矛盾、单一文化与多元文化环境的矛盾、奥运会框架与国际体育迅速发展的势头的矛盾。②这些矛盾在一定程度上都可以归结为在经济全球化背景下因社会变迁而导致的奥林匹克运动发展的困境,本质上属于奥运传播公共性与垄断性之间的矛盾,即奥运传播的公益性与市场化之间的冲突,要解决这些问题必须处理好奥运知识产权传播过程中的公共性与垄断性平衡问题。

  知识产权制度出现于资本主义的黎明时期。"19世纪知识产权所有者建立了管理全球知识和艺术作品贸易的组织,20世纪末知识产权贸易的深度与范围带来了对国际知识产权体系的全面渗透和覆盖。西方资本家依赖于版权、专利和商标的产业需要一种可以跨越国家边界以利用有利的资本和劳动力市场的法律基础,使他们进入国外市场时对其投资能得到明确的保护。"③电视转播权作为奥林匹克知识产权重点保护的内容,一直在高度垄断保护下运行。里约奥运会期间,因为美国全国广播公司(NBC)对里约奥运会电视转播权的垄断,其他电视台每天只有两分钟可以播报奥运进展,甚至不能播放奥运会主题曲和五环图案,为此芝加哥WNG电视台用三角形代替奥运五环规避侵权风险。虽然这种垄断对奥运知识产权保护、奥林匹克运动收益带来很好的效果,但对奥林匹克推广、公众知情权也会产生一定的影响。对我国门户网站、视频网站而言,奥运会的赛事转播权一直被视

---

①② 任海.论国际奥委会的改革[J].体育科学,2008,28(7):23、23-24.
③ 曹晋,杨琪.传播政治经济学框架中的版权文化——论《版权文化——知识产权的政治经济学》[J].编辑学刊,2009(3):77.

为兵家必争之地,而中央电视台作为国家电视台,长久以来一直独占着各项体育赛事的版权。虽然在体育产业政策松绑的刺激下,互联网公司大举购买各类体育赛事版权,但央视似乎也开始逐渐收紧手握的核心版权资源,直到2016年7月20日央视才报价1亿元分销里约奥运会的新媒体版权,这让很多有意购买奥运新媒体版权的公司措手不及。"在现代资本主义工业体系中,一方面版权体系并没有如理想的那样运作,版权保护的是具有发行能力的版权资本家而不是版权创造者的利益,这就不利于保护知识创造的积极性;另一方面,由于传播的垄断,使得对版权的保护是加大而非削弱了信息富有者和信息贫乏者之间的鸿沟,而且版权成为西方'文化殖民'的有效工具。"[①]对于一个国家或社会来说,未来的竞争可能就是知识产权的竞争,只有那些完全掌握了自主知识产权并建立完善的创新激励制度保障的国家,才能立于不败之地。目前,我国正在持续加强社会诚信体系和品牌建设,推进知识产权强国战略的实施,对奥运知识产权相关内容的保护也是其重要的内容。

体育知识产权作为近年来提出来的新概念,理论界对它还没有形成统一的认识。奥运知识产权属于复合权利,包括精神权与财产权。精神权包括发表权、署名权、修改权和保护作品完整权;财产权包括复制权和发行权等。从知识产权角度看,知识产权制度都在努力地平衡权利人和公众之间的利益冲突。新的信息传播手段层出不穷,就意味着公众获取信息资源的渠道也变得多种多样。因此,权利人就更需要为知识产权提供新的利益实现途径。要想在文化区隔众多、经济状况迥异的国家建立一套行之有效的奥运知识产权保护制度,对国际奥委会来说是一个巨大的挑战,更何况随着世界经济的发展,知识产权的内涵与外延在不断变化,人们对其认识也在不断调整之中。现代奥林匹克管理体制与运行机制的法律化程度日渐增强,奥林匹克法律事务的复杂性不仅体现在涉及领域广泛、与社会生活传统领域密切相关,而且还包括敏感法律前沿领域,如商务、知识产权、体育、演出、电视转播、网络等领域,并且相互交织关系错综庞杂。"由于国际奥委会本身就是一个国际性的组织,有200余个成员国加入,并签署了《奥林匹克宪章》,因此,奥林匹克标志的知识产权保护从成立的根据上就具有广泛的国际地域性。"[②]同时,随着新媒体传播技术的发展,媒体传播形态的变化,运动员等参与奥运传播的主体民主意识增强,原有的一些奥运知识产权保护措施遇到新的困难,需要不断改进。如写进

---

① 曹晋,杨琪.传播政治经济学框架中的版权文化——论《版权文化——知识产权的政治经济学》.编辑学刊,2009(3):77-78.

② 冯玉军,黎晓园.奥林匹克标志的知识产权保护初探[J].法学论坛,2007,22(4):41.

《奥林匹克宪章》的有关运动员奥运赞助"第40条规定"在2015年6月被作了关键性修改,在满足一定条件后,国际奥委会的非官方赞助商们可以在奥运会期间利用他们的奥运选手来进行广告、市场活动。

许多国家将体育比赛列入知识产权的保护范围,美国国会1976年通过的《美国版权法》明确规定,职业体育联盟的比赛可以享受联邦政府的版权保护,这为保护体育比赛转播权提供了法律依据。巴西在其版权法中也明确规定,运动员组织者(俱乐部)享有如其他文艺工作者、表演者一样的经济权利,他们有权禁止或许可他人转播或录制有关运动员比赛实况。如果允许他人转播或录制,他们就有权获得经济报酬,所得报酬的80%归属赛事组织者,20%分配给运动员,其中,运动员只享有取得经济报酬的权利,而不享有禁止或许可赛事转播的权利。对于我国竞技体育来说,随着体育赛事成为我国体育产业的一大支柱,体育产业链条上游的资源将会被逐渐开放,商业性的体育赛事与群众性的体育赛事放开审批权已经成为国家政策,围绕我国体育竞赛表演业为核心的体育产业链将会逐渐展开。在我国每年都要举行众多的大型体育赛事,体育赛事转播权的出售将成为体育组织资金的重要来源。"中国体育通过承办重大体育赛事来树立国际影响力。英国体育营销机构SPORT CAL通过对2007—2018年间举办的700个国际主要体育赛事研究后发现,中国已经成为了全球体育盛事的中心国,不仅赛事举办次数最多,影响力也越大。"①随之而来,我国体育明星会越来越多,对运动员形象的利用也会越来越普遍,如何开发运动员的商业价值是赞助商需要考虑的问题。奥运传播是体育巨星发现与成长的平台,也可能是体育明星消失与陨落的温床。如里约奥运会前,体育营销界对中国游泳新星宁泽涛的商业价值十分看好,美国著名智库宁德公司认为宁泽涛的商业价值有望达到300亿美金,但由于在里约奥运会中的表现不佳,不但运动成绩差强人意而且营销话题也很难实现,本想借助宁泽涛在奥运会上的表现进行事件营销的赞助商无处下手,里约奥运会不仅没有成为宁泽涛身价暴增的起跳点,反而可能成为其商业价值遇冷的转折点。

如果说文艺复兴、宗教改革与启蒙运动三大文化变革为现代奥林匹克扫清了思想障碍,资产阶级教育改革实践为现代奥林匹克奠定了现实基础的话,那现代科技使奥运会获得了巨大的传播力、商业开发使奥运会获得了雄厚的经济支撑、跨文化交流使奥运会成为全球文化传播的载体。② 对于中国社会来说,知识经济的发展,信息社会的来临,再加上体育文化产业迅速蓬勃发展,这都需要加大对以奥运

---

① 宏源证券,方正证券.2015年中国体育产业投资报告[J].资本市场,2015(1):55.
② 李宏斌.现代奥运会的伦理困境及其化解[D].长沙:湖南师范大学,2008:1.

会为代表的大型体育赛事的知识产权基础理论研究。学无止境,在奥运或者体育赛事知识产权研究中,还有很多没有开发的领域,在今后的研究当中,还需要从以下几个方面进行开拓,以丰富奥运(体育)知识产权的研究内容。

(一) 体育赛事知识产权基础研究。这主要包括体育赛事标志权、体育赛事特许经营权、体育赛事冠名权、体育赛事隐性营销侵权等与体育知识产权相关的基础理论问题研究。虽然这方面的基础研究成果在我国体育知识产权中最为丰富,但相对于国外的研究及中国体育产业发展的现实来说,我国对体育赛事知识产权属性、体育知识产权隐性营销等基础理论研究的深度与广度还不够,还需要进一步对体育赛事传播中的知识产权相关争议性问题,包括体育赛事冠名权、体育赛事特许经营权、体育赛事隐性营销侵权关系等问题进行研究;还需要对体育知识产权、体育无形资产和体育无形财产权等内容及关系进行深入研究。

(二) 体育赛事电视及新媒体转播权研究。版权(著作权)、标志权是知识产权的重要内容,也是体育赛事知识产权传播最为核心的内容。虽然本文主要研究了电视转播权这种新型的体育赛事知识产权,但主要是从公共性与垄断性两方面对其进行分析研究,对电视转播权的内容、性质、特点、内涵及合理使用等方面的研究还不够深入,特别是对伴随媒介新技术发展起来的新媒体转播权的权利性质研究还很肤浅,其可开发的领域与内容还有很多。在体育产业大发展的背景下,对包括新媒体转播权在内的电视转播权的性质需要更加深入的研究,其主要内容包括体育赛事转播权性质、权利归属、权利交易等内容。另外,对与之相关的电视转播权垄断与受众知情权等问题也需要进一步研究。

(三) 运动员(队)形象权研究。我国运动员的形象权理论研究还处在起步和散发阶段,这是我国体育知识产权研究中最为薄弱的部分。由于我国运动员的产权性质特殊,再加上形象权的权利性质复杂,研究基础薄弱,在运动员职业化与商业化的发展环境中,对运动员形象权的基础理论研究就显得更为迫切。这方面的研究可通过对运动员(队)人格权的权利主体进行研究,对中国运动员(队)的人格权相关理论进行系统分析,强化对运动员(队)形象权性质等的基础理论研究来展开。其主要内容包括体育明星无形财产权问题、运动员形象权与人格权关系、国家队运动员形象权权利归属与法律保护等内容。

参 考 文 献

一、专著

[1] [美]埃里克·M.艾森伯格,小 H. L. 古多尔. 组织传播——平衡创造性和约束[M]. 白春生,王秀丽,张璟,译. 北京:北京广播学院出版社,2004.

[2] [美]保罗·A.萨缪尔森. 萨缪尔森词典[M]. 陈迅,白园良,译. 北京:京华出版社,2001.

[3] 陈昌柏. 知识产权经济学[M]. 北京:北京大学出版社,2003.

[4] 程德安. 媒介知识产权[M]. 重庆:西南师范大学出版社,2005.

[5] 程合红. 商事人格权论——人格权的经济利益内涵及其实现与保护[M]. 北京:中国人民大学出版社,2002.

[6] [英]大卫·罗. 体育、文化与媒介——不羁的三位一体[M]. 吕鹏,译. 2版. 北京:清华大学出版社,2013.

[7] [美]丹尼斯·K.姆贝. 组织中的传播和权力:话语、意识形态和统治[M]. 陈德民,陶庆,薛梅,译. 北京:中国社会科学出版社,2000.

[8] [美]E. M. 罗杰斯. 传播学史——一种传记式的方法[M]. 殷晓蓉,译. 上海:上海译文出版社,2005.

[9] 方福前. 公共选择理论——政治的经济学[M]. 北京:中国人民大学出版社,2000.

[10] 冯晓青. 知识产权法利益平衡理论[M]. 北京:中国政法大学出版社,2006.

[11] 顾理平. 新闻传播法学[M]. 南京:江苏教育出版社,2012.

[12] 郭树理,周青山. 体坛说法——体育运动中的法律问题[M]. 长沙:湖南大学出版社,2009.

[13] 国家体育总局政策法规司. 中国体育法制十年(1995—2005)[M]. 北京:中国法制出版社,2006.

[14] [德]豪格·普鲁斯. 奥运经济学[M]. 黄文轩,译. 北京:北京体育大学出版社,2008.

[15] [澳]胡·贝弗利·史密斯. 人格的商业利用[M]. 李志刚,缪因知,译. 北京:北京大学出版社,2007.

[16] 何敏. 知识产权法总论[M]. 上海:上海人民出版社,2011.

[17] [美]赫伯特·西蒙. 管理行为[M]. 詹正茂,译. 北京:北京经济学院出版社,1988.

[18] 胡峰,刘强,陈彬,等. 奥林匹克知识产权保护[M]. 北京:知识产权出版社,2008.

[19] 胡河宁. 组织传播[M]. 北京:科学出版社,2006.

[20] 黄世席.欧洲体育法研究[M].武汉:武汉大学出版社,2010.

[21] [美]杰·科克利.体育社会学——议题与争议[M].管兵,刘穗琴,刘仲翔,等,译.刘精明,审校.北京:清华大学出版社,2003.

[22] [澳]吐依 A,维尔 A J.真实的奥运会[M].朱振欢,王荷英,译.北京:清华大学出版社,2004.

[23] [美]凯瑟琳·米勒.组织传播[M].袁军,石丹,等,译.薛凯,蒋达峰,校.北京:华夏出版社,2000.

[24] [美]劳伦斯·A.文内尔.堕落的体育英雄、传媒与名流文化[M].魏伟,梅林,译.成都:四川大学出版社,2015.

[25] [美]劳伦斯·莱斯格.免费文化[M].王师,译.北京:中信出版社,2009.

[26] [美]里贾纳·E.赫兹琳杰.非营利组织管理(哈佛商业评论)精粹译丛[M].北京:中国人民大学出版社,2000.

[27] [加]理查德·W.庞德.奥林匹克内幕[M].屠国元,马新强,汪碧辉,译.长沙:湖南文艺出版社,2006.

[28] [美]罗伯特·考特,托马斯·尤伦.法和经济学[M].张军,等,译.上海:上海三联书店,1994.

[29] 李明德.美国知识产权法[M].北京:法律出版社,2003.

[30] 李晓辉.信息权利研究[M].北京:知识产权出版社,2006.

[31] 梁强.现代奥林匹克运动会的文化创意:历史演进与价值创新[M].北京:人民邮电出版社,2013.

[32] [美]马修·D.尚克.体育营销学——战略性观点[M].董进霞,邱招义,于静,译.董进霞,审校.北京:清华大学出版社,2003.

[33] [美]迈克尔·A.艾因霍恩.媒体、技术和版权:经济与法律融合[M].赵启杉,译.北京:北京大学出版社,2012.

[34] [美]迈克尔·利兹,彼得·冯·阿尔门.体育经济学[M].杨玉明,蒋建平,王彬予,译.杨玉明,审校.北京:清华大学出版社,2003.

[35] [英]麦克尔·佩恩.奥林匹克大逆转[M].郭先春,译.北京:中信出版社,2008.

[36] [法]皮埃尔·布尔迪厄.关于电视[M].许钧,译.沈阳:辽宁教育出版社,2000.

[37] [澳]普拉蒂普·N.托马斯,简·瑟韦斯.亚洲知识产权与传播[M].高蕊,译.北京:清华大学出版社,2009.

[38] [法]乔治·维加雷洛.体育神话是如何炼成的[M].乔咪加,译.北京:中国人民大学出版社,2015.

[39] 邱招义.奥林匹克营销[M].北京:人民体育出版社,2005.

[40] [法]让·波德里亚.消费社会[M].刘成富,全志钢,译.南京:南京大学出版社,2000.

[41] 茹秀英.国际奥委会组织变革与发展的研究[M].北京:北京体育大学出版社,2006.

[42] [西]萨马兰奇.奥林匹克回忆[M].孟宪臣,译.北京:世界知识出版社,2003.

[43] [美]斯蒂文·小约翰.传播理论[M].陈德民,叶晓辉,译.北京:中国社会科学出版社,1999.

[44] 宋海燕.中国版权新问题——网络侵权责任、Google图书馆案、比赛转播权[M].北京:商务出版社,2011.

[45] [美]唐·R.彭伯.大众传媒法[M].张金玺,赵刚,译.展江,校.北京:中国人民大学出版社,2005.

[46] 童昭岗,孙麒麟,周宁.人文体育——体育演绎的文化[M].北京:中国海关出版社,2002.

[47] 庹继光.奥林匹克传播论[M].成都:巴蜀书社,2007.

[48] [加]文森特·莫斯可.传播政治经济学[M].胡正荣,等,译.北京:华夏出版社,2000.

[49] [德]沃尔夫刚·格拉夫·魏智通.国际法[M].吴越,毛晓飞,译.北京:法律出版社,2002.

[50] 王先林.知识产权法与垄断法:知识产权滥用的反垄断问题研究[M].北京:法律出版社,2001.

[51] 韦景竹.版权制度中的公共利益研究[M].广州:中山大学出版社,2011.

[52] 文礼朋.TRIPs体制与中国的技术追赶——知识产权经济学的再探讨[M].北京:社会科学文献出版社,2010.

[53] 席恒.利益、权利与责任:公共物品供给机制研究[M].北京:中国社会科学出版社,2006.

[54] 许正林.体育传播学[M].上海:上海交通大学出版社,2010.

[55] [美]约翰·D.泽莱兹尼.传播法——自由、限制与现代媒介[M].张金玺,赵刚,译.展江,校.北京:清华大学出版社,2007.

[56] 易剑东.百年奥运史[M].南昌:百花洲文艺出版社,2008.

[57] [美]詹姆斯·M.布坎南,理查德·A.马斯格雷夫.公共财政与公共选择:两种截然不同的国家观[M].类承曜,译.北京:中国财政经济出版社,2000.

[58] 张国元.特许经营法律与实务问题研究[M].北京:法律出版社,2009.

[59] 张玉超.中国体育知识产权保护制度研究[M].北京:知识产权出版社,2012.

[60] 赵玉,陈炎.多维视野中的奥林匹克运动[M].济南:山东教育出版社,2008.

[61] 赵月枝.传播与社会:政治经济与文化分析[M].北京:中国传媒大学出版社,2011.

[62] 赵长杰.奥运会营销策略[M].北京:北京体育大学出版社,2009.

[63] 郑成思.版权法:上、下[M].北京:中国人民大学出版社,2009.

[64] 郑成思.知识产权论[M].北京:社会科学文献出版社,2007.

[65] 郑成思.知识产权——应用法学与基本理论[M].北京:人民出版社,2005.

[66] 周亭.奥林匹克的传播学研究[M].北京:中国传媒大学出版社,2009.

[67] 周西,宽凡红.奥运发展论[M].成都:四川科学技术出版社,2008.

二、论文

[1] 安丽红.知识产权与公共利益探析[J].法制与社会,2008(23).

[2] 鲍家志,谢家银.形象权与版权、商标权辨析[J].广西警官高等专科学校学报,2006(4).

[3] 蔡明明,李江.大型赛事知识产权与反垄断之间几个争议性问题的探究——以奥林匹克知识产权为例[J].南京体育学院学报(社会科学版),2011,25(6).

[4] 蔡璞,袁张帆.体育运动员的形象权及其法律保护[J].首都体育学院学报,2004,16(4).

[5] 蔡晓东,陈敏娟.反垄断与知识产权市场支配力法经济学探析[J].现代经济探讨,2013(3).

[6] 曹晋,杨琪.传播政治经济学框架中的版权文化——论《版权文化——知识产权的政治经济学》[J].编辑学刊,2009(3).

[7] 曹维.从"公益传播思维框架"到公益组织为传播主体的公益传播模式[J].上海交通大学学报(哲学社会科学版),2015,23(1).

[8] 常娟,李艳翎.论体育冠名权及其法律界定[J].北京体育大学学报,2005,28(10).

[9] 陈彬,胡峰.论奥林匹克知识产权保护的法律依据[J].体育科学,2008,28(3).

[10] 陈锋.体育赛事转播权销售的反垄断问题初探[J].天津体育学院学报,2009,24(4).

[11] 陈锋.美国与欧盟法下的体育市场开发与反垄断[J].北京体育大学学报,2006,29(4).

[12] 陈锋.论对体育赛事转播权的保护[J].首都体育学院学报,2010,22(5).

[13] 陈锋.论美国法下对运动员形象权的保护[J].北京体育大学学报,2007,30(5).

[14] 陈丽娟.试论形象权与其他权利的冲突与协调——利益平衡机制的分析[J].牡丹江大学学报,2010,19(8).

[15] 陈南华.寻找非营利组织存在的理论根据[J].福建论坛(人文社会科学版),2005(10).

[16] 陈慰星.奥运会口号的知识产权保护研究[J].首都体育学院学报,2005,17(6).

[17] 陈益君,张军.网络信息传播的知识产权保护制度研究[J].情报学报,2001,20(5).

[18] 程士安,沈恩绍.数字化时代组织传播理论的解释与重构[J].新闻大学,2009(2).

[19] 丛立先.体育赛事直播节目的版权问题析论[J].中国版权,2015(4).

[20] 崔志雷,郭龙飞.现代奥运会"寡头"垄断现状和发展态势探究[J].体育研究与教育,2012,27(5).

[21] 邓春林.体育产权分解式:物权、债券、知识产权和股权[J].天津体育学院,2010,15(1).

[22] 邓社民.中国知识产权意识的觉醒与法律保护的未来走向[J].科技进步与对策,2011,28(11).

[23] 邓星华.国际体育电视转播产业发展的特点[J].体育学刊,2004,11(6).

[24] 董炳河.论形象权[J].法律科学,1998,4(89).

[25] 董杰.论奥运会的文化——经济一体化特征[J].体育与科学,2004,25(4).

[26] 董杰.奥运会电视转播权的研究[J].体育文化导刊,2004(2).

[27] 董青,洪艳."体育媒体奇观"研究——以世界杯足球赛为例[J].北京体育大学学报,2010,33(12).

[28] 董涛."中国特色知识产权理论体系"研究论纲[J].知识产权,2013(5).

[29] 董文涛."体奥动力案":未经许可网络传播体育赛事侵权案件法律问题研究[J].电子知识产权,2014(1).

[30] 董新凯.国家知识产权战略视角下的反垄断法实施[J].江苏社会科学,2013(4).

[31] 董云.知识产权权利限制的理论与实践[J].人民论坛,2013(2).

[32] 方福前,李新祯.奥运科技群特征与系统循环[J].北京社会科学,2008(3).

[33] 方媛.论科学技术革命与现代奥林匹克运动的发展[J].中国体育科技,2003,39(1).

[34] 冯晓青.知识产权法的利益平衡原则:法理学考察[J].南都学坛:南阳师范学院人文社会科学学报,2008,28(2).

[35] 冯晓青,刘淑华.试论知识产权的私权属性及其公权化趋向[J].中国法学,2004(1).

[36] 冯晓青.论知识产权的若干限制[J].中国人民大学学报,2004(1).

[37] 冯晓青.著作权法目的与利益平衡论[J].科技与法律,2004(2).

[38] 冯晓青.利益平衡论:知识产权法的理论基础[J].知识产权,2003(6).

[39] 冯晓青.论知识产权的专有性——以"垄断"为视角[J].知识产权,2006,16(5).

[40] 冯晓青.知识产权法利益平衡原理论纲[J].河南省政法管理干部学院学报,2004(5).

[41] 冯玉军,黎晓园.奥林匹克标志的知识产权保护初探[J].法学论坛,2007,22(4).

[42] 高荣林.出版自由与个人形象权[J].国际新闻界,2012(2).

[43] 高荣林.知识产权发展历程的反思[J].南通大学学报(社会科学版),2010,26(6).

[44] 葛建华.奥运会营销中的知识产权保护与特许权运用[J].商业研究,2012(2).

[45] 葛现琴.论知识产权领域的私权保护与社会公共利益博弈[J].理论学刊,2005(9).

[46] 耿长娟.萨拉蒙对非营利组织理论的新发展及其启示[J].江南大学学报(人文社会科学版),2014,13(4).

[47] 顾孝华.论组织传播的意义[J].上海大学学报(社会科学版),2003,10(2).

[48] 郭斌,徐晓伟.当代体育传媒运营现状和发展趋势[J].体育文化导刊,2007(9).

[49] 郭磊,陈立齐.非营利组织的经济理论:演进与评述[J].经济学动态,2012(6).

[50] 郭晴,潘虹艳,魏伟,等.美国体育与传播研究经典著述评析——兼论美国体育与传播研究的发展脉络和特点[J].上海体育学院学报,2014,38(5).

[51] 郭晴.贝克汉姆现象:消费社会背景下的偶像崇拜与媒介制造[J].成都体育学院学报,2009,35(3).

[52] 郭玉军,向在胜.美国公开权研究[J].时代法学,2003,1(1).

[53] 韩丹.论奥运会承办的三种模式[J].山东体育学院学报,1997,13(2).

[54] 韩勇.纯隐性营销行为防范救济及北京奥运会实践[J].体育文化导刊,2010(1).

[55] 郝勤.奥林匹克传播:历程、要素、特征——兼论奥林匹克传播对北京奥运会的启迪[J].体育科学,2007,12(27).

[56] 何敏.知识产权客体新论[J].中国法学,2014(6).

[57] 贺幸辉.国际奥委会与媒介关系的历史考察与创新发展——从传统管理模式走向善治[J].体育与科学,2016,37(4).

[58] 何万里,王锡杰.当代知识产权垄断特点及其规制[J].西安工程大学学报,24(6).

[59] 和育东.从权利到功利:知识产权扩张的逻辑转换[J].知识产权,2014(5).

[60] 赫金鸣.体育无形资产若干基本理论问题探析——立足于经济学视角[J].吉林体育学院学报,2009,25(6).

[61] 洪建平.奥运转播:在经济和技术之间[J].传媒,2008(4).

[62] 洪银兴,路瑶.信息产品交易和知识产权保护[J].学术月刊,2005(5).

[63] 胡波.共享模式与知识产权的未来发展——兼评"知识产权替代模式说"[J].法制与社会发展,2013(4).

[64] 胡德平.志愿失灵:组织理论视角的分析与治理[J].理论与现代化,2007(2).

[65] 胡峰.影响奥林匹克知识产权侵权问题的经济因素[J].武汉体育学院学报,2007,41(3).

[66] 胡峰,刘强.奥林匹克标志知识产权的民事与行政保护比较[J].体育学刊,2007,14(7).

[67] 胡峰,吕炳斌,段宝玫.奥林匹克标志知识产权保护——基于国际法与比较法视角的研究[J].体育与科学,2006,27(2).

[68] 胡峰,王霖.重大体育赛事隐性营销行为规制[J].北京体育大学学报,2012,35(2).

[69] 胡峰,张振宇.论奥运会隐性市场行为的法律规制[J].武汉体育学院学报,2006(4).

[70] 胡河宁.组织传播研究的学术路径[J].学术研究,2007(1).

[71] 胡河宁.中国组织传播研究源起、脉络与发展[J].新闻与传播研究,2008,15(6).

[72] 胡河宁,胡邵阳.组织传播的几种理论模式及其讨论[J].中国人民大学学报,2008,22(2).

[73] 胡浚,王娟娟.平衡知识产权与公共利益的印度模式[J].南亚研究季刊,2011(4).

[74] 胡开忠.网络环境下广播组织权的法律保护[J].当代法学(双月刊),2010(5).

[75] 胡乔.美国体育产业发展的法律调控分析[J].体育文化导刊,2014(2).

[76] 胡伟东.商品化权研究——以形象商品化为视角[J].河南商业高等专科学校学报,2012,25(3).

[77] 黄海燕,张林.我国体育产权的分类及其交易研究[J].成都体育学院学报,2007,33(1).

[78] 黄汇.论知识产权公益诉讼制度的构建[J].江西社会科学,2008(6).

[79] 黄世昌.英国奥林匹克知识产权保护立法及对我国的启示[J].体育与科学,2011,32(3).

[80] 黄世席.奥运会参赛运动员赞助协议中的法律问题[J].法学,2008(4).

[81] 黄为群,吴辉.奥运新媒体版权监督的实践与思考[J].电视研究,2008(12).

[82] 黄文卉.体育经纪人如何开发运动员的形象权[J].经纪人,2002(3).

[83] 黄孝俊.组织传播的研究模式及思考[J].浙江大学学报(人文社会科学版),2001,31(5).

[84] 黄亚玲,赵洁.北京2008年奥运会奥林匹克知识产权保护研究[J].北京体育大学学报,2005,28(9).

[85] 黄玉烨.知识产权与其他人权的冲突及其协调[J].法商研究,2005(5).

[86] 黄志平.奥林匹克运动会市场开发模式研究——第三方付费营销战略视角[J].生产力研究,2011(1).

[87] 霍华德·斯图普.国际奥委会知识产权概览[J].周玲,译.知识产权,2006,16(5).

[88] 江帆.竞争法对知识产权的保护与规制[J].现代法学,2007,29(2).

[89] 姜飞.中国传播研究的三次浪潮——纪念施拉姆访华30周年暨后施拉姆时代中国的传

播研究[J]. 新闻与传播研究, 2012(4).

[90] 姜熙, 谭小勇. 美国职业体育赛事转播权销售的反托拉斯政策分析[J]. 武汉体育学院学报, 2011, 45(4).

[91] 姜新东, 徐清霜. 美国形象权的司法保护[J]. 法律适应, 2008(3).

[92] 蒋家珍, 钟秉枢. 体育赛事品牌传播价值评估系统原理与方法研究[J]. 北京体育大学学报, 2008, 31(2).

[93] 金锦萍. 寻求特权还是平等:非营利组织财产权利的法律保障——兼论"公益产权"概念的意义和局限性[J]. 中国非营利评论, 2008(1).

[94] 金元浦. 文化生产力与文化经济[J]. 上海社会科学院学术季刊, 2000(1).

[95] 巨荣良. 美国反垄断政策取向及启示[J]. 经济纵横, 2002(6).

[96] 康均心, 谭小勇. 美国职业体育赛事转播权销售的反托拉斯政策分析[J]. 武汉体育学院学报, 2011, 45(4).

[97] 康均心, 刘水庆. 欧盟体育转播权营销中的反垄断审查[J]. 武汉体育学院学报, 2014, 48(4).

[98] 康佑发. 反垄断法规制知识产权滥用之立法探讨——以知识产权与反垄断法相互关系为视角[J]. 科技与法律, 2008(1).

[99] 赖丹馨, 费方欲. 不完全合同框架下公私合作制的创新激励——基于公共服务供给的社会福利创新条件分析[J]. 财经研究, 2009, 35(8).

[100] 雷晶晶, 金雪涛. 体育赛事转播权发展与营销的产权模式[J]. 哈尔滨体育学院学报, 2010, 25(1).

[101] 李琛. 质疑知识产权之"人格财产一体性"[J]. 中国社会科学, 2004(2).

[102] 李传武, 赵歌, 王建强. 体育媒介的理论溯源及与传统媒介关系的研究[J]. 体育科学, 2007, 27(1).

[103] 李冬梅. 知识产权的垄断与反垄断思考[J]. 大连海事大学学报(社会科学版), 2003, 2(3).

[104] 李芬. 知识产权性质的理论分析——兼论知识产权的法经济学分析[J]. 中州学刊, 2003(1).

[105] 李国海. 析知识产权法中的"公共利益"概念[J]. 中南大学学报(社会科学版), 2003, 9(3).

[106] 李宏斌. 驾驭奥运权力"烈马"——现代奥运权力异化及其消解[J]. 天津体育学院学报, 2012, 27(2).

[107] 李虹, 张昕竹. 相关市场的认定与发展及对中国反垄断执法的借鉴[J]. 经济理论与经济管理, 2009(5).

[108] 李辉. 新世纪国际奥委会法律地位的改变[J]. 体育与科学, 2002, 23(6).

[109] 李江. 温故以求新——科技发展与设计创新推动奥林匹克运动向更高层次迈进[J]. 装饰, 2008(8).

[110] 李江,蔡明明,等.论大型体育赛事知识产权的垄断性[J].南京体育学院学报,2011,25(3).

[111] 李金宝.体育赛事转播权法律性质认定的困境[J].电视研究,2015(10).

[112] 李丽红.论知识产权保护与公共利益目标的实现[J].现代财经,2007,27(6).

[113] 李明德.美国形象权法研究[J].环球法律评论,2003,25(4).

[114] 李南筑,姚芹,缪意丽.体育赛事创意:创意产权制度分析[J].上海体育学院学报,2008,32(2).

[115] 李乾文.美国反垄断法及其启示[J].中共中央党校学报,2002,6(3).

[116] 李秋容.利益衡量与国家知识产权制度的选择[C]//科学发展观与行政体制改革研究——湖北省行政管理学会年会,2008.

[117] 李秋容.个体利益与公共利益的博弈与平衡——关于知识产权制度的法理与实证分析[J].电子知识产权,2004(7).

[118] 李诗鸿.论商品化权[J].江淮论坛,2005(6).

[119] 李逸竹.绝对权,还是相对权?——知识产权许可使用权性质辨析[J].福建法学,2014(1).

[120] 李永明,吕益林.论知识产权之公权性质——对"知识产权属于私权"的补充[J].浙江大学学报(人文社会科学版),2004,34(4).

[121] 李兆丰.垄断权益的差别及其逻辑[J].现代传播,2006(5).

[122] 林小爱,计华.奥林匹克运动会特许商品知识产权的特殊性[J].北京理工大学学报(社会科学版),2012,14(5).

[123] 刘春霖.商品化权论[J].西北大学学报(哲学社会科学版),1999,29(4).

[124] 刘春田.知识产权解析[J].中国社会科学,2003(4).

[125] 刘峰.体系化视野下的产权模式选择[J].社会科学研究,2007(5).

[126] 刘宏松.国际组织自主性行为:两种理论视角及其比较[J].外交评论,2006(89).

[127] 刘华,孟奇勋.公共政策视域下的知识产权利益集团运作机制研究[J].法商研究,2009(4),132.

[128] 刘洁.浅谈知识产权公益诉讼[J].江淮论坛,2010(6).

[129] 刘进.欧洲国家对运动员形象权的法律保护[J].体育学刊,2007,14(7).

[130] 刘丽娜.论美国形象公开权对名人姓名的保护[J].电子知识产权,2005(6).

[131] 刘丽娜.对美国限制"形象公开权"的思考[J].电子知识产权,2005(3).

[132] 刘璐,白剑.版权保护技术为央视网新媒体奥运转播保驾护航[J].广播与电视技术,2008(5).

[133] 刘强,胡峰.体育竞赛及其电视转播权的知识产权保护[J].南京体育学院学报(社会科学版),2006,20(2).

[134] 刘苏,王湧涛.论运动员形象权法律保护[J].体育文化导刊,2009(2).

[135] 刘雪凤.知识产权治理中的利益平衡机制研究——基于参与主体多元化的视角[J].科技

进步与对策,2010,27(21).

[136] 刘毅.从王军霞诉昆明卷烟厂案看名人形象权的保护[J].重庆理工大学学报(社会科学版),2005,19(4).

[137] 刘友华.我国知识产权公益诉讼制度之构建——从知识产权公益诉讼"第一案"谈起[J].知识产权,2007,17(2).

[138] 刘玉.奥林匹克精神的迷失与回归——物质奖励利弊谈[J].体育学刊,2014,21(1).

[139] 刘远山,余秀宝.知识产权许可与转让研究现状综论[J].郑州轻工业学院学报(社会科学版),2013,14(3).

[140] 刘运华.论《反垄断法》在知识产权领域的运用[J].长春大学学报,2009,19(1).

[141] 卢群,赵星玉.奥运电视转播发展历程及技术发展现状:上[J].广播与电视技术,2008(3).

[142] 卢兆民,董天义.国际奥委会的法律属性[J].体育文化导刊,2008(2).

[143] 罗先觉,陈艳.关于知识产权与反垄断基本关系的反思[J].自然辩证法研究,2012,28(5).

[144] 罗永泰,卢政营.不同经济类型的营销模式与隐性营销的形成[J].财经问题研究,2003(11).

[145] 罗永泰.隐性营销的形成与应用研究[J].中央财经大学学报,2004(12).

[146] 罗玉中,彭志刚.美国、日本和欧盟法律对知识产权国际许可反垄断管制的比较研究[J].江西财经大学学报,2004(4).

[147] 吕冰心,李雁飞."奥组委"给隐性营销亮黄牌——北京奥组委官员细说奥运隐性营销[J].法人,2006(11).

[148] 吕炳斌,胡峰.美国奥林匹克标志司法保护典型案例评析及其借鉴意义[J].天津体育学院学报,2007,22(2).

[149] 吕炳斌.知识产权的私权属性和奥林匹克标志的官方属性:一个冲突及其解决[J].广州体育学院学报,2006,26(3).

[150] 吕明瑜.技术标准垄断的法律控制[J].公安研究,2009(1).

[151] 吕明瑜.知识产权领域反垄断的政策选择[J].中国社会科学院研究生院学报,2014(4).

[152] 吕明瑜.知识经济条件下知识产权与反垄断法关系新特点探析[J].河南省政法管理干部学院学报,2008(1).

[153] 吕明瑜.知识产权许可限制反竞争审查的一般分析框架[J].河南财经政法大学学报,2013(1).

[154] 吕明瑜.论知识产权垄断法律规制的一般原则[J].法商研究,2008(5).

[155] 吕明瑜.论知识产权垄断法律控制的理论基础[J].河北法学,2009,27(2).

[156] 吕明瑜.论知识产权许可中的垄断控制.法学评论,2009(6).

[157] 马波.论美国形象权限制制度[J].内蒙古大学学报(哲学社会科学版),2010,42(6).

[158] 马波.Tecmo Ltd案与日本形象权客体理论的发展[J].电子知识产权,2009(10).

[159] 马波.尼莫形象权法律思想评析[J].内蒙古大学学报(哲学社会科学版),2010,42(1).

[160] 马蒂.形象权探析[J].西南科技大学学报(哲学社会科学版),2008,25(2).

[161] 马法超.运动员形象权及其法律保护[J].北京体育大学学报,2008,31(1).

[162] 马法超.体育赛事转播权法律性质研究[J].体育科学,2008,28(1).

[163] 马法超,于善旭.体育无形资产、体育知识产权和体育无形财产权关系辨析[J].体育科学,2008,28(9).

[164] 马法超,于善旭.运动员形象权及其法律保护[J].北京体育大学学报,2008,31(1).

[165] 马海群.知识产权信息的概念、内容、特点和功能[J].图书情报工作,1998(3).

[166] 马特.隐私权的法经济学解读——以"艳照门"事件为对象[J].政治与法律,2008(4).

[167] 马骁.奥运会电视转播权及网络转播权的法律分析[J].电子知识产权,2003(4).

[168] 马晓荔,张健康.公益传播现状及发展前景[J].当代传播,2005(3).

[169] 马忠华,王全弟.知识产权的历史成因、法定主义及其法律特征[J].河南省政法管理干部学院学报,2009(2).

[170] 茅铭晨.政府管制理论研究综述[J].管理世界,2007(2).

[171] 梅峰.奥林匹克著作权的法律保护[J].中国标准导刊,2006(6).

[172] 孟雁北.规制与规制的限制:透视中国反垄断法视野中的知识产权许可行为——兼论中国《知识产权领域反垄断执法指南》的制定[J].中国社会科学院研究生院学报,2012(1).

[173] 穆丹,李显国,黄义.奥运百年媒介的运作[J].体育文化导刊,2013(3).

[174] 倪刚,季浏.体育比赛电视转播权营销模式的研究[J].中国广播电视学刊,2002(7).

[175] 潘祥辉.论传播失灵、政府失灵及市场失灵的三角关系[J].现代传播,2012(2).

[176] 裴立新.经营性国有体育资产所有权、产权及经营管理模式研究[J].天津体育学院学报,1999,14(4).

[177] 裴洋.论谢尔曼法在体育比赛电视转播权转让中的适用[J].武汉大学学报(哲学社会科学版),2008,61(4).

[178] 裴洋.奥林匹克标志的法律保护[J].华东政法大学学报,2008(3).

[179] [日]荻萩原·有里.日本法律对商业形象权的保护[J].知识产权,2003(5).

[180] 乔泽波.体育赛事转播权知识产权性质的再辨析[J].特区经济,2007,225(10).

[181] 邱爽.知识产权的经济解释——基于巴泽尔产权理论的分析视角[J].天府新论,2008(4).

[182] 瞿巍.体育赛事电视转播权立法建议[J].体育文化导刊,2013(5).

[183] 任海.现代奥运会商业化过程[J].体育文史,1992(4).

[184] 任海.论国际奥委会的改革[J].体育科学,2008,28(7).

[185] 任海.奥林匹克改革与国际奥委会的组织转型[J].体育文化导刊,2007(12).

[186] 邵志择.Public Interest:公共利益抑或公共兴趣——市场化媒体的两难选择[J].新闻大学,2012(1).

[187] 沈芳.经济理论对美国反垄断政策的影响[J].上海师范大学学报(哲学社会科学版),2008,37(2).

[188] 沈虹. 从宣传,到传播——谈谈中央电视台奥运及体育营销传播模式的建构[J]. 广告大观(综合版),2008(6).

[189] 沈虹. 漫谈体育营销[J]. 中国广告,2006(4).

[190] 宋萍. 论运动员形象权和人格权保护的协调[J]. 山东体育学院学报,2011,27(3).

[191] 苏平. 知识产权变动模式研究[J]. 法商研究,2011(2),142.

[192] 孙法柏,姜新东. 名人形象的商业化利用及其权利保护沿革——形象权的历史解读[J]. 前沿,2007(1).

[193] 孙海龙,董倚铭. 知识产权公权化理论的解读与反思[J]. 法律科学:西北政法学院学报,2007,25(5).

[194] 孙志超. 他国在奥运知识产权保护方面对我国的启示[J]. 学术论坛,2008(7),210.

[195] [美]托马斯·赫斯. 反竞争协议与来自欧盟市场外的平行进口[J]. 张云,译. 中共中央党校学报,2004,8(1).

[196] 谭秀湖. 基于数字传播的体育知识产权保护研究[J]. 成都体育学院学报,2013,39(12).

[197] 田明君. 企业间纵向关系的经济分析及其对美国反垄断法的影响[J]. 环球法律评论,2005(5).

[198] 田雨. 奥林匹克知识产权保护与反埋伏式营销比较研究[J]. 知识产权,2007(5).

[199] 万晓红,杨万杰. 北京奥运:网络媒体跃升为主流媒体的重大拐点[J]. 广州体育学院学报,2009,29(1).

[200] 汪全胜. 体育特许经营权许可的法律关系考察[J]. 成都体育学院学报,2011,37(6).

[201] 汪怡婷,罗金云. 奥运会电视转播权法律属性[J]. 重庆科技学院学报(社会科学版),2008(7).

[202] 王爱玲. 媒介技术:赋权与重新赋权[J]. 文化学刊,2011(3).

[203] 王大中,钟宇静,高敏. 体育文化传播与电视传媒——论北京奥运电视转播的文化基础[J]. 现代传播,2008(2).

[204] 王殿英. 传播政治经济学视域下的公民权[J]. 当代传播,2013(3).

[205] 王宏军. 知识产权法定主义与公共利益维护[J]. 知识产权,2012(5).

[206] 王凯,张林. 体育赛事市场化运作中无形资产流失与规避机构建——以全运会为例[J]. 体育与科学,2013,34(4).

[207] 王利明. 公众人物人格权的限制和保护[J]. 中州学刊,2005(2),146.

[208] 王琳. 论知名运动员形象权的价值开发[J]. 太原大学教育学院学报. 2013,31(4).

[209] 王明立. 体育比赛电视转播权及其市场的开发[J]. 体育学刊,2004,11(4).

[210] 王平远. 大型体育赛事电视转播权有效开发探讨——基于福利经济学和博弈论的视角[J]. 体育科学,2010,30(10).

[211] 王琪. 科技奥运的实证解读——以奥运技术相关专利为例[J]. 沈阳体育学院学报,2013,32(1).

[212] 王庆伟. 北京奥运会组织管理特征分析[J]. 西安体育学院学报,2010,27(3).

[213] 王太平.论知识产权的公共政策性[J].湘潭大学学报(哲学社会科学版),2009,33(1).

[214] 王伟臣.NBA的反垄断豁免探析[J].体育学刊,2011,18(4).

[215] 王武年,千少文.我国专业运动员人力资本产权现状及归因分析——基于案例研究[J].武汉体育学院学报,2010,44(11).

[216] 王先林.若干国家和地区对知识产权滥用的反垄断控制[J].武汉大学学报(社会科学版),2003,56(2).

[217] 王晓东.奥运会网络传播发展的历史回顾及前景展望[J].武汉体育学院学报,2006,40(5).

[218] 王晓东.全球重大体育赛事电视转播权开发状况的解析与思考[J].武汉体育学院学报,2006,40(10).

[219] 王秀哲.知识产权的私权性与行政保护[J].学术论坛,2009(10).

[220] 王炎龙,李京丽,刘晶.公益传播思维框架的构建和阐释[J].新闻界,2009(4).

[221] 王勇前,陈冉.论知识产权的特点及其权利竞合与让渡[J].当代法学论坛,2007(2).

[222] 王宇朴,哲松.北京奥运隐性营销与奥运知识产权保护[J].北京体育大学,2007,30(11).

[223] 王源扩.试析欧共体对知识产权许可的竞争法控制及对我国的借鉴意义[J].法学家,1996(6).

[224] 王珍愚,单晓光.日本的知识产权公共政策及对中国的启示[J].财贸研究,2008(6).

[225] 王志威.英国体育政策的发展及启示[J].上海体育学院学报,2012,36(1).

[226] 王忠宏.哈佛学派、芝加哥学派竞争理论比较及其对我国反垄断的启示[J].经济评论,2003(1).

[227] 王佐.奥运会——物流竞技场[J].中国物流与采购,2003(8).

[228] 韦之.保护奥运知识产权的现行法律依据[J].科技与法律,2004(3).

[229] 魏淑君.关于体育知识产权范围的界定[J].山东体育学院学报,2007,23(6).

[230] 魏伟.解读神话:南非世界杯电视转播的符号学研究[J].中国体育科技,2011,47(2).

[231] 温芽清,南振兴.知识产权法的二元价值目标及其均衡——基于经济学视角的分析[J].河北大学学报(哲学社会科学版),2010,35(5).

[232] 文礼朋,秦敬云,赵相忠.公共悲剧理论在知识产权经济学分析中的限制[J].广西社会科学,2011(9).

[233] 吴汉东.关于知识产权私权属性的再认识——兼评"知识产权公权化"理论[J].社会科学,2005(10).

[234] 吴汉东.试论知识产权限制的法理基础[J].法学杂志,2012,33(6).

[235] 吴汉东.形象的商品化与商品化的形象权[J].法学,2004(10).

[236] 吴汉东.知识产权的多元属性及研究范式[J].中国社会科学,2011(5).

[237] 吴小丁.现代竞争理论的发展与流派[J].吉林大学社会科学学报,2001(2).

[238] 吴衍忠,张春燕.体育知识产权保护现状及相关问题论析[J].北京体育大学学报,2007,30(7).

[239] 吴玉新. 基于大型体育赛事的公共科技发展战略研究[J]. 沈阳体育学院学报, 2011, 30(3).

[240] 吴周礼. 大型体育赛事电视转播权发展研究[J]. 浙江体育科学, 2009, 31(1).

[241] 伍静. 知识产权垄断与反垄断立法分析[J]. 当代法学, 2004, 18(5).

[242] 武东海. 论奥林匹克知识产权保护立法中的利益平衡——以2012年伦敦奥运会法案为例[J]. 体育文化导刊, 2014(1).

[243] 夏旭阳. 知识产权垄断性批判:以激励论为重心[J]. 西南政法大学学报, 2007, 9(1).

[244] 向会英, 谭小勇, 姜熙. 反垄断法视野下职业体育电视转播权的营销[J]. 天津体育学院学报, 2011, 26(1).

[245] 谢惠加. 知识产权合理性再解读——以马克思劳动观、私有财产观和技术观为视角[J]. 重庆工学院学报(社会科学版), 2008, 22(5).

[246] 谢静. 公益传播中的共意动员与联盟构建——民间组织的合作领域生产[J]. 开放与时代, 2012(12).

[247] 谢静. 经由传播而组织——一种动态的组织传播观[J]. 新闻大学, 2011(4).

[248] 谢晓尧. 商品化权:人格符号的利益扩张与衡平[J]. 法商研究, 2005(3).

[249] 熊斗寅. 新版《奥林匹克宪章》解读[J]. 体育文化导刊, 2004(2).

[250] 熊伟, 安福秀, 唐沛. 国外体育电视的管理经营模式及对我国体育电视媒体的启示[J]. 传播与版权, 2015(1), 20.

[251] 徐超. 奥运赞助中的隐性市场行为及其法律规制[J]. 广西政法管理干部学院学报, 2007, 22(5).

[252] 徐超. 论奥运会埋伏营销的法律规制问题[J]. 体育与科学, 2007, 28(6).

[253] 徐建华, 程丽平. 奥运赞助回顾及前景展望[J]. 体育文化导刊, 2010(12).

[254] 徐建华, 程丽平. 奥运会赞助市场中隐蔽营销现象的分析及规避方法研究[J]. 体育科学, 2006(2).

[255] 徐康平. 试论体育比赛的知识产权化——从电视转播权交易谈起[J]. 北京工商大学学报(社会科学版), 2008, 23(4).

[256] 徐瑄. 关于知识产权的几个深层理论问题[J]. 北京大学学报(哲学社会科学版), 2003, 40(3).

[257] 许科. 中美运动员形象权典型案例的比较与我国的保护对策[J]. 泉州师范学院学报(自然科学版), 2008, 26(4).

[258] 许正林. 奥运会埋伏营销与奥林匹克知识产权保护警示分析[J]. 广告大观(理论版), 2009(6).

[259] 薛虹. 名人的商标权——公开形象权[J]. 中华商标, 1996(3).

[260] [美]约翰·贝拉米·福斯特, 罗伯特·麦克切斯尼. 垄断资本的文化机构[J]. 宋阳旨, 译. 国外理论动态, 2014(6).

[261] 严波. 管窥世界杯转播权[J]. 电视研究, 2010(10).

[262] 严永,甘雪玲. 知识产权法公共利益原则的历史传统和当代命运[J]. 知识产权,2012(9).

[263] 颜运秋,周晓明. 知识产权滥用的公益诉讼[J]. 知识产权,2007,17(3).

[264] 杨博文,谭祖雪. 论社会制度的创新与社会公共组织发展[J]. 华东理工大学学报(社会科学版),2004(1).

[265] 杨朝军. 2008年北京奥运会知识产权保护问题分析[J]. 重庆工商大学学报(社会科学版),2009,26(1).

[266] 杨洪云. 体育比赛电视转播权转让合同刍议[J]. 武汉体育学院学报,2001,35(5).

[267] 杨立新,林旭霞. 论形象权的独立地位及其基本内容[J]. 吉林大学社会科学学报,2006,46(2).

[268] 杨利红. 谈公共组织的企业化管理[J]. 财会月刊,2003(18).

[269] 杨利华. 知识产权权利限制的特征及其合理性探析[J]. 湘潭大学学报(哲学社会科学版),2004,28(6).

[270] 杨茜,邓春林,王力军,等. 论我国体育标志的知识产权保护[J]. 武汉体育学院学报,2008,42(11).

[271] 杨文运,林萍. 体育明星价值分析[J]. 体育文化导刊,2008(4).

[272] 杨秀平. 公共信息资源多元主体的利益平衡研究[J]. 甘肃联合大学学报(社会科学版),2012,28(3).

[273] 姚颉靖,彭辉. 后奥运时期的运动员形象权法律保护研究[J]. 河北科技大学学报(社会科学版),2013,13(4).

[274] 叶亮. 论我国"运动员产权"的归属与管理[J]. 现代营销:学苑版,2009(11).

[275] 叶小兰. 论公开权保护模式的建构[J]. 江苏警官学院学报,2006,21(6).

[276] 易继明. 知识产权的观念:类型化及法律适用[J]. 法学研究,2005(3).

[277] 尹红强. 如何防范奥运隐性市场行为[J]. 商业时代,2008(33).

[278] 于晗,金雪涛. 基于产权理论的体育赛事转播权开发研究[J]. 生产力研究,2013(6).

[279] 于立帅. 反垄断的经济学分析——基于哈佛学派与芝加哥学派的分歧[J]. 山东工商学院学报,2006,20(3).

[280] 于志强. 论知识产权的私权属性——关于"知识产权的公权化理论"的置疑[J]. 法学论坛,2012,27(2).

[281] 余斌,许敏. 西方公共产品供给理论局限与公共经济的有效供给[J]. 重庆社会科学,2014(9).

[282] 余斌. 论马克思主义公共经济学的研究[J]. 管理学刊,2015,28(1).

[283] 余艳波. 体育运动的传播特征分析[J]. 湖北大学学报(哲学社会科学版),2004,31(4).

[284] 虞继华. 从"志愿失灵"到危机:萨拉蒙非营利组织研究疏议[J]. 行政论坛,2006(2).

[285] 袁博. 我国形象权纠纷案件类型化研究[J]. 法治论丛,2011,26(5).

[286] 袁真富. 知识产权与公共领域在反隐性市场上的利益平衡[J]. 法学,2009(8).

[287] 臧旭恒. 从哈佛学派、芝加哥学派到后芝加哥学派——反托拉斯与竞争政策的产业经济

学理论基础的发展与展望[J].东岳论丛,2007,28(1).
[288] 曾发令.嬗变中的新公共管理[J].行政论坛,2008(2).
[289] 曾维和.公益产权:非营利组织发展的一个新议题[N].中国社会报,2004-12-16(T00).
[290] 曾维和.新公共管理的局限性及改进路径[J].东北大学学报(社会科学版),2009,11(3).
[291] 詹少青,胡介埙.西方政府——非营利组织关系理论综述[J].外国经济与管理,2005,27(9).
[292] 张春燕,张厚福.体育知识产权的研究进展[J].成都体育学院学报,2005,31(1).
[293] 张国庆.公共行政的典范革命及其启示[J].北京大学学报(哲学社会科学版),2000,37(5),201.
[294] 张颢瀚,徐浩然,朱建波.知识产权是第一产权[J].江苏社会科学,2011(4).
[295] 张厚福,赵勇戈,等.体育知识产权的产生与我国体育知识创新[J].武汉体育学院学报,2003,37(3).
[296] 张厚福,赵勇戈,胡建国,等.体育知识产权的客体与法律保护[J].武汉体育学院学报,2004,38(1).
[297] 张立,张宇航,等.奥运史上的信息技术应用及其技术特点和发展特征[J].北京体育大学学报,2006,29(12).
[298] 张鹏.知识产权公共政策体系的理论框架、构成要素和建设方向研究[J].知识产权,2014(12).
[299] 张新萍.体育赛事新媒体转播中侵权行为及法律规制[J].天津体育学院学报,2013,28(2).
[300] 张亚辉.现代奥运会电视转播权的管理和营销[J].山西师大体育学院学报,2007,22(4).
[301] 张艳梅.论知识产权法的公共领域:利益冲突之镜像[J].社会科学战线,2013(8).
[302] 张耀辉.知识产权的优化配置[J].中国社会科学,2011(5).
[303] 张永韬.我国非营利体育组织市场导向研究[J].体育与科学,2012,33(5).
[304] 张玉超,孙思哲.澳大利亚奥林匹克知识产权保护制度评价及启示[J].河北体育学院学报,2014,28(6).
[305] 张玉超,栗丽.中国奥林匹克知识产权的若干问题[J].体育学刊,2003,10(3).
[306] 张玉超.我国体育赛事新媒体转播权的法律性质及保护策略[J].西安体育学院学报,2011,28(4).
[307] 张玉超,杨家坤,王月花.我国体育赛事转播权市场开发现状与展望[J].河北体育学院学报,2014,28(1).
[308] 张玉超.中国体育赛事转播权市场开发回顾与对策研究[J].南京体育学院学报(自然科学版),2013,12(5).
[309] 张玉超.体育赛事转播权法律性质及其权利归属[J].武汉体育学院学报,2013,47(11).
[310] 张玉超,李红卫.我国体育赛事新媒体转播权的法律保护[J].体育学刊,2012,18(4).
[311] 张玉超.我国体育知识产权的基本法律问题研究[J].中国体育科技,2014,50(2).

[312] 张玉磊.论非营利组织的市场化运作:理论基础与现实问题[J].山西财政税务专科学校学报,2007,9(5).

[313] 张玉磊.困境与治理:非营利组织的市场化运作研究[J].中国农业大学学报(社会科学版),2008,25(4).

[314] 张玉敏,易健雄.主观与客观之间——知识产权"信息说"的重新审视[J].现代法学,2009,31(1).

[315] 张振亮.论信息产权的法律属性[J].南京邮电大学学报(社会科学版),2009,11(2).

[316] 张志伟.体育赛事转播权法律性质研究——侵权法权益区分的视角[J].体育与科学,2013,34(2).

[317] 赵德勋,何振梁.基—萨改革国际奥委会管理模式的实质[J].体育与科学,2008,29(2).

[318] 赵凤梅,姜新东.形象权的哲学思考[J].云南社会科学,2004(4).

[319] 赵加兵.体育明星形象权的知识产权保护——对一种次优选择的反思[J].体育成人教育学刊,2014,30(6).

[320] 赵梦骄,刘承宇.中美媒介体育偶像塑造话语的评价视角研究[J].重庆邮电大学学报(社会科学版),2012,24(3).

[321] 赵豫.运动员形象权的法律保护[J].体育学刊,2005,12(2).

[322] 赵豫.关于体育竞赛电视转播著作权问题的探讨[J].体育科学,2003,23(3).

[323] 郑成思.信息、知识产权与中国知识产权战略若干问题[J].环球法律评论,2006(3).

[324] 郑成思,朱谢群.信息与知识产权的基本概念[J].中国社会科学院研究生院学报,2004(5).

[325] 郑成思,朱谢群.信息与知识产权[J].西南科技大学学报(哲学社会科学版),2006,23(1).

[326] 郑家红,凌宗亮.知识产权公益诉讼探析[J].广西政法管理干部学院学报,2008,23(1).

[327] 郑昱.知识产权搭售许可的反垄断分析[J].中山大学学报论丛,2007,27(4).

[328] 曹新明,梁志文.中国知识产权法学三十年(1978—2008)[C]//中国法学三十年,2008.

[329] 钟秉枢,邱招义,于静.奥林匹克品牌的法律保护及中、美、澳三国间的比较[J].武汉体育学院学报,2006,40(6).

[330] 周玲,张家贞.澳大利亚奥林匹克知识产权立法研究[J].法学家,2008(2).

[331] 周玲.北京奥组委与中国奥委会法律地位比较[J].体育文化导刊,2003(6).

[332] 周青山.美国职业体育反垄断抗辩中单一实体原则的适用[J].天津体育学院学报,2012,27(4).

[333] 周元.知识产权理论体系逻辑起点的法哲学分析——兼驳传统的知识产权权利对象观[J].四川师范大学学报(社会科学版),2011,38(3).

[334] 周召勇,万小丽.国家运动员肖像权的法律探析——刘翔肖像权案引起的法律思考[J].天津体育学院学报,2005,20(5).

[335] 朱玛.利益平衡视角下体育赛事转播权的法律保护[J].河北法学,2015,33(2).

[336] 朱广新.形象权在美国的发展状况及对我国立法的启示[J].暨南学报(哲学社会科学版),2012(3),158.

[337] 竺波亮.参与国际组织与产权保护:一种定量研究的方法[J].世界经济与政治,2007(8).

[338] 祝建军,汪洪.形象权的知识产权属性——"三军仪仗队形象权"纠纷案引发的思考[J].知识产权,2007,17(1).

[339] 邹波.知识产权公权属性简探[J].河南社会科学,2010,18(3).

三、博士论文

[1] 陈立基.当代奥林匹克运动发展观之研究[D].北京:北京体育大学,2006.

[2] 董传升.科技奥运的困境与消解[D].沈阳:东北大学,2004.

[3] 董杰.奥运会对举办城市经济的影响[D].北京:北京体育大学,2002.

[4] 何炼红.工业版权研究[D].重庆:西南政法大学,2007.

[5] 雷选沛.北京奥运经济运营与管理研究[D].武汉:武汉理工大学,2006.

[6] 李宏斌.现代奥运会的伦理困境及其化解[D].长沙:湖南师范大学,2008.

[7] 李凯.全球化媒介事件与国家形象的构建和传播[D].上海:复旦大学,2005.

[8] 梁兴国.知识产权权利冲突问题研究——一种法哲学的进路[D].北京:中国政法大学,2007.

[9] 卢迎安.当代中国电视媒介的公共性研究(1978—2008)[D].上海:复旦大学,2009.

[10] 任磊.百年奥运建筑[D].上海:同济大学,2006.

[11] 孙玉胜.奥林匹克文化传播的经济学分析[D].长春:吉林大学,2008.

[12] 王军.奥林匹克视觉形象的历史研究[D].北京:北京体育大学,2004.

[13] 徐锐.多元文化图景与电视话语选择——北京奥运会开幕式电视文本比较研究[D].武汉:华中科技大学,2010.

[14] 邹彩霞.中国知识产权发展的困境与出路——法理学视角的理论反思与现实研究[D].长春:吉林大学,2008.

四、外文文献

[1] INTERNATIONAL OLYMIPIC COMMITTE, OLYMIPIC AGENDA 2020—20+20 RECOMMENDATIONS, www.olympic.org.

[2] Rahman M, Lockwood S. How to 'Use Your Olympian': The Paradox of Athletic Authenticity and Commercialization in the Contemporary Olympic Games[J]. Sociology, 2011, 45(5): 815-829.

[3] Milton-Smith J. Ethics, the Olympics and the Search for Global Values[J]. Journal of Business Ethics, 2002, 35(2): 131-142.

[4] Dehanas D N, Pieri Z P. Olympic Proportions: The Expanding Scalar Politics of the London 'Olympic Mega-Mosque' Controversy[J]. Sociology, 2011, 45(5): 798-814.

[5] Latham K. Media, the Olympics and the Search for the "Real China"[J]. The China Quarterly, 2009, 197(197): 25-43.

[6] Whannel G. Television and the Transformation of Sport[J]. Annals of the American Academy of Political and Social Science, 2009, 625(1): 205-218.

[7] Nauright J. Global Games: Culture, Political Economy and Sport in the Globalised World of the 21st Century[J]. Third World Quarterly, 2004, 25(7):1325-1336.

[8] Flynn M A. and Gilbert R J. The Analysis of Professional Sports Leagues as Joint Ventures[J]. The Economic Journal, 2011, 111(469): 27-46.

[9] Strenk A, What Price Victory? The World of International Sports and Politics[J]. Annals of the American Academy of Political and Social Science, 1979, 445(1): 128-140.

[10] Wettstein F. The Duty to Protect: Corporate Complicity, Political Responsibility, and Human Rights Advocacy[J]. Journal of Business Ethics, 2010, 96(1): 33-47.

[11] Hoberman J. Think Again: The Olympic[J]. Foreign Policy, 2008, 102(167):22-28.

[12] Kelbrick R. Ambush Marketing and the Protection of the Trade Marks of International Sports Organizations—a Comparative View[J]. The Comparative and International Law Journal of Southern Africa, 2008, 41(1): 24-28.

[13] INTERNATIONAL OLYMIPIC COMMITTE, HOST CITY CONTRACT XXIV Olympic Winter Games in 2022, www.olympic.org.

后　记

　　南京的闹市中心,从书房的窗台上遥望路灯下斑驳的光影,多年前来到南京求学的情景又悄然而至。渴望中有点焦虑,迷茫中充满希望。就像这本即将画上句号的书稿一样,开始信心满满,但一旦要将它真正交付印刷时,内心又产生了一丝莫名的惶恐。担心它的内容不够充实、担心它的体例不够完美、担心它……就如同担心还在房间熟睡的一双儿女一样,担心他们的健康、担心他们的成长……不过,我也告诉自己,在时间的单向直线流动中,结束就是开始,如这本书稿中留有遗憾,那在下一本书稿中弥补。回望即将过去的2017年,忙碌似乎总如影随形,但在盘算自己忙碌的成果时,好像并没有什么太多值得炫耀的内容。幸好,在老师和同事的帮助下,这本寄予我多年期待的书稿总算要付梓了,这也算是对自己忙碌一年的肯定和回报。

　　感谢我的博士生导师顾理平先生,感谢他待生如子,感谢他一直在生活和工作中给予学生无微不至的关照,感谢他把我引入到新闻法学这个需要精心打磨的新领域,并为本人开辟了一个体育传播法学研究的新领域,没有他的教诲和指导,我想这是我无法奢望的一个领域。记得战战兢兢中敲完博士论文的最后一个字,内心依然处在迷茫中,不敢轻易地把成型的文章交给先生审阅,怕自己的才疏学浅有辱门风,担心自己看似精心准备的拙作得不到恩师的肯定,担心自己的不成熟的思考会遭老师的批判,虽然这是很多学生对要面见内心尊敬的老师的一种正常心态,尽管已经毕业离校多日,但我一直珍惜这种带有希望的焦虑心态,很享受这种心态带给我不断进步的动力。不会忘记博士论文写作期间,导师一次次毫不厌烦地与我商讨论文题目、框架、逻辑……清晰地记得他早上六点给我短信商讨论文修改的事宜;不会忘记他放弃休息时间,帮我字斟句酌一个标点符号都不曾放过地修改论文;不会忘记在我论文写作遇到瓶颈时他及时给予的建议和鼓励……感谢他欣然为本书作序。还有母校南京师范大学新闻与传播学院的方晓红教授、倪延年教授、张晓锋教授、骆正林教授、于德山教授等,他们都对书稿的写作和修改提出了宝贵意见,他们的教诲没齿难忘。

后 记

感谢南京体育学院学科办和科研处的同事们,在他们的帮助下,本人有关体育传播法学相关的研究得以继续和深入,他们的肯定和鼓励使我对体育传播法学领域倾注了更多的研究热情;感谢南京体育学院杨国庆校长、史国生副校长、李江副校长、王正伦教授、高力翔教授、沈鹤军教授,他们在工作中的督促和鞭策使我不敢懈怠;还有体育新闻教研室的全体老师,他们帮我分担了不少教学管理工作,没有他们的支持,书稿就难以如期完成。

感谢东南大学出版社以及张丽萍女士,由于工作的原因,交稿日期一拖再拖,是她们不厌其烦的催促和协助,书稿才会如期完成。三年前,张丽萍女士作为我的第一专著的责任编辑,她认真的工作态度使我毫不犹豫地将这本饱含了我更多研究热情的书稿再次交给了她。

在书稿写作的过程中,心爱的女儿李雷薏如来到人间,虽然她的降临给我忙碌的生活带来了一丝辛苦,但内心还是非常开心,谢谢上帝的恩赐;还要感谢已经读小学五年级的儿子李柯儒,因为忙着自己的工作和研究,平时对他的照顾少了许多,但他依然用自己的努力支持我;感谢远在江西老家的已过耄耋之年的母亲,虽然她不识字,但她依然为儿子不断学习感到骄傲;还有一直默默支持我的妻子雷敏女士,如果没有坚强的家庭后盾,我断然完成不了自己的书稿。谢谢所有给予我照顾的家人、同事和朋友,好人一生平安!

2017 年 11 月 30 日清晨